당신의 비즈니스에 미美를 더하라

미 장 세

미 장 세 : 당신의 비지니스에 미美를 더하라

2014년 4월 4일 초판 1쇄 발행
지은이 · 정두희

펴낸이 · 박시형
책임편집 · 김형필 | 표지디자인 · 김애숙 | 본문디자인 · 이주연

마케팅 · 권금숙, 김석원, 김명래, 최민화, 정영훈
경영지원 · 김상현, 이연정, 이윤하
펴낸곳 · (주)쌤앤파커스 | 출판신고 · 2006년 9월 25일 제406-2012-000063호
주소 · 경기도 파주시 회동길 174 파주출판도시
전화 · 031-960-4800 | 팩스 · 031-960-4805 | 이메일 · info@smpk.kr

ⓒ 정두희 (저작권자와 맺은 특약에 따라 검인을 생략합니다)
ISBN 978-89-6570-199-6 (03320)

쌤앤파커스(Sam&Parkers)는 독자 여러분의 책에 관한 아이디어와 원고 투고를 설레는 마음으로 기다리고 있습니다. 책으로 엮기를 원하는 아이디어가 있으신 분은 이메일 book@smpk.kr로 간단한 개요와 취지, 연락처 등을 보내주세요. 머뭇거리지 말고 문을 두드리세요. 길이 열립니다.

당신의 비즈니스에 미美를 더하라

美 미
長 장
勢 세

정두희 지음

쌤앤파커스

기업 전략은 미래를 예측하여 세우는 것이다. 하지만 세상이 너무 빠르게 변하고 있기에, 전략의 밑바탕인 미래 예측은 틀리기가 쉽다. 이 같은 상황에서 기업에게는 변화의 본류를 예리하게 간파해내는 통찰력이 절실하다. 이 책은 그러한 필요를 가장 잘 충족하며, 한 걸음 나아가 인문학에 담긴 진득한 지혜를 잠잠히 음미해볼 수 있는 기쁨 또한 선사한다. — 김경준, 딜로이트컨설팅 대표이사

미美/장長/세勢 이라는 짧지만 의미심장한 화두로 경영의 요체를 정리하였다. 이를 통해 경영자가 항상 경영의 본질을 잊지 않고 올바른 판단과 행동을 할 수 있도록 자양분을 제공하는 지침서다. — 심동섭, 전 서울지방중소기업청장, 법무법인 KCL 상임고문

이 책은 한마디로 '일탈'이다. 인문학과의 결합을 통해 전략에 대한 새로운 시야를 제공해준다. 그러면서도 전략의 세계로부터 멀리 탈출하는 게 아니라, 전략의 본질을 더 가까이서 보게 해준다는 점에서 남다른 묘미를 지닌 책이다.

— 강진아, 서울대학교 기술경영경제정책대학원 교수

인문학과 경영 전략이 너무도 절묘하게 연결되어 있다. 특히 창조와 혁신을 '미학'이라는 키워드로 풀어낸 점이 매우 신선하다. 여기에 수많은 케이스들이 현실 적용성을 높여준다. 전략에 대한 인사이트를 얻고자 하는 모든 이에게 추천한다.

– 에린조, 미국 파슨스디자인스쿨 전략디자인경영학과 교수

조직을 운영하다 보면 예상치 못한 수많은 문제들과 마주하게 된다. 이 같은 문제 하나하나를 매뉴얼적 지식에 의존해 해결할 수는 없다. 결국 경영자 스스로 통합적인 사고를 갖추어 문제의 본질을 간파해내고 창조적인 솔루션을 착안해내는 고민이 필요하다. 그런 면에서 이 책은 통합적·창조적 지혜를 길러주기에 충분하도록 다양한 사례를 잘 분석하여 설명해주고 있다.

– 경광현, 알리안츠 글로벌인베스터자산운용 COO(Chief Operating Officer)

인류의 삶을 획기적으로 향상시킬 기술이나 아이디어를 개발하는 것은 모두 인간이 하는 일이다. 따라서 '인간'을 다루는 인문학을 토대로 전략을 탐구하겠다는 것은 매우 의미 있는 발상이다. 특히 이 책에서 제시하는 통찰력, 직관, 그리고 통합력은 지혜의 영역이다. 이 책이 전하는 지혜에 근거한 의사 결정은 회사의 미래를 밝게 할 것이다. – 김정민, 제일약품 중앙연구소 소장

Part 2

경계를 넘나들며 성장하라

미·장·세,
탁월함으로 이끄는 큰 지혜

'전략의 본질은 무엇인가'. 나는 이 문제를 뿌리 속까지 깊이 파고든 끝에 인문학을 만나게 되었다. 전략과 인문학, 딱히 아무 관계도 없어 보이는 이 둘이 어떻게 하나로 이어질 수 있을까? 답은 '통찰력'에 있다. 통찰력이란 한마디로 '예리한 눈으로 현상을 꿰뚫는 힘'이다. 전략을 제대로 짜려면 비상한 통찰력이 필요하며, 인문학은 그 힘을 길러주는 인큐베이터로서 기능한다.

지금도 시중에는 수많은 경영 전략 서적들이 범람하고 있지만, 대부분 '이런 경우엔 이렇게 하라'는 기계적인 매뉴얼에 가깝다는 사실을 부인하기 어렵다. 하지만 작금의 경영 환경과 판도는 너무나 다각도로 변화하고 있으며, 그 속도 또한 매뉴얼로 정리할 수 없을 만큼 급박하다. 이럴 때 개별적 상황을 예시로 든 매뉴얼에 무슨 현실성이 있겠는가?

그렇다면 경영 전략을 계획하고자 하는 이들에게 가장 필요한 것은 무엇일까. '전략의 아버지'로 추앙받는 이고르 앤소프(Igor Ansoff) 교수는 "전략은 잘 정의된 사업 영역과 성장 방향을 의미한다."고 했다. 사업의 영역이 분명하고, 방향성이 뚜렷할 때 비로소 전략이 가치를 획득하게 된다는 뜻이다. 그러나 산업 간 경계가 붕괴되고, 변화의 흐름을 파악하기 어려운 오늘날, 단선적인 매뉴얼만으로 나아갈 방향을 가늠한다는 것은 대단한 모순이다.

하루가 멀다 하고 지도가 바뀌는 전시 상황에서 지도만 가지고 행군하는 것은 무의미하다. 이럴 때 우리가 의지해야 할 것은 위치를 알려주는 좌표와 방향을 제시하는 나침반이다. 사막의 모래폭풍 속에서는 주변 풍경을 보고 앞으로 나아갈 수도 없고, 태양빛을 따라갈 수도 없다. 이럴 때도 우리는 나침반에 의지해야 한다.

흡사 전쟁과 모래폭풍을 방불케 하는 21세기 경영 환경에서는 '사업의 본질을 간파하는 통찰'이 그런 역할을 한다. 그렇기에 지금의 경영자들에게 가장 필요한 것은 인문학이다. 인문학은 사람을 다루고 문화를 다루는 것이므로, 결국 사업의 본질과 맞닿아 있다고 할 수 있다.

가령 철학은 삶의 본질적 문제들을 체계화된 시각으로 바라봄으로써, 인간의 존재 방식과 행동 양태를 고차원적으로 관찰하게 해준다. 또 역사는 인류의 과거와 현재에 대한 수많은 행적을 반추하며, 미래에 나아갈 방향을 묵시한다. 그리고 예술은 남들이 보지 못한 본질 혹은 이면을 찾아내 이를 심미적으로 승화하는 분야다(예술은 학문 체계상으로는 엄밀히 인문학에 속하지 않지만, 창조적 사고와 미학을 다루는 영역이기에 인문학의 한 갈래로 보았다). 인문학으로 강화된 통찰력은 복잡한 세계를 좀 더 선명하게 읽어내는 눈이 된다.

일전에 SERICEO 경영자 회원을 대상으로 흥미로운 설문조사를 진행한 적이 있다. '인문학 소양이 경영에 도움이 되느냐'는 질문이었다. 대한민국에 불어 닥친 인문학 열풍이 어느 정도인지 궁금해서 넌지시 건넨 질문 수준이었지만, 493명의 CEO가 참여한 이 조사에서 놀랍게도 98%의 응답자가 '인문학이 경영에 도움이 된다'고 답했다. 그 이유는 '사람에 대한 통찰력을 얻을 수 있기 때문'(40%)이었다. 물론 결과는 놀라웠지만, 다시 한 번 찬찬히 생각해보면 그럼직도 했다. 인문학은 장르를 막론하고 인류의 사상과 문화, 발자취가 담긴 생생한 기록이기 때문이다. 경영 역시 사람이 사람을 대상으로 펼치는 전략이기 때문에 궁극적으로 인문학과 뿌리를 같이하는 것이다.

삼성의 이건희 회장은 "기업은 살아 숨 쉬는 인격체와 같다."라면서 "기업은 사람에 의해 움직이며, 많은 능력을 거대하게 집결하고 독특한 인격을 형성하면 그 생명을 영원히 유지할 수 있다."고 부연했다. 소니(Sony)의 이데이 노부유키(出井伸之) 회장 또한 "사회와 국가는 물론 기업도 생명(사람)의 집합체라는 관점으로 볼 수 있다."고 지적했다. 경영자들이 비즈니스에 필요한 해답을 인문학에서 찾으려 하는 이유를 대변하는 말들이다.

문제는 인문학에서 얻은 교훈을 어떻게 경영 현장에 활용하느냐다. 사실 인문학을 통해 얻게 된 지혜는 먼 하늘에 흘러가는 구름과도 같다. 그렇기에 인문학 강의를 듣고 뭔가 깨달음을 얻어도, 막상 현장에 돌아오면 붕 뜬 기분을 느끼는 경우가 대부분이다. 르네 마그리트(René Magritte)의 그림에서 '전치의 미학'을 배운다 한들, 이걸 가지고 어떻게 사업을 전개해야 한단 말인가? 어쩌면 이솝 우화를 읽으면서 기업의 윤리성을 제고하는 편이 훨씬 쉬울지도 모른다.

이처럼 원론적인 얘기는 현실과의 괴리가 크다. 인문학적 지혜와 통찰은 여전히 상아탑이나 책 속에 머물러 있다. 마치 물과 기름처럼 비즈니스의 세계에 좀체 녹아들지 않는다. 인문학의 요체를 실용적 지식으로 바꿀 수단이 아직까지 없기 때문이다.

나는 그런 수단을 강구하고자 이 책을 쓰기 시작했다. 인문학적 통찰이 비즈니스에 자연스레 섞여들게 하는 계면활성제 같은 역할을 하는 것이 이 책의 지향점이다. 그러기 위해 나는 세계의 선진 기업들이 펼쳐온 경영 전략을 인문학적인 관점과 통찰력으로 풀이하고, 인문학을 세밀히 관찰하며 그로부터 전략적 교훈을 이끌어내는 데 초점을 맞추었다.

다행히도 나는 삼성경제연구소에서 SERICEO 인문학 세미나(현 인문의 샘)를 운영하는 행운을 얻었고, 국내외 최고의 학자에게서 인문학을 배울 수 있었다. 그 면면을 살펴보자면 이렇다. 우선 《정의란 무엇인가》로 유명한 하버드대 마이클 샌델(Michael Sandel) 교수, 미래학자 존 나이스비트(John Naisbitt), 베스트셀러 《습관의 힘》을 저술한 찰스 두히그(Charles Duhigg) 〈뉴욕 타임스〉 기자 등 세계적인 저명인사를 비롯해, 〈중앙일보〉 이어령 고문, 이주헌 미술 평론가, 서울대 국사학과 정옥자 교수, 연세대 철학과 김형철 교수, 성균관대 유학동양학과 이기동 교수, 서울대 심리학과 김명언 교수, 연세대 서양사학과 설혜심 교수, 연세대 심리학과 김주환 교수 등 국내 최고의 인문학 전문가들이 있다.

물론 단순한 지식만 얻은 것은 아니다. 세미나 자료를 다듬는 과정에서 이루어진 여러 차례의 1:1 토론과 인터뷰를 통해, 나는 더욱 깊이 있는 통찰을 얻을 수 있었다. 이들이야말로 나의 인문학적 스승이자 이 책에 담긴 지식의 모태라고 볼 수 있다.

나는 이 책을 집필하면서 경경위사(經經緯史) 정신을 지향했다. 우리나라의 대표적 지식인으로 추앙받는 추사(秋史) 김정희가 강조한 학습법이다. 경경위사는 '경전'을 날줄(經) 삼고 '역사'를 씨줄(緯) 삼아 진리를 이해한다는 뜻이다. 경전은 삶의 방법과 양태를 다루는 철학이요, 역사는 인류의 족적으로 대체할 수 있다. 쉽게 말하면 '방법론'과 '케이스 스터디' 되겠다. 따라서 나는 이 책에서 인문학적 통찰을 바탕으로 '전략 방법론'을 제시하고, 수많은 '비즈니스 케이스'들을 분석하며 실제적인 활용법을 탐구해보았다.

특히 비즈니스 케이스는 픽션이 아니라, 생생한 기업 현장을 담은 리얼 다큐멘터리다. 방법론은 말 그대로 사념(思念)의 세계를 떠도는 이론일 뿐이다. 그러나 실제 경영 현장은 매우 복잡다기한 고로, 이론과 현실의 간극을 메워주는 케이스 스터디가 반드시 필요하다.

내가 수행했던 본업은 콘텐츠 기획이었다. 그리하여 나는 약 7년 동안 수많은 비즈니스 케이스를 발굴해냈다. 그리하여 매년 500~1,100개의 비즈니스 케이스를 분석·정리한 결과, 총 4,000여 개의 케이스가 축적되었다. 이중 상당수는 가공과 보완을 거쳐 CEO들에게 제공되었다. 여기에 각종 서적과 논문들을 정리하여 가능한 한 많은 케이스들을 이 책에 담았다. 물론 단순히 케이스를 소개하는 차원에서 그치지 않고, 이를 재구성하여 인문학적 전략 방법론을 뒷받침하는 근거로 변화시켰다.

또한 이 책에는 흥미로운 이야기와 이해하기 쉬운 인문학적 메시지가 다수 소개된다. 그러나 자칫 야사(野史)로 흐르지 않기 위해, 또 무엇보다 전략의 기본을 충실히 전달하기 위해 비즈니스 거장들의 검증된 이론과 주장도 함께 인용했다. 그리고 전략에 대해 풍부한 지식을 얻을 수 있도록 중요한 전략 개념은 빼놓지 않으려 했다.

내가 독자들에게 궁극적으로 바라는 것은 경영 전략에 대한 통찰을 얻는 것이다. 뜬구름 잡는 식의 인문 지식에서 그치지 않고, 자신의 경영 전략을 조금이라도 더 고민해보길 바란다. 그래서 인문학에서 전략적 함의를 줄 수 있는 핵심 인사이트(insight, 통찰)를 뽑아내는 데 큰 비중을 두고 집필했다. 인문학과 경영을 결합한 시중의 서적들과 구별되는 점이기도 하다.

제품은 짧고 기업은 길다

이 책에서 소개하는 메시지는 크게 3가지다.

미(美), 장(長), 세(勢).

전략에서 가장 중요한 세 영역이자, 인문학적 통찰을 가장 많이 얻을 수 있는 분야다.

먼저 1부에서는 미학에 대한 이야기를 풀어놓을 것이다. 그동안 창조의 중요성은 수없이 강조되어왔다. 그러나 사실 많은 곳에서 모호하게 활용되고 있음을 부정할 수 없다. 창조는 강요로 이루어질 수 없다. 아이디어가 떠올리고 싶다고 해서 떠오르는 것이라면, 다들 벌써 스티브 잡스(Steve Jobs) 같은 혁신가가 되어 있을 것이다. 게다가 독창적인 아이디어가 결과까지 보장하지는 못한다. 아무리 훌륭한 아이디어라도 정작 시장으로 나가면 태반이 쓴잔을 마시게 된다.

기업 경영의 궁극적인 목적은 이윤 추구다. 말할 필요도 없지만, 이윤은 고객들로부터 제품을 많이 선택받아야 얻어진다. 탄성을 자아낼 만한 제품으로 고객의 마음을 움직이고 지갑을 여는 것이 창조의 결실이다. 결국 고객이 제품을 만날 때 느끼는 만족과 정신적 감흥을 포착해야 내실 있는 창조도 시작된다는 얘기다.

이런 점에서 인간의 감성에 대해 고민하는 미학은 우리에게 소중한 지침을 준다. 무엇이 인간의 감흥을 불러일으키는지, 그러한 감흥을 일으키는 창조의 방법은 무엇인지, 이 모든 것이 미학에 녹아들어 있다. 따라서 미학을 제대로 이해하면 창조의 지향점, 그리고 경영의 목적에 더 가까이 다가갈 수 있을 것이다. 우리는 단순한 창조가 아니라 '미학적 창조'를 해야 한다.

그러나 거기서 끝이 아니다. 미학적 창조는 일시적인 이벤트가 아니라, 끊임없이 반복하는 습관이 되어야 한다. 그러기 위해서는 기업의 성장이 뒷받침되어야 한다. 성장이 없다면 또 다른 창조를 위해 지속적으로 투자할 여력이 생기지 않는다. 시장은 계속 진화하고 있는데 창조의 맥이 끊긴다면 기업의 운명은 기울 수밖에 없다.

따라서 2부에서는 기업의 성장 전략에 대해 살펴볼 것이다. 거대한 성장을 이룬 역사적 사례와 자연에 숨은 성장의 비밀들을 보면서, 성장의 원동력이 무엇인지 고민해보는 단계다. 여기서 특히 긴요한 것은 외부 자원 활용 능력이다. 어느 기업을 막론하고 내부 자원에는 한계가 있게 마련이다. 그 한계를 극복하고 더 크게 성장하기 위해서는 외부 자원의 활용이 절실하다.

하지만 창조와 성장은 전시(戰時) 못지않은 치열한 경쟁의 틈바구니에서 살아남기 위한 수단이다. 21세기의 비즈니스 세계는 수많은 경쟁자들이 생존을 위해 사투를 벌이는 '경쟁의 사육장'이라는 사실을 간과해서는 안 된다. 아무리 위대한 창조적 아이디어도, 피땀 쏟아 일구어낸 성장도 경쟁에서 밀리면 한순간에 연기처럼 허망하게 사라지고 말 것이다. 결국 경쟁을 염두에 두지 않는 창조나, 경쟁력이 결여된 성장은 무의미하다고 봐야 하겠다. 그러므로 3부에서는 기업이 경쟁에서 승리하는 데 필요한 전략적 지침을 살펴볼 것이다.

나는 여러분이 총 3부로 구성된 이 책을 읽으면서 Insight(통찰력), Intuition(직관), Integration(통합성)이라는 3가지 가치를 얻었으면 한다. 지식은 감상에서 그치지 않고 자신(I)의 것으로 체화할 때 비로소 의미를 가진다. 3개의 I는 이 책이 지향하는 가치이자 전략을 고민하는 사람들의 필수 능력이다. 특히 통합성은 다양한 영역을 자유롭게 넘나들며 세계를 종합적으로 이해하는 능력으로, '융합'과 '통섭'의 시대에 가장 중요한 능력이 아닐까 싶다. 모쪼록 이러한 능력을 향상시키는 데 이 책이 보탬이 되기를 바란다.

PART 1

0.1mm의 차이에 미美를 더하라

"진정한 위험은
높은 목표에 도달하지 못하는 것이 아니라,
반복해서 낮은 목표에 너무 쉽게 도달하는 것이다."
  −미켈란젤로

중국의 어느 목 좋은 곳에 식당이 하나 있었다. 자리가 좋아 매일같이 손님들로 문전성시를 이루는 곳이었다. 그런 식당에도 골칫거리는 있었으니, 출퇴근자들이 이곳 담벼락에 자전거를 상습적으로 '무단주차'하는 것이었다. 무슨 주차장도 아니고 식당 앞에 자전거만 잔뜩 서 있으니, 지저분해 보이는 건 둘째 치고 손님들까지 발걸음을 돌리기 일쑤였다.

식당 주인은 자전거 주차를 막기 위해 갖은 수를 다 써봤다. 어르고 달래고, 애원도 하고 협박도 해봤지만 백약이 무효였다. 그러던 중 어느 젊은 종업원이 기발한 묘책을 내놓았다. 그 얘기를 들은 주인은 짤막한 경고문을 적어 담벼락에 붙였다. 그러자 놀랍게도 모든 자전거들이 자취를 감췄다. 도대체 뭐라고 쓰여 있었기에 이렇게 된 것일까?

'자전거 공짜로 드립니다. 아무나 가져가세요!'

짧은 문구로 인해 담벼락의 상황은 순식간에 뒤바뀌었다. 주차장처럼 여겨지던 곳이 이제는 자전거를 두면 누군가가 분명히 가져가게 될 '분실 보장 공간'으로 바뀐 것이다. 덕분에 식당은 골치 아픈 문제를 손쉽게 해결했고, 더 많은 매출을 올릴 수 있었다.

이것이 아이디어의 힘이다. 하지만 단순히 '기발하다'고 웃어넘길 이야기는 아니다. 잘 보이지 않지만 여기에는 미학(美學)이 숨어 있다. 미학이란 무엇인가? 아름다움의 학문이다. 조금 어려운 말로 풀이하면, 예술과 자연은 물론 인생에서 경험할 수 있는 아름다움을 '감성적'으로 인식하게 해주는 분야다. 본래 미학은 철학의 한 갈래이긴 하지만, 다른 철학처럼 대상을 '이성적'으로 인식하는 것이 아니라 '감성적'으로 받아들이는 방법을 고민하는 영역이다.

물론 여기서 '아름다움'이란 외형적인 것뿐만 아니라, 지적이고 정신적인 감흥까지 아우른 개념이다. 앞에서 나온 기발한 아이디어를 보고 '참으로 기발하구나' 하는 감흥을 느꼈다면, 이 또한 미학적인 발상이라고 할 수 있다. 독창적인 사고, 차별화된 연출, 기발한 논리 역시 우리에게 감성적 아름다움을 느끼게 해주는 미학의 대상이다. 그런데 우리가 초장부터 갑작스레 미학을 논하고 있는 이유는 뭘까?

이젠 모든 것을 창조성으로 승부해야 하는 초경쟁시대다. 런던비즈니스스쿨 게리 하멜(Gary Hamel) 교수는 '21세기는 끊임없는 창조적 혁신이 선택 사항이 아닌 기업 생존의 필수 요건'이라고 했다. 거창하게 말할 것도 없다. 주위를 한 번만 둘러봐도 알 수 있듯이, 창조적 능력이 탁월하면 남들보다 훨씬 잘나가는 게 요즘 세상이다. 그런데 한 가지 도통 알 수 없는 게 있다. 그들에겐 있고, 남들에겐 없는 것, 창조성. 도대체 창조성이라는 게 뭘까. 남다른 것? 독창적인 것? 전혀 새로운 것? 우리는 어디서든 늘 '창조성'이 중요하다며 이런 덕목들을 강조하고는 있지만, 그 실체가 뭔지는 아리송하기만 할 뿐이다. 과연 이런 말들이 우리가 원하는 진짜 '창조'를 제대로 설명하고 있을까?

몇 년 전, 과일 가게에서 아주 특이하게 생긴 참외를 본 적이 있다. 타원이 아닌 피라미드 모양의 참외였다. 참외가 피라미드라니, 거 참 신기하기도 했다. 어린 참외를 피라미드 형태의 틀 안에 넣어 배양하면 수확 시기 즈음 열매가 피라미드 모양이 되는 것인데, 모서리 덕에 굴러 떨어지지 않는 장점도 있었다. 그런데 대형마트에서도 불티나게 팔렸어야 할 이 '창조적 과일'을 그 후로 두 번 다시 볼 수 없었다. 대체 무엇 때문에 외면당한 것일까? 그래도 여전히 이 참외가 창조적이라고 할 수 있을까?

우리는 그동안 남다르고, 차별적이면서 독창적인 존재가 되기 위해 노력해왔다. 하지만 아무리 독창적인 것을 만들어도 환영받기는커녕 무관심 속에 사라져가는 경우가 부지기수다. 무엇이 문제일까. 무엇이 부족해서일까. 그것은 정신적 감흥을 불러일으키고 마음을 흔드는 요령, 다시 말해 미학이다. 창조를 완성하기 위해서는 독창성 위에 미학을 얹어야 한다. 그저 특이하다는 것만으로는 사람들의 마음속에 간직될 수 없다.

철학자 이마누엘 칸트(Immanuel Kant)는 인간이 추구하는 가장 궁극적인 경험이 '장엄함'이라고 하며, 이를 '장엄의 미학'(Ästhetik des Erhabenen)이라고 불렀다. 입이 쩍 벌어질 정도의 절경 앞에서, 별빛 가득한 밤하늘이나 끝없이 펼쳐진 푸른 바다를 보면서, 우리는 형언할 수 없는 벅찬 감동에 그저 숨 막히도록 감탄할 뿐이다. 인간은 이 장엄함을 통해 자신의 경험을 초월하는 어떤 존재를 몸소 느끼게 된다. 이 같은 장엄함이야말로 인간이 추구하는 궁극적인 감각이다. 창조가 완성되기 위해선 이 같은 장엄함이 있어야 한다.

스웨덴 남부 지방에는 밀을 재배하는 대농장이 많다. 여기서는 대량의 밀을 발효시켜 증류주를 만든다. 그것은 다름 아닌 무미(無味), 무취(無臭), 무색(無色)의 보드카다. 별다른 맛도 안 나는 이 증류주는 북유럽 사람들이 추운 날씨를 견디기 위해 습관적으로 마셔온 알코올에 불과했다. 하지만 순전히 몸에 열을 내는 실용적인 용도로만 쓰여 온 이 액체에도 미학은 숨어 있다. 그것을 멋들어지게 증명해낸 제품이 있으니, 바로 앱솔루트 보드카(Absolut Vodka)다.

앱솔루트 보드카 병을 내밀면서 '병 안에 무엇이 담겨 있을까?'라고 물

앱솔루트 보드카 병

으면 으레 '보드카 500ml'라는 대답을 들을 것이다. 그러나 앱솔루트 보
드카를 잘 아는 이들은 '소울이 담겨 있다'고 말한다. 앱솔루트 보드카는
세계의 문화를 유리병에 담았고, 또 세계인의 마음속에 유리병을 담았다.

이는 광고만 봐도 알 수 있는 사실이다. 네덜란드 암스테르담의 고풍스

인류의 '문화적 소울'을 녹여낸 앱솔루트 보드카

러운 호텔 외벽에는 앱솔루트 보드카의 병 모양이 새겨져 있고, 중앙아메리카 마야족이 남긴 유물에서는 앱솔루트 보드카 문양이 발견된다. 벨기에 브뤼셀 박물관에는 심지어 '소변보는' 보드카까지 등장한다. 그런가 하면 18세기 프랑스 바스티유 광장의 시민 혁명을 상징하는 단두대에 걸려 있는 것은, 사람이 아니라 병목이 잘린 앱솔루트 보드카 병이다. 스웨덴의 보드카 브랜드 앱솔루트는 이렇게 하여 자신들의 보드카 병으로 세계 방방곡곡의 문화를 재창조했다. 인류의 장구한 '문화적 소울'을 술병 하나에 집약한 것이다.

그뿐만이 아니다. 앱솔루트 보드카에는 '예술적 소울'도 담겨 있다. 참신하고 감각적인 아이디어를 마치 예술 작품처럼 세련되게 구현해내는 한편, 이를 앤디 워홀(Andy Warhol)이나 키스 해링(Keith Haring) 같은 초일류 아티스트들과 협업하여 실제 작품으로 만들기도 한다. 병 하나로 아름다움의 극치를 표현해내는 것이다.

세상에는 앱솔루트 보드카 말고도 차고 넘치도록 다양한 술이 있다. 병 모양은 각기 다르겠지만, 그래봐야 술병인 건 마찬가지다. 하지만 '그래봐야 술병'에 인류의 문화와 예술을 녹여내겠다는 것은 누구도 생각지 못한 일이다. 그야말로 '담대한 도전'이 아닐 수 없다. 더하여 세계인들이 그 미학적 가치를 인정하며 감탄을 연발한다는 점에서, 앱솔루트 보드카는 '미학의 대명사'로 전혀 손색없는 제품임에 틀림없다.

실제로 〈포브스〉지가 2002년 발표한 '세계에서 가장 럭셔리한 브랜드' 랭킹만 봐도, 앱솔루트 보드카는 만인의 명품 브랜드 샤넬(Chanel), 루이비통(Louis Vuitton), 벤츠(Mercedes Benz)를 제치고 당당히 1위를 차지했다. 보드카 업계에서도 시장 점유율을 무려 70%나 차지하며 독보적인 위치를 고수하고 있다.

사람들이 앱솔루트 보드카를 마시는 이유는 분명하다. '알코올 맛'이 아니라 '미학의 맛'을 보기 위해서다. 미학은 이처럼 맛도 향도 색채도 없는 존재마저 세련된 문화의 아이콘으로 탈바꿈시킬 만큼 위대한 마력을 지니고 있다.

그렇다면 이 같은 마력을 제대로 구사하려면 무엇에 주목해야 할까? 인간의 마음을 가장 깊고 강하게 흔들 수 있는 것은 뭐니 뭐니 해도 예술이다. 예술은 애오라지 창조만이 지속 가능한 일상이며, 아름다움에 대한 추구가 유일한 목표인 영역이다.

사실 엄밀히 따지면 미학은 철학의 지류(支流)이기 때문에 '예술=미학'이라고 단정할 수는 없다. 그러나 예술은 미학을 가장 잘 구현하기 위한 수단이다. 그래서 '예술에서 미학의 원리를 배운다'는 말은 충분히 설득력이 있다. '애플(Apple)의 모든 제품은 예술과 기술의 만남이다'라는 스티브 잡스의 지적 또한 이와 맥을 같이한다.

국내의 경영자들 또한 예술이 경영에 도움이 된다고 밝혔다. 2009년 여름, 나는 SERICEO 경영자 회원들을 대상으로 '예술성과 경영의 관계'에 대한 설문조사를 진행한 적이 있다. 그 결과, '예술적 감각이 경영에 도움이 되느냐'는 질문에 10명 중 9명이 '그렇다'고 대답했고 그중 절반은 '매우 그렇다'고 답했다. 더욱이 응답자의 86%가 '인재를 채용할 때 예술적 감각이 있는 사람을 선호한다'고 하여, 예술과 경영의 밀접한 연관성을 보여주기도 했다.

이쯤 되면 예술이야말로 경영에 필요한 미학의 요체라는 점이 어느 정도 분명해지는 것 같다. 그렇다면 실제로 예술가들은 어떤 방법으로 미학을 구현해낼까? 그들의 머릿속에는 과연 무엇이 들어 있을까? 이제부터 파헤쳐보고자 하는 내용이 바로 그것이다. 픽션으로서의 미학을 완성시키는 예술가들의 다큐멘터리, 그리고 거기서 우리가 획득해야 할 창조의 요체. 이것이 1부에서 다루고자 하는 주제다.

물론 그 뒤에는 기업을 성장시키는 전략, 그리고 경쟁에서 승리하는 전략에 대해서도 알아볼 것이다. 그러나 이 모든 것은 미학의 구현이 전제되지 않고는 얻을 수 없는 결실이다. 사실 기업 경영의 원천은 이성보다 감성에 근접한다. 고객의 마음을 얻어야 제품이 팔리고, 직원의 마음을 움직여야 좋은 제품이 나오니 말이다. 형언할 수 없이 감탄스러운 제품을 내놓는 기업은 성장동력과 경쟁력이라는 결실을 쉽게 얻을 수 있다. 당연한 얘기다. 물건(또는 서비스)이 잘 팔리니까. 하지만 감성을 대수롭지 않게 여기고 매뉴얼에만 의존하는 기업에게, 성장동력과 경쟁력은 만져볼 수도 없는 금단의 열매가 될 것이다.

CEO의 생각 | 예술과 경영 사이

SERICEO 경영자 회원 대상 설문조사 436명 참여, 2009년 8월 10~14일 실시

1. 나는 CEO가 보유한 '예술적 감각'이 경영에 도움이 된다고 생각한다.

• 매우 그렇다	44.7%
• 그렇다	51.5%
• 그렇지 않다	3.1%
• 전혀 그렇지 않다	0.7%

2. 나는 인재를 채용할 때 '예술적 감각'이 있는 사람을 선호한다.

- 매우 그렇다   20.4%
- 그렇다   65.6%
- 그렇지 않다   12.9%
- 전혀 그렇지 않다   1.1%

3. 경영에서 '예술적 감각'이 중요하다면 그 이유는?

- 아름다움의 원천을 이해하고 만들어내는 '심미적 역량'을 높여주기 때문에   18.0%
- 엉뚱하고 이질적인 것들을 융합해내는 '발상의 유연함'을 주기 때문에   27.6%
- 남들이 보지 못한 것을 찾아내는 '감성적 섬세함'을 주기 때문에   34.5%
- 과감하고 도전적인 시도를 하는 '진보적인 생각'을 주기 때문에   9.3%
- 전복(顚覆)적인 생각을 해내는 '역발상의 계기'를 주기 때문에   9.8%
- 기타   0.8%

4. 나는 '예술적 감각'이 풍부한 사람이다.

- 매우 그렇다   9.6%
- 그렇다   53.5%
- 그렇지 않다   34.9%
- 전혀 그렇지 않다   2.0%

나를 버려야
내가 산다

씨앗이 땅에 떨어지면 씨앗은 씨앗이라는 자기 존재를 부정하고, 새싹을 내며 꽃을 피운다. 그러나 때가 되면 꽃은 꽃이라는 자신의 존재를 부정함으로써 열매를 맺게 된다.

독일 철학자 헤겔(Georg Hegel)은 변증법을 설명하며 이런 알쏭달쏭한 말을 남겼다. 무슨 말인고 하니, '자기부정'이 발전과 성숙의 주원료가 된다는 얘기다. 인간을 포함한 모든 것은 더 고차원적인 상태로 발전할 수 있는데, 그 핵심은 자기부정이다. 원래 지향하는 상태가 '정'(正)이라면 이를 부정하는 요인은 '반'(反)이다. 정과 반은 서로 모순이며, 이 모순을 해결하는 과정에서 더 고차원적인 '합'(合)의 상태로 변화한다는 논리다.

자기부정은 모순의 원인인 동시에 고차원으로의 발전을 이루는 매개체다. 자기부정이 없으면 그 이상의 것이 될 수 없다. 씨앗이 스스로 자신의 존재를 부정하지 않는다면 계속 씨앗으로 남을 뿐이다. 그러나 씨앗이라는 자기 존재를 부정할 때, 싹이 되고 꽃이 될 수 있다. 이처럼 자기부정은 더 높은 차원으로 발전하기 위한 선결과제다. 창조에 빗대어 말하자면, 자기부정이 창조의 출발점이라는 얘기다.

스페인 출신의 초현실주의 화가 살바도르 달리(Salvador Dalí). '건방진 천재', '까다로운 미친 사람', '괴짜 예술가' 등 다양한 수식어를 달고 다니는 그는 자기부정을 통해 고차원적 진화를 이뤄낸 대표적 인물이다. "사람들이 보여주는 정상적인 것이 내게는 혼란스러웠다."는 고백에서 엿볼 수 있듯이 그는 광기 넘치는 예술가였다. 늘어진 시계, 바닷가재 전화기, 허벅지 속 물고기 등 그의 그림은 기괴하고 파격적이며, 잘 훈련된 지성까지 갖추어 사람들의 이목을 집중시켰다.

그런 그가 가장 죄악시했던 것은 '평범함'이다. 그는 스스로 평범해지는 것을 무척이나 싫어해서 아무런 감흥을 주지 못하는 것을 증오하기까지 했다. 항상 독특한 옷차림과 행동거지를 하고 다녔고, 이 때문에 사람들의 주목을 받아왔다. 1936년 런던에서 열린 전시회에서는 잠수복을 입고 나타나 사람들을 깜짝 놀라게 했다. 더 황당한 것은 잠수복을 입은 채 연단에서 강연까지 펼친 것이다. 온몸이 밀폐되어서 아무 소리도 안 들리는 데도 말이다. 얼마 후에는 한 술 더 떠서, 공기가 통하지 않아 숨을 쉬기가 어려워지자 팔을 휘저으며 관중들에게 살려달라고 애원했다. 하지만 사람들이 당황하며 잠수복을 벗기자, 어처구니없게도 그는 신나게 웃음을 터뜨리고 있었다. 그 모든 것이 달리가 계획한 쇼였던 것이다.

물론 기행으로도 이목을 집중시킨 그이지만, 평범함을 거부하는 그의 태도는 미술 작품을 만들 때 특히 잘 드러났다. 그는 '편집광적 비판'(paranoiac critic)이라는 다소 독특한 필터를 통해 세상을 바라봤다. 편집증 환자들은 환각 때문에 헛것이나 기이한 형상을 자주 보게 되는데, 이를 창작의 모티브로 삼은 것이다.

여기에는 굉장히 중요한 의도가 숨어 있다. 현실을 있는 그대로 보지 않겠다는 것이다. 환각은 굉장히 비현실적인 상태다. 현실에서는 볼 수도, 느낄 수도 없는 일이 환각의 세계에서는 수시로 벌어진다. 책상 위가 흐물흐물 출렁거린다든지, 고독한 심정이 마치 검은 구름처럼 형상화되어 하늘을 떠다닌다든지. 이를 현실에 대입하면 웬만한 사람은 한 번도 보지 못한 새로운 광경이 연출되는 것이다. 문제는 환각 상태의 느낌은 추상적이기 때문에, 이를 캔버스에 그대로 표현하면 아무도 이해할 수 없다는 점이다.

달리의 천재성은 여기서 빛을 발했다. 그는 추상적이고 모호한 느낌을 최대한 사실적으로 표현해내는 데 탁월했다. 현실(정)을 있는 그대로 받아들이기를 부정하고 색다른 시도를 해보지만(반), 여기서 끝나는 것이 아니라 다시 현실의 사람들이 이해할 수 있는 언어로 구체화(합)하는 데까지 이른다.

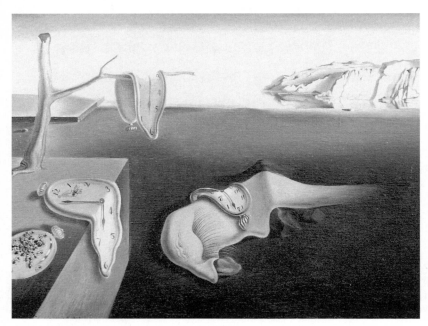

기억의 연속성(살바도르 달리, 1931) © Salvador Dali, Fundacio Gala-Salvador Dali, SACK, 2013

　그는 많은 그림에 편집광적 비판 기법을 적용했다. '기억의 연속성'(1931)
이라는 작품에서는 기억이라는 추상적인 개념을 그렸다. 기억이라는 것
은 특정 시간에 일어난 장면에 대한 잔상이다. 동영상이 아니라 멈춰진
사진인 것이다. 또 모든 일들은 당사자의 심정과 정황에 따라 다른 모습
으로 기억된다. 달리는 이를 시계로 표현했다. 딱딱한 시계의 물리적 속
성을 완전히 부정하고 치즈가 녹아내리듯 축 늘어지게 표현했다. 기억은
멈추어진 시간이며, 변화무쌍하고 상대적이라는 사실의 암시다.

또 '섹스어필의 유령'(1933)에서는 늙은 노파의 신체를 거대한 소시지로 바꿔놓았다. 달콤한 것도 먹으면 없어져 버림(죽음을 암시)을 표현한 것이다. '소녀라고 믿었던 6세의 달리'(1950)에서는 아예 물의 속성을 부정하는 데까지 이른다. 한 소녀가 바다의 표면을 이불처럼 들어 올리는 것이나, 바다가 사막 한중간에 펼쳐진 것도 비상식 그 자체다.

그럼에도 달리의 기이함은 혁신적이다. 정형화된 것이라고는 하나도 없다. 이는 모두 자기부정의 소산이다. 거대한 상상력을 담기 위해 그는 철저히 상식의 틀을 해체하려고 한다. 편집광적 비판 기법은 이처럼 자유분방한 상상의 나래를 캔버스에서 펼쳐내는 방법이다. 달리는 이 자기부정 기법이 회화뿐 아니라 시(詩), 영화, 조각 등에 모두 적용될 수 있다고 주장했다. 이는 비즈니스 세계에도 통한다.

삼성에서 지내면서 내가 가장 많이 들었던 단어는 '혁신'이다. 혁신의 중요성이야 어느 회사나 다 강조하는 것이니 별 새로울 건 없다. 그런데 삼성은 혁신에 대한 태도가 뭔가 다르다. 특히 산업에 큰 변화가 예상되면 수시로 강도 높게 혁신을 요구하는 것이다. 아무리 산업을 선도하는 위치에 있더라도, 환경은 언제나 예기치 못하는 방향으로 빠르게 바뀐다. 여기서 조금만 실수하면 기업의 운명은 얼마든지 바뀔 수 있다. 삼성은 이런 위기 의식을 유달리 많이 강조하는 기업이다. '변하지 않으면 영원히 2류나 2.5류가 된다', '앞으로 10년 내에 삼성을 대표하는 사업과 제품은 대부분 사라질 것' 같은 이건희 회장의 어록이 언론에 등장할 때가 바로 중요한 변화의 시점이다.

그런데 이 혁신이라는 게 말이 쉽지, 막상 실행하려면 머릿속이 하얘진다. 구체적으로 어떤 모습으로 변화해야 할지는커녕, 어느 방향으로 움직여야 할지조차 오리무중이다. 예전에 내가 모시던 한 임원은 이런 고민에 대해 이렇게 조언했었다.

"그림 그리는 게 막막할 때는 지금까지 그린 것들을 모두 버리고 흰 도화지에서 다시 시작해라. 창조적인 사람은 잘 버리는 사람이다."

내가 이만큼이라도 해놓느라 얼마나 고생했는데, 그걸 아깝게 다 내다 버리라니. 게다가 백지에서 시작하면 뭐가 어떻게 될지 모르는데, 굳이 왜 그런 모험을 하라는 걸까. 그러나 전혀 새로운 무언가가 요구되는 상황에서는 그게 최선의 방책이다. 혁신적인 아이디어를 내는 데 실패하는 가장 큰 이유는 현재의 것에 얽매이기 때문이다.

창조를 원하는 자에게 '현재의 것'은 덫밖에 되지 않는다. 삼성전자의 히트 제품들은 이전의 제품과 근본부터가 다르다. 반도체를 만들던 회사에서 휴대폰을 내놓았고, 휴대폰을 만들던 회사가 지금은 전혀 다른 영역을 넘보고 있다. 모두가 이전 사업의 연장선이 아니라 새롭게 출발한 사업들이다.

삼성경제연구소에서 2001년 SERICEO라는 경영자용 동영상 지식 서비스를 시작한 것도 지식 시장에서 매우 이례적인 일이었다. SERICEO는

'장황한 분석'과 '상세한 해설'을 버렸다. 그동안 10페이지짜리 보고서를 경영자들에게 이메일과 우편으로 보내봤더니, 그걸 끝까지 읽는 사람은 별로 없었다. 신문 읽을 시간조차 없는 사람들이니 당연한 결과다. SERICEO는 그 대신 보고서의 핵심 내용을 5분 분량의 동영상으로 제작해 세련된 디자인과 다양한 영상 자료를 가미해 제공했다. 반응은 매우 뜨거웠다. 경제경영 보고서에 국한하지 않고 인문학, 예술 등 다방면의 지식을 이러한 형태로 제공하니 매월 수십, 수백 명의 경영자들이 SERICEO로 몰려들었다. 10여 년이 지난 지금은 CEO 회원이 1만 5,000여 명에 이른다. 이 또한 판에 박힌 보고서 형식을 버리는 것, 즉 기존의 것에 대한 자기부정이 이루어졌기 때문에 가능한 일이었다.

물론 기존 사업을 무조건 부정만 하고 보라는 말은 아니다. 금덩이를 들려면 일단 손에 쥐고 있는 것을 놓아야 한다는 의미로 해석해야 할 것이다. 자기부정을 거창하게만 생각해서도 곤란하다. 사실 자기부정은 살바도르 달리 수준의 천재적이고 전면적인 것이 아니라, 작은 데서 시작하는 경우가 많다.

세계적인 검색 사이트 구글(Google)을 예로 들어보자. 내가 구글 웹사이트에 처음 들어가 본 것은 5년 전쯤이다. 뜨고 있는 검색 사이트라기에 한번 접속해봤는데, 페이지가 뜨는 순간 나도 모르게 기함을 칠 뻔했다. 페이지 전체가 텅텅 비어 있고, 그 가운데에 썰렁하게도 검색창 하나만 달랑 있는 것이었다. 화면이 아직 다 안 뜬 줄 알고 하염없이 기다려봤지만, 아무리 기다려도 하얀 것은 바탕이요, 파란 것은 검색창일 뿐이었다. '이 사람들은 대체 뭐로 돈을 벌지?'라는 생각이 들게 하는 화면이었다. 구글의 생각이 결코 짧지 않음을 알게 된 것은 그로부터 한참이 지나서였다.

대개 광고주들은 어떻게든 자기 회사의 배너를 포털 사이트 첫 페이지에 걸어놓으려고 한다. 검색 포털 입장에서는 배너가 많이 붙을수록 수익처가 늘어난다. 그런데 구글은 이런 광고 방식을 달갑지 않게 봤다. 거기에는 '불필요한 의도'가 너무 많았던 것이다. 배너를 노출하려는 의도나, 많은 광고주들을 붙게 하려는 의도는 모두 검색 사이트 본연의 기능을 퇴조하게 만드는 인자다. 보고 싶지도 않은 배너 광고로 덕지덕지 도배된 사이트를 누가 들어가고 싶어 하겠는가. 그래서 구글은 이러한 의도들을 모두 부정했다. 메인 화면에 검색창 하나만 남기고 다른 모든 것을 말소해버린 것이다. 아니, 그러면 구글은 애초에 광고라는 것에는 일체 관심이 없는 사람들이란 말인가?

구글 검색 서비스의 차별화는 여기서 시작된다. 사라진 광고가 '필요한 정보'로 승화되는 마법을 선보인 것이다. 첫 화면에는 광고 비슷한 것도 없지만, 특정 키워드를 검색하면 이와 연관된 상품 광고가 '정보로서' 나타나게 된다. 가령, 스마트TV에 대한 정보를 검색하려는 소비자는 시장에 어떤 제품이 나와 있을지 궁금해 할 것이다. 그 소비자가 검색창에 '스마트TV'를 입력했을 때 스마트TV 광고가 뜬다면, 그것은 이미 광고가 아니라 '필요한 정보'에 가깝다. 오히려 광고를 보고 반가움을 느낄지도 모른다. 이게 바로 '검색 광고'의 묘미다.

무차별적인 융단폭격식의 광고와 소비자가 원하는 제품만 보여주는 검색 광고에는 큰 차이가 있다. 누구의 입장을 먼저 생각하느냐 하는 것이다. 이러한 구글의 혁신적인 검색 방법 또한 자기부정의 소산이다. 이는 무조건 배너만 많이 걸면 되는 이전의 비즈니스 모델을 부정하고, 소비자들의 입장을 우선적으로 충족하고자 한 결과였다.

살바도르 달리나 구글은 능동적인 자기부정을 통해 애벌레에서 나비로의 변신을 꾀한 대표적 사례다. 그러나 때로는 예상치 못한, 불가항력적인 환경의 변화 때문에 자기부정을 '당하기도' 한다. 지금껏 쌓아온 모든 것이 느닷없이, 단번에 날아가는 어처구니없는 상황임에 분명하다. 그러나 타의적인 자기부정 역시 혁신과 창조의 기회가 될 수 있음을 기억해야 한다.

미국 앨라배마 주에 위치한 조그만 카운티 중심가에는 동상이 하나 세워져 있다. 여인이 무엇인가를 들고 서 있는 동상이다. 그런데 그 '무엇인가'는 기이하게도 '목화바구미'라는 벌레다. 얼핏 봐도 징그러울 것 같은 모습을 동상으로 만들어 세워놓다니. 그것도 도시 한복판에. 대체 누가, 어째서 이런 일을 하게 된 걸까.

19세기까지만 해도 앨라배마 주는 미국 남부의 전형적인 목화 산지였다. 영화 '바람과 함께 사라지다'의 배경으로도 등장했던, 끝도 없이 펼쳐진 광활한 목화밭이 바로 이곳이다. 그런데 1900년대 초, 멕시코에서 건너온 것으로 추정되는 한 해충이 목화를 갉아먹기 시작했고, 드넓은 목화밭은 점점 황폐해져갔다. 그 해충이 바로 쌀벌레와 비슷한 벌레의 일종인 목화바구미였다. 사람들은 이 목화바구미를 박멸하기 위해 갖은 방법을 다 동원해봤지만 허사였다. 결국 목화바구미는 목화씨를 먹어치웠고, 앨라배마 주의 목화는 아예 씨가 말라버렸다.

이런 갉아먹어도 시원찮을 해충을 동상으로까지 만들어서 떠받들고 있다니, 의아할 법도 하다. 하지만 거기에도 다 이유가 있다. 도시의 주요 산물인 목화가 사라지자, 사람들은 새로운 먹거리를 마련해야 했다. 그러던 중 토질에 맞는 농산물에 대해 조사한 어떤 농민이 땅콩을 심자고 제안했다. 딱히 대안도 없겠다, 마침 목화바구미가 땅콩 냄새를 싫어해 병충해 염려도 적었기에 사람들은 별수 없이 땅콩 재배를 시작했다. 그런데 그게 20년이 지나자 예기치도 못했던 수확으로 발전했다. 땅콩 재배의 대성공으로, 목화 농사를 할 때보다 주민들이 몇 배나 높은 수익을 올리게 된 것이다. 그러면서 앨라배마 주는 세계적인 땅콩 생산지로 탈바꿈할 수 있었다.

목화바구미를 번쩍 치켜들고 있는 동상을 도시 한중간에 세워놓은 것은 바로 그 때문이다. 해충들이 지역주민들에게 '인생역전'의 기회를 물어다주었다는 것이다. 실제로 앨라배마 주 기념탑에는 이런 글이 기록되어 있다.

"우리는 목화바구미에게 깊은 감사를 표한다. 그들이 준 시련이 오늘의 풍요를 만들었다."

이들이 감사하는 것은 바로 기존의 소산물을 '포기하게 해준 것'에 대한 감사다. 현재의 것이 완전히 황폐해졌기 때문에 더 값진 것으로 그 자리를 채울 수 있었던 것이다.

독창적이고 혁신적인 위업을 이룬 사례들은 다양하지만, 거기엔 자기부정이라는 공통점이 있다. 혁신(革新)의 의미를 축자적으로 뜯어보면, 가죽(革)을 벗겨내어 새로워지는 것(新)이다. 새로운 가죽을 입히기 위해서는 이전 가죽을 완전히 벗겨내야 한다. 그렇지 않고서는 새 가죽을 입힐 수 없다는 점을 깊이 인식해야 한다.

관찰 없이는 예술도 없다

　　　　　　　CEO들과 저녁식사를 할 일이 있었다. 대화가 무르익을 무렵, 흥미로운 질문이 나왔다.

"우리 회사에 예술가를 스카우트한다면 누가 가장 좋을까요?" 그러자 다들 앞 다투어 예술가들의 이름을 늘어놓기 시작했다. 피카소(Pablo Picasso)부터 앤디 워홀까지, 마치 예술가 이름 대기 대회라도 열린 듯한 분위기였다. 그중 가장 많은 CEO들이 공감한 인물은 레오나르도 다빈치(Leonardo da Vinci)였다. 한 CEO가 그 이유를 그럴듯하게 설명했다. '다른 예술가들의 작품에서는 예술이 보이지만, 다빈치의 작품에서는 현실이 보인다'며 '회사가 필요로 하는 인재는 막연한 이상주의자가 아닌 현실적인 창조가'라는 것. 과연 모두들 그 이야기에 공감하지 않을 수 없었다.

레오나르도 다빈치는 산더미처럼 많은 걸작을 남긴 르네상스 시대의 대표적 예술가다. 15세기 르네상스 미술이 그에 의해 완성되었다고 할 정도다. 잘 알다시피 그는 '모나리자', '최후의 만찬' 등 미술사에 큰 획을 그은 작품을 다수 만들었다.

미술뿐이 아니다. 그는 어떤 예술가보다도 다양한 분야에서 왕성한 창조 활동을 이어갔다. 건축 분야에서는 피렌체 세례당 등의 청동상을 제작하고, 기술 분야에서는 헬리콥터와 낙하산, 도랑 청소에 쓰이는 기중기를 발명했다. 장갑차, 잠수함 같은 현대의 발명품도 모두 그의 아이디어에서 출발한 것들이다. 그의 작품들은 질로 평하자면 하나같이 걸작(傑作)이요, 양으로 따지면 누구도 따라가기 어려울 만큼의 다작(多作)이다. 그런 다빈치를 스카우트한다면 어느 시대에서도 '신제품 개발의 대가'로 일세를 풍미할 수 있지 않을까?

그렇다면 이런 말도 안 될 정도의 창조적 활동은 대체 어떻게 가능했을까? 그의 일기에 거듭 등장하는 문구에서 그 힌트를 얻을 수 있다.

눈은 자연이라는 완전무결한 작품을 가장 온전하고 충분히 감상하는 주요 수단이며, 모든 이해는 눈으로부터 이루어진다.

그의 핵심 비결은 다름 아닌 '관찰'이다. 다빈치는 '보는 것'이 가장 중요한 창작의 원료임을 누차 강조한다. 참신한 아이디어는 관찰을 통해 얻을 수 있다는 것이다. 그의 관찰은 매우 집요하다. '인체를 아름답게 표현하려면 어떻게 해야 할지'에 대한 해답을 찾기 위해 사람을 해부하기까지 했다. 안구를 적출해 눈꺼풀 내부를 관찰하는가 하면, 죽은 임신부의 배를 가르기까지 했다. 완벽한 살(skin)을 화폭에 구현하기 위해 그 속을 집요하게 관찰한 것이다. 그의 또 다른 기록에는 이렇게 적혀 있다.

인간의 신체 부위를 완전하게 보려면 그것을 여러 각도를 통해 봐야 한다. 아래에서 위에서 그리고 양쪽 측면에서, 또 그것을 뒤집어 보면서 각 기관의 본래 형태를 봐야 한다. 사람들은 내 그림을 통해 각 부위를 보게 될 것이다.

관찰에 대한 그의 애착은 헬리콥터 개념도 설계에서도 드러난다. 그는 나선형 드릴이 회전하면서 땅속으로 들어가는 모습에서 헬리콥터의 원리를 착안했다. '나선형 날개를 만들어 고속으로 회전시키면 물체가 떠오르지 않을까?' 그러나 날개가 공기를 밀어내지 못하고 '공회전'만 하자 날개가 이중으로 회전하도록 개조했다. 그는 새가 하늘을 나는 모습을 관찰하면서 이 아이디어를 얻었다. 새가 날개로 공기를 밀어내며 날아오르는 것을 응용, 공기를 밀어내는 공기나사(에어스크루)로 발전시킨 것이다. 다빈치는 이 나사 모양의 돛을 고속으로 회전시키면 공중으로 높이 올라간다고 설명했다. 이는 지금까지도 헬리콥터 설계의 기본 원리로 활용된다.

누구도 하늘을 날 생각조차 못 했던 15세기에 헬리콥터의 원리를 창안하다니, 놀랄 만도 하지 않은가? 이는 세상에 없는 새로운 것을 창출하는 데 '관찰의 힘'이 결정적이라는 점을 시사해준다.

다빈치가 강조한 관찰의 유용성은 비단 예술의 영역에만 국한되지 않는다. 우연의 일치일지도 모르지만, 제품 개발 컨설팅 기업 IDEO의 CEO 팀 브라운(Tim Brown)도 다빈치와 유사한 표현을 썼다. "IDEO의 모든 혁신은 눈에서 시작된다." 그의 말대로 IDEO의 신제품 개발은 관찰에서 시작되며, 그들은 이 단계에 매우 오랜 시간을 투자한다.

IDEO가 개발한 제품들을 보면 하나같이 참신하고 유용하다. IDEO가 개발한 어느 자전거 회사의 물병 디자인이 좋은 예다. 산악자전거 선수들은 물을 마실 때마다 상당한 불편을 감수해야 한다. 우선, 흔들리는 자전거에서 물을 마시려고 하면 십중팔구는 흘리게 되어 있다. 더욱이 물병이 미끄러워서 자꾸만 놓치고, 땅에 떨어뜨리기 일쑤다. IDEO는 이를 해결해주는 제품을 개발했다. 우선 물병 밑바닥을 가늘게 만들어 물병이 물병집에 쏙 들어가도록 했다. 또 고무 테두리를 붙여서 미끄러지는 것을 방지했다. 또 인공 심장 판막에서 아이디어를 얻어, 물병 입구를 X자 홈이 새겨진 고무막으로 막았다. 고무막을 빨면 물이 쏟아져 나오지만, 입을 떼면 멈추도록 만든 것이다. 이렇게 개발된 신제품은 산악자전거 선수들에게 열광적인 반응을 얻으며 날개 돋친 듯 팔려나갔다.

이런 관찰에도 몇 가지 단계가 있다. 가장 기본적인 단계는 '눈에 보이는 것'을 세밀히 관찰하는 것이다. 예컨대 IDEO는 칫솔질하는 모습에서 아이디어를 얻어 오랄B 어린이용 칫솔을 개발했다. 어린이들이 양치하는 모습을 보니, 칫솔을 어른처럼 손가락으로 잡지 않고 주먹으로 잡는 것이었다. 어른용 칫솔은 아이들이 주먹으로 잡기에는 너무 얇다. 어린이에게는 굵은 칫솔이 쓰기 편한 것이었다. 그들은 이에 착안하여 굵고 그립감도 뛰어난 어린이용 칫솔을 개발했고, 이 역시 인기리에 판매되었다.

이보다 조금 높은 단계는 '눈에 보이지 않는 것'까지 관찰하는 것이다. 즉 언어만이 아닌 몸짓, 눈짓, 생각, 상상, 느낌 등을 파헤쳐 그 안에 숨은 의미를 간파하는 단계다. 코코아와 캡슐커피로 우리나라에 친숙한 식품업체 네슬레(Nestle)는 신제품 '크런치바'를 출시하기 전에 한 가지 실험을 했다. 사람들을 모집해 일종의 인터뷰를 하는 것이었다. 네슬레는 인터뷰 대상자들에게 미리 크런치바와 관련된 그림을 10장 정도 그려 오게 했다. 그리고 그 그림들을 분석했다. 인터뷰 대상자들이 표현한 오브제(objet)는 나무 울타리나 눈사람, 할아버지의 시계 등 천차만별이었다.

하지만 그 의미를 깊이 따지고 들어가자, 한 가지 공통점이 드러났다. 바로 '어린 시절의 추억'에 관한 것들이라는 점. 사람들은 크런치바를 생각할 때 무의식적으로 어린 시절의 추억을 떠올리는 것이었다. 네슬레는 대중의 '마음속'을 관찰함으로써 크런치바에 가장 잘 어울리는 이미지를 파악할 수 있었던 것이다. 그들은 이후 광고 제작 등 마케팅 활동에 이 결과를 적극 반영했고, 크런치바를 새로운 히트 상품으로 등극시킬 수 있었다.

마지막으로, 가장 높은 단계는 '없는 것'을 관찰하는 것이다. 이것이야말로 창조를 위한 관찰의 가장 지고한 단계다. 물건으로도 없고 마음속에도 없는 걸 관찰하라니, 무슨 선문답 같은 소린가? 물론 그런 뜻은 아니다. 여기서 잠깐 스티브 잡스의 유명한 가르침 하나를 인용해보자.

소비자는 우리가 무언가를 보여주기 전에는 자신이 무엇을 원하는지 전혀 알지 못한다.

즉 '소비자 스스로가 자신이 원하는 것을 알게 해주는' 제품을 만들어야 한다는 얘기다. 그러려면 소비자 자신도 의식하지 못하고 있는 '숨겨진 욕망'을 관찰해야 한다. 사실 나는 아이팟(iPod)이 처음 나왔을 때, 크기도 작고 버튼도 안 보여서 'MP3 플레이어를 왜 이리 대충 만들었지?'라며 의아해했다. 하지만 자꾸 쓰다 보니 아이팟의 강한 매력을 느낄 수 있었다. 음악을 선택할 때 엄지손가락에 느껴지는 감촉이 좋았고, 플라이휠을 이용하니 음악을 매우 빠르게 찾을 수 있었다. 또 심플하고 세련된 디자인 덕에 가지고 다니면 기분까지 산뜻해졌다. 내가 이런 MP3 플레이어를 좋아한다는 사실을 여러 번 써본 후에야 알게 된 것이다.

이미 다들 그렇게 생각하고 있겠지만, 소비자가 모르는 것까지 관찰하는 것은 대단히 어려운 일이다. 내가 정신분석학자도 아니고, 자기 자신도 모르는 남의 욕구를 도대체 어떻게 알아챈단 말인가? 스티브 잡스의 통찰력은 이 점에서 빛을 발했다. 잘 생각해보면 통찰이라는 것은 평소에 소비자들을 집요하게 관찰함으로써 축적된다. 잡스 급의 통찰력을 가지려면 소비자들의 몸짓, 말투에 숨은 뉘앙스, 기분, 무의식적인 행동 하나하나까지 편집광적일 정도로 세밀히 관찰하는 태도가 필요하다.

버튼을 최소화하고, 디자인을 단순화하는 등의 창조와 혁신도 바로 그런 관찰에서 기인한다. 그의 통찰력은 평소에 다양한 제품이나 소비자를 관찰하면서 얻게 된 직관, 또 갖가지 예술 작품의 심미성에 대한 고민이 축적된 결과인 것이다.

하버드대 제럴드 잘트만(Gerald Zaltman) 교수는 "겉으로 표현되는 니즈는 5%에 불과하다."고 말했다. 시장조사 같은 단편적인 관찰에는 분명 한계가 있다. 앞서 말한 관찰의 2번째와 3번째 단계를 수행할 수 없기 때문이다. 물론 보이는 것만 정확히 캐치해내도 어느 정도의 인사이트를 얻어낼 수는 있다. 그러나 소비자의 이야기에만 의존해서는 안 되고, 그들에게 가까이 다가가 행동을 직접 관찰하면서 숨겨진 욕망, 없는 니즈까지 찾아내야 한다. 거기서부터 위대한 창조가 시작된다. 집요하게 관찰하라!

　　나는 20여 년간 피아노를 쳤다. 피아노를 전공
한 건 아니지만, 오랜 기간 다져놓은 음악에 대한 관(觀)이 있어서 이를
사람들과 공유하는 것을 좋아한다. 그래서 연말마다 피아노 콘서트를 개
최해 지인들을 초대한다. 이때 유독 신경 쓰는 것은 '콘셉트'다. '피아노
잘 친다'는 칭찬보다는 '공연이 인상적이었다'는 평이 나에겐 훨씬 값진
찬사이기 때문이다.

　　그래서 2009년 12월 삼성동의 한 아트홀에서 개최한 피아노 콘서트에
서는 패션쇼를 결합해봤다. 타이틀은 'Passion & Fashion'. 피아노 무대
에서 아트홀 중앙까지 이어지는 패션쇼 무대를 설치해 모델들이 워킹할
수 있는 공간을 만들었다. 피아노 무대와 워킹 무대가 공존하도록 만든
것이다.

이 공연의 주안점은 피아노 음악과 패션쇼 워킹의 자연스러운 조화였다. 음악과 모델들이 따로 논다면 콘서트도 아니고 패션쇼도 아닌 어수선한 분위기가 될 것이기 때문이었다. 그래서 나는 패션 디자이너 장예정 선생의 도움을 받았다. 음악과 패션의 접점은 살바도르 달리였다. 그의 추상적인 콘셉트 안에 2가지 모두를 녹여낸 것이다. 장예정 선생은 살바도르 달리의 작품을 의상으로 디자인해 무대 위를 활보할 모델들에게 입혔고, 나는 소소하게 작곡한 연주곡으로 달리의 추상적인 분위기를 연출했다. 이러한 융합을 통해 Passion & Fashion 공연은 '피아노 콘서트는 듣는 것 위주의 공연'이라는 통념을 깨고 '눈으로 보는 공연'으로 한 단계 발전할 수 있었다.

그런가 하면, 2008년에는 피아노 콘서트와 스토리텔링을 융합한 '피아노텔링 콘서트'를 열기도 했다. 이름 하여 '선택예술'. 과거 연극배우 경험이 있는 유명 강사 최재웅 씨가 '인생을 걸작으로 만드는 선택의 지혜'에 대해 입담을 과시했고, 나는 '선택'을 주제로 피아노 자작곡을 선보였다. 한 시간 내내 강연과 음악이 어우러져서 지성과 감성의 하모니를 이룬 공연이었다.

두 공연의 성과는 매우 만족스러웠다. 콘서트를 찾은 관객 수만 보면 2008년 280명, 2009년 140명이었다. 둘 다 내 예상을 뛰어넘는 기록이었다. 해외 음대 졸업자가 귀국 독주회를 해도 통상적으로 관객 100명 모으기가 어려운 현실을 감안하면 분명 적지 않은 수준이다. 수익 또한 생각보다 높았다. 2009년 공연에서만 800만 원이라는 티켓 수입을 기록했으니 말이다. 물론 공연이 끝난 후 일부 관객들이 참신한 공연이었다며 후원금을 기부한 것도 적지 않게 작용했지만. 이후 나는 수익을 전액 자선단체에 기부했다.

알마이에의 광기(르네 마그리트, 1959)

이처럼 재미난 콘셉트를 만들 수 있었던 데는 '데페이즈망'(Dépaysement)이라고 하는 개념의 덕이 컸다. 데페이즈망은 벨기에 출신의 초현실주의 미술가 르네 마그리트가 자주 사용하는 창조 기법으로, 우리말로는 '전치'(轉置)로 번역된다. 이는 특정 대상을 상식의 맥락에서 떼어내 이질적인 상황에 배치함으로써 기이하고 낯선 장면을 연출하는 것을 말한다. 마그리트는 사과, 돌, 새, 담배파이프 등 이미 우리에게 친숙한 대상을 이질적인 배경에 툭 떨어뜨리는 식으로 기묘하고도 참신한 분위기를 연출하는 데 능통했다.

1959년 작 '알마이에의 광기'는 하늘에 원통 모양의 성곽이 떠 있는 그림이다. 성곽의 모양이 매우 특이하다. 윗부분은 벽돌로 만들어진 성곽인데 반해, 아랫부분은 무성하게 자란 나무뿌리다. 성곽이 하늘에 떠서 뿌리를 내리고 있는 모습이다. 전혀 연관성이 없는 식물과 벽돌을 절묘하게 결합하니, 비현실적이면서도 왠지 현실적인 것 같은 구석이 있는 분위기가 탄생한 것이다. 이 그림은 일본 애니메이션의 거장 미야자키 하야오(宮崎駿)에게 영감을 주어 '하울의 움직이는 성'의 모티브가 되기도 했다.

그는 이밖에도 하늘을 훨훨 나는 새와 땅속에 뿌리 내린 식물을 결합해 새가 뿌리를 내린 이미지를 그리는가 하면, 신사를 빗방울로 표현해 하늘에서 신사가 빗방울처럼 우수수 떨어지는 그림을 그리기도 했다.

데페이즈망 기법의 핵심은 '이질적인 것들의 낯선 만남'이다. 피아노와 패션쇼는 전혀 이질적인 분야다. 피아노와 강연회도 마찬가지다. 그래서 낯선 만남의 효과가 더 컸다. 비슷한 것들의 만남은 훨씬 자연스럽지만, 그만큼 감흥이 없다. 당연하기 때문이다. 집요하게 새로운 것을 요구하는 이 시대에는 조금이라도 더 이질적이고 낯선 만남을 찾는 데 주력해야 한다.

물론 예술 분야에서는 데페이즈망을 써먹기가 비교적 쉬워 보일 수도 있다. 그만큼 빈번히, 일상적으로 활용되고 있기 때문이다. 사실 현대 예술 작품은 거의 모두가 데페이즈망의 소산이라고 해도 과언이 아니다. 하지만 비즈니스의 세계에선 어떨까? 막상 제품 개발에 데페이즈망을 적용하라고 하면 막막한 기분이 들지도 모른다. 그렇다면, 이를 멋들어지게 실현해낸 한 기업의 예를 들어보자.

마이크로 러기지

알 만한 사람은 다 안다는 가방 브랜드 샘소나이트(Samsonite)는 여행용 가방과 킥보드의 멋진 만남을 주선한 바 있다. 그런데 이 둘이 서로 무슨 상관이 있을까? 비행기 탑승 시각에 늦을까 봐 공항 안에서 여행용 가방을 들쳐 메고 킥보드를 타고 헐레벌떡 달리라는 뜻일까? 언뜻 황당한 소리 같겠지만, 그렇다. 이들이 킥보드 브랜드 마이크로 모빌리티(Micro Mobility)와 합작으로 개발한 '마이크로 러기지'(Micro Luggage)는 진짜로 '여행 가방을 든 채 킥보드를 타고 달리는' 제품이다.

해외여행이나 장거리 여행을 떠날 때 무거운 여행용 가방을 들고 공항 이곳저곳을 돌아다니다 보면 쉽게 지친다. 마이크로 러기지 스쿠터는 힘들게 여행용 가방을 끄는 대신 킥보드를 타면서 재미있게 이동할 수 있게 해주는 신개념 이동 수단이 되어준 것이다. 매우 신선한 결합이다.

지금까지 소개한 사례는 데페이즈망의 기초적인 활용에 해당한다. 좀더 고차원적인 방법을 사용하면, 단순한 대상과 대상의 결합을 넘어 좀더 깊이 있는 응용이 가능하다. 대상을 낯선 배경 속에 집어넣는 것이다. 몇 해 전 사담 후세인(Saddam Hussein) 이라크 전 대통령이 미군에게 붙잡혔을 때, 카메라에는 초췌한 몰골을 한 후세인과 그 옆에 놓인 석유난로가 함께 포착됐다. 그 난로를 만든 기업은 국내의 석유난로 업체 파세코(Paseco)다.

파세코는 국내보다 해외에서 널리 알려진 빌트인 가전 및 난방기기 전문 업체다. 1974년 설립되어 약 40년의 역사를 지닌 장수 중견 기업이지만, 수출에 주력해온 탓에 국내에선 아직 유명하지 않다. 그들의 주력 상품은 대부분의 한국인들에겐 추억 속에서만 존재하는 구시대의 유물인 석유난로다. 여기까진 이상할 게 별로 없다. 아직 첨단 난방 설비가 갖춰지지 않은 개도국이나 후진국에는 석유난로가 필요할 테니까. 재미있는 점은 이 회사가 난로를 수출한 지역에서 드러난다. 그것은 다름 아닌 중동 사막. 아니, 하루 온종일 뜨거운 열기가 피어오르는 사막에 웬 난로란 말인가?

하지만 사막은 한낮 최고 온도는 40도가 넘는 데 비해 새벽에는 기온이

영하 3도까지 내려간다. 일교차가 이렇게 큰 데다 난방 시설을 갖춘 건물도 없기에, 추운 새벽녘을 따스하게 보낼 수 있게 해주는 석유난로가 그들에겐 구원과도 같은 상품이 된 것이다. 이러한 데페이즈망의 효과적인 활용으로 파세코의 석유난로는 지금까지 1,200만 대 이상 팔려나가며, 세계 석유난로 시장의 50%를 차지하는 세계 1위 제품이 되었다. 그리고 아직도 미국, 유럽, 중동 등에서 높은 인기를 누리고 있다.

데페이즈망의 또 다른 고차원적 활용법으로는, 제품을 본래의 것과 전혀 다른 시장에 들이미는 것이 있다. 세계적인 제약 업체 글락소스미스클라인(GSC)은 류코제이드(LUCOZADE)라는 약품으로 성장의 전기를 맞이한 기업이다. 사실 류코제이드는 식사를 하기 어려운 환자들에게 영양을 공급하려는 목적으로 개발된 제품이었다. 그러나 환자 수는 한정되어 있고, 제품 특성상 경쟁사의 것에 비해 크게 두드러지는 차별점도 없었다. 한마디로 비빌 언덕이 별로 없었다는 얘기다. 그래서 고심 끝에 글락소스미스클라인은 아예 비빌 언덕 자체를 바꿔버렸다. 몸져누운 환자와는 정반대로 펄펄 뛰어다니는 운동선수들의 시장에 진출한 것이다.

그들은 류코제이드에 향신료를 첨가해 건강음료 콘셉트로 만들어 운동선수와 청소년에게 판매했다. 결과는 대성공. 이후 그들은 주력 시장인 영국에서 거둬들인 이득이 전사 순이익의 50%를 차지할 정도로 급성장했다. 새로운 시장을 개척했을 뿐 아니라 인기몰이에도 성공하며, 참신성과

상업성의 두 마리 토끼를 한꺼번에 잡은 것이다. 이 사례는 같은 대상도 색다른 장소에 놓이면 이전과 전혀 다른 위력을 발휘한다는 점을 시사해준다. 우리도 이 같은 방법으로 새로운 성장의 전기를 마련할 수 있다. 제품 기능은 정말 좋은데 시장이 포화되어 판매량이 늘지 않는다면, 낯선 시장에 과감히 뛰어드는 데페이즈망의 미학을 한 번쯤은 고려해볼 만하다.

데페이즈망은 세상에 아예 없는 무언가를 만들어내는 것만이 창조가 아님을 말해준다. 이미 있는 것들로도 '전혀 새로운' 창조는 충분히 가능하다. 낯선 대상, 낯선 장소, 낯선 시장을 서로 만나게 하면 막대한 노력이나 천재성 없이도 누구나 혁신을 이룰 수 있는 것이다. 이질적 만남이 주는 낯선 아름다움, 그것이 바로 데페이즈망 미학의 요체다.

CEO의 생각 | 최고의 창조 습관

경영자들이 생각하는 최고의 창조 습관은 무엇일까? 경영자들은 '연결하기'(33.9%)를 최고의 창조 습관으로 꼽았다. 즉 서로 무관해 보이는 다양한 지식을 적절히 연결하는 행위가 혁신적인 아이디어를 창출하는 데 큰 역할을 한다는 것이다. 빨간색과 파란색이 만나면 전혀 다른 보라색이 나오듯, 이미 존재하는 아이디어들을 연결할 때 그 교차점에서 새로운 아이디어가 쉽게 탄생한다. 이처럼 '서로 다른 것들을 연결하는 것'이 새로운 아이디어를 창조하는 데 매우 효과적인 방법이라고 경영자들은 인식하고 있다.

또한 경영자들은 '관찰하기'(25.2%), 즉 현장과 고객의 행동을 유심히 관찰하는 습관을 두

번째로 꼽았다. 창조는 통찰에서 비롯되며, 통찰은 관찰에서 시작되기 때문이다. GE의
전 회장 잭 웰치는 "경영자들에게 필요한 것은 좋은 경영대학원 학위가 아니라 문제를
세밀하게 관찰하여 냄새(본질)를 맡아내는 능력이다."라고 강조한 바 있다.

이어서 경영자들이 꼽은 창조 습관은 '질문하기'(22.4%)였다. 문제의 핵심을 완벽히 이
해하고 혁신적인 대안을 도출하기 위해 끊임없이 질문하는 것 역시 창조의 방법이라는
것이다. 세계적인 PC 업체 델(Dell)의 창업자인 마이클 델(Michael Dell)은 'PC 가격이
부품 값을 모두 더한 것보다 5배나 비싼 이유는 뭘까?'라는 질문이 델 컴퓨터를 만들었
다고 회고했다.

SERICEO 경영자 회원 대상 설문조사 460명 참여, 2010년 5월 10~14일 실시

Q. 경영자의 경험에 비추어 볼 때 회사 경영에 가장 큰 도움이 되는 창조 습관은 무엇
인가?

· 연결짓기 : 서로 무관해 보이는 다양한 아이디어들을 능수능란하게 연결(33.9%)

· 관찰하기 : 현장과 고객의 행동을 유심히 관찰하여 숨겨진 욕망과 시장의 흐름을 포
착(25.2%)

· 질문하기 : 문제의 핵심을 완벽히 이해하고 혁신적인 대안을 도출하기 위해 끊임없
이 질문(22.4%)

· 교류하기 : 벽을 허물고 예술가, 학자 등 다양한 사람들과 교류(9.3%)

· 실험하기 : 과거에 하지 않았던 새로운 실험들을 끊임없이 시도(9.1%)

무의식에
줄자를
들이대라

일전에 무결성의 대명사로 불리던 부사장을 모셨던 적이 있다. 무결성을 생명으로 여기는 SERI의 조직문화 속에서 그는 한마디로 우러름의 대상이었다. 한 번도 접해보지 못한 주제의 보고서나 콘텐츠를 보더라도, 본질을 정확히 꿰뚫으며 누구도 찾아내지 못한 문맥적 오류를 귀신같이 찾아내 감탄을 자아내는 인물이다.

그는 언젠가 자신의 발자취를 이야기하며 성공의 중요한 습관을 내게 알려줬다. 그것은 바로 '수치화'(數值化)다. 사실 스스로의 업무를 수치화하는 직장인은 거의 없을 것이다. 하지만 그날 발생한 오류의 수, 다른 이들의 실력을 나타내는 지표를 만들어 몇 년이고 끊임없이 기록하는 극소수가 존재한다. 그들은 그러면서 매일같이 그 패턴을 확인한다. 이런 사람들의 성장 폭을 보면 남들에 비해 월등함을 알 수 있다. '내가 하는 일을 뻔히 알고 있는 데 굳이 수치화할 필요가 있을까?' 하고 반문하는 이도 있을지 모르겠다. 해본 적이 없어서 효용성을 잘 모르기 때문에 하는 말이다. 수치화는 해본 사람만이 그 유용성을 알 수 있다.

우선, 스스로의 모습을 객관적으로 파악할 수 있다. 이게 수치화의 결정적인 장점이다. 사람들은 흔히 자신을 과대평가하는 경향이 있다. 실제보다 자신이 훌륭하다고 믿는 것이다. 하지만 인사고과 시즌이 돌아오면 다들 상상과 현실의 괴리로 인해 상처를 입게 된다. 자기 스스로 내린 주관적 평가와 조직이 내린 객관적 평가가 확연히 다르기 때문이다.

이처럼 많은 직장인들이 작년에 나의 실력이 어떠했는지, 지금은 그때보다 얼마나 발전(혹은 퇴보)했는지 제대로 모른다. 수치화는 이런 것들을 객관적으로 판단하는 척도가 된다. 무엇보다도 수치화가 이뤄져야 어제보다 나은 오늘을 계획하기 쉽다. 하다못해 취미로 골프를 치더라도 지난달 퍼팅 성공률이 어느 정도였는지, 버디를 평균적으로 얼마나 잡았는지, 타수가 얼마나 줄었는지 알아야 이번 달의 목표를 세밀하게 세울 수 있다.

더하여 이를 수년 동안 꾸준히 실행하면 내가 어떻게 발전해왔으며, 향후에 어떤 방향으로 성장해야 할지 한눈에 보여주는 '발전 곡선'을 그릴 수 있게 된다. 이 곡선은 성공을 위해서 앞으로 무엇을, 어떻게, 얼마나 해야 할지에 대해 치밀한 전략을 세우는 토대가 된다.

이 방법을 알려준 부사장은 입사 시절부터 친필로 꼬박꼬박 기록해놓은 노트를 지금까지 간직하고 틈틈이 펼쳐본다. 무결성의 대명사로 여겨질 수 있었던 배경에는 이러한 수치화 습관이 있었던 것이다.

수치화의 습관은 어찌 보면 레오나르도 다빈치가 강조했던 말과 일맥상통한다.

예술의 과학과 과학의 예술을 연구하라.

다빈치는 과학을 중요시했다. 우뇌 중심의 예술에 웬 좌뇌 중심의 과학이 들어가는지 의아하다면, 다빈치의 다음과 같은 지적을 곱씹어보자.

과학을 모른 채 그림에만 정진하는 사람은, 키나 나침반 없이 항해에 나선 것과 같다.

과학적 방법은 17세기 이후 자연과학 분야에 의해 정형화된 진리탐구 기법으로, '측정을 반복하면서 가설을 다듬어가는 과정'이다. 여기서 '측정'이라는 말이 중요한데, 정확한 측정은 애써 착안한 아이디어가 졸작에 그치지 않고 완벽을 향해 나아가게 안내해주는 역할을 한다.

완벽은 디테일에서 비롯된다. 세밀하고 정교한 부분까지 흠결 없는 아름다움을 이뤄내는 것이 디테일의 미학이고, 그것이 쌓이고 쌓여 완벽을 이루는 것이다. 다빈치는 측정을 통해 이 미세한 완벽의 영역에 다가가고자 했다. 해부한 신체만 30구가 넘고, 근육과 뼈를 하나하나 정밀하게 측정해 그린 시신 해부도는 1,750개나 될 정도다. 이런 측정에 대한 집착을 두고 다빈치는 이렇게 얘기했다.

골격 구조와 근육의 관계를 세밀하게 분석하는 능력이 없는 사람이 그리는 그림은 마치 호두 자루와 같은 뻣뻣한 누드밖에 안 된다.

모나리자의 얼굴을 보면 코와 눈썹의 길이, 턱과 코의 길이, 얼굴의 가로와 세로의 비율 등이 모두 황금비율인 1 : 1.618로 그려져 있다. 가장 완벽한 미소라 불리는 '모나리자의 미소'도 결국은 수많은 해부를 통해 이뤄진 측정의 소산인 것이다.

창조적인 제품·서비스를 개발할 때도 측정은 중요하다. 시장이 요구하는 요건들은 대개 불명확하다. 자사 제품이 소비자들의 니즈를 잘 충족하고 있는지도 파악이 쉽지 않다. 더구나 시장에는 예측불허의 실패 변수들이 곳곳에 도사리고 있기에, 신제품이 시장에서 성공할 확률은 매우 적다. 이때 측정의 위력이 빛을 발한다. 제품을 출시하면서 시작되는 험난한 항해를 최대한 순조롭게 이끌어주는 것이 바로 측정이다. 그래서 경영학의 대부 피터 드러커(Peter Drucker)는 '측정할 수 없으면 관리할 수 없다'며 경영자의 가장 중요한 능력이 측정 능력이라고 단언했다.

일본의 유명한 식품기업 간코푸드(Ganko Food)는 초밥 집에서의 측정이 얼마나 큰 힘을 발휘하는지 보여주는 대표적인 사례다. 간코푸드는 1969년 설립된 초밥, 돈가스, 주류 등을 취급하는 음식점 그룹이다. 그들이 점점 성장하여 점포수가 100개를 넘어가자 문제가 발생했다. 점포별로 작업 효율성 면에서 눈에 띄는 차이가 생긴 것이었다. 보다 완벽한 서비스를 구현하고, 무엇보다 그룹 전체의 생산성을 높이려면 이를 반드시 해결해야 했다. 그래서 그들은 모든 점포에 측정 시스템을 도입하고, 종업원의 동선과 행동을 일일이 기록했다. 종업원들의 옷에 작은 센서를 달아 움직일 때마다 동선이 데이터로 측정되게 했으며, 주방에도 카메라를 달아 직원들의 움직임을 세밀히 측정한 것이다. 그 결과 그들은 매장에 내재된 오류를 190개나 발견할 수 있었다. 이 많은 것들을 개선하는 것만으로도 엄청난 발전이 기대되는 상황이었다.

오류 개선에 착수한 결과는 놀라웠다. 먼저 주방에서는 조리하는 데 드는 시간이 15%나 줄었다. 당연히 밀려드는 주문을 소화해내는 능력이 커질 수밖에 없었다. 또 손님들이 음식을 기다리는 조리 대기 시간도 7% 짧아졌다. 특히 손님에게 자리를 안내하고 음식을 치우는 등의 접객 업무를 맡은 직원들은 무려 70%의 인원이 작업 속도를 향상시킬 수 있었다.

앞서 우리는 관찰의 중요성을 살펴봤지만, 그저 자세히 보는 것으로 끝나서는 안 된다. 관찰은 측정과 맞물릴 때 위력을 발휘한다. 물론 소비자의 니즈나 만족처럼 다분히 주관적이어서 객관적 지표를 들이댈 수 없는 영역도 있다. 하지만 이러한 주관의 영역에서도 측정은 필요하다. 이러한 측정이 바로 '정성적 측정'이라 불리는 개념이다.

실제로 일본의 전기·전자기기 제조업체 히타치제작소(日立製作所)는 사람들의 '생각'을 측정했다. 불편하다, 부드럽다, 뻐근하다 등의 기준을 만들고 이를 근전도검사로 수치화한 것이다. 특정 제품의 각 기능에 대해 사람들이 느끼는 만족도를 숫자로 비교함으로써, 그들은 고객의 만족도를 가장 높여주는 기능이 무엇인지 쉽게 찾아낼 수 있었다. 그런가 하면 청소기를 개발할 때는 고객들이 저소음에 크기가 작은 청소기를 좋아한다는 사실을 알아내어, 만족도 높은 기능들만 모아 사용감이 극대화된 청소기를 내놓기도 했다. 또 자동차 시스템을 개발하면서는 운전자의 컨디션을 체크하는 기능이 있을 때 사람들의 만족도가 매우 높다는 사실을 확인했다. 그래서 이 측정 결과를 토대로 운전대에 손을 대면 운전사의 상태를 즉자적으로 체크해주는 '손가락 정맥 인증기술'을 개발해 엄청난 호응을 얻어냈다.

측정은 이처럼 사념의 세계를 떠도는 아이디어가 현실의 세계에 물건, 또는 서비스의 형태로 구현되도록 하는 다리의 역할을 한다. 아무리 좋은 아이디어를 착상(着想)했다 해도 이를 완벽하게 착상(着床)시키는 것은 결국 측정이다. 우리는 아이디어만 많은 어설픈 창조가가 되기보다, 창조물을 완전무결하게 구현해낼 줄 아는 진정한 실력자가 되어야 한다. 측정은 아마추어를 프로로 거듭나게 해주는 필수요소임을 기억하자.

위대한
예술가는
훔친다

좋은 예술가는 베끼고 위대한 예술가는 훔친다.

20세기 최고의 화가 피카소의 말이다. 창조의 대가로 여겨지는 인물이 남이 만든 것을 훔치라고 하다니, 사뭇 어울리지 않는 얘기이긴 하다. 하지만 여기서 피카소가 전하고자 하는 메시지는 '모방이야말로 최고의 창조'라는 것이다. 피카소 또한 어려서는 아버지의 그림을, 후에는 앞서 간 대가들의 그림을 숱하게 따라 그렸다. 실제로 그가 출품한 그림 중에는 다른 예술가의 작품을 모방한 것들이 많다. 예를 들어 1957년 작 '시녀들'은 까마득한 선배 화가 벨라스케스(Diego Velázquez)의 작품을 모방한 것이다. 인물과 사물의 배치나 공간적 분위기가 거의 똑같다. 이렇게 남의 것을 따라했다고 해서 피카소의 작품을 폄하하는 사람이 있는가? 그

시녀들(피카소, 1957) ⓒ 2013−Succession Pablo Picasso−SACK(Korea)

렇지 않다. 다시 말해 모방은 창조의 좋은 방법이 될 수 있다.

스티브 잡스 또한 '나는 위대한 아이디어들을 훔치는 데 부끄러워한 적이 없다'며 모방이 창조의 방법임을 주장했다.

실제로 모방은 그간 비즈니스 세계에서 창조의 기폭제가 되어왔다. 비근한 예로 2000년대 중반 국내 화장품 업체 더페이스샵(the Face Shop)은 저가 화장품 시장을 개척한 미샤(Misha)의 '브랜드숍'이라는 비즈니스

시녀들 (디에고 벨라스케스, 1656~1657)

모델을 모방해 단번에 최고의 자리에 오르는 데 성공했다. 1900년대 초 GM도 포드의 대량생산체제를 모방해 생산성을 높인 후 GM 역사상 최고의 성장세를 구가했다. 세계적인 명차 롤스로이스(Rolls-Royce) 또한 다양한 사물들을 모방해 자동차의 곳곳에 구현하면서 최고의 프리미엄 명차로 거듭날 수 있었다. LED 헤드라이트, 고풍스러우면서도 세련미를 갖춘 디자인 등이 그것이다.

따지고 보면 하늘 아래 완전히 새로운 것은 별로 없다. 무에서 유를 만들어낸다는 것은 여간 어려운 일이 아니다. 어쩌면 하루가 다르게 변하는 세상에서 완전히 새로운 것을 만드느라 시간만 끄는 것은 무모한 일일 수 있다. 그러나 이미 존재하는 대상을 참고해 거기서부터 시작하면 창조의 가능성은 높아진다. 모방의 묘미는 바로 여기에 있다. 물론 무턱대고 따라하는 것은 아류, 2류, 2.5류로 가는 지름길이다. 모방에도 적절한 방법이 있게 마련이다. 롤스로이스의 창업자 헨리 로이스(Henry Royce)는 이와 관련해 매우 효과적인 방법론을 제시했다.

Take the Best and Make it Better(가장 좋은 것을 취해서 더 좋게 만들어라).

이 간단한 말에는 2가지 커다란 메시지가 들어 있다. 'Take the Best' 와 'Make it Better'. 각각에 어떤 의미가 있는지 이제부터 살펴보자.

최고가 되려면 최고를 베껴라

'Take the Best'는 '가장 좋은 것을 취해야 한다'는 의미다. 당연한 얘기 겠지만, 높은 경지에 오르려면 최고의 대상을 모방해야 한다. 그래서 근 주자적(近朱者赤)이라는 말도 있는 것 아니겠는가. 고등학생이 성적을 올 리려면 자기보다 조금 잘하는 학생이 아니라 전교 1등을 벤치마킹하는 게 훨씬 효과적일 것이다.

1980년대 삼성전자는 TV 사업을 전개하기 위해 당시 일본 최대 전자 기업인 소니를 모방했다. 이를 통해 TV 사업의 성장 기반을 마련한 후, 끊임없는 혁신을 통해 지금은 세계 최대 TV 제조 기업으로 발돋움했다. 1970년대 현대자동차도 당시 쳐다보지도 못할 만큼 높은 나무였던 도요 타(Toyota)를 모방했다. 또 현대자동차에게 우호적이었던 미쓰비시(三菱) 와 제휴를 맺어 기술을 전수받았다. 현대자동차가 내놓은 차량은 자동차 가 없던 우리나라 시장에서 매우 혁신적으로 받아들여졌다. 그들은 이때 다진 발판으로 성장을 지속해 지금은 세계적인 자동차 브랜드들과 어깨 를 나란히 할 정도가 되었다.

이처럼 모방을 하려거든 최고를 찾는 게 우선이다. 그런데 최고의 대상 을 같은 영역에서만 찾을 필요는 없다. 오히려 패러다임을 바꾼 혁신 기 술이나 혁신 제품 중에는 다른 영역의 것을 모방한 경우가 많다.

헨리 포드는 1913년 '컨베이어 방식'을 고안해내며 본격적인 대량생산

시대를 열었다. 그런데 이 아이디어의 원천은 엉뚱하게도 닭고기 도축장이었다. 도축장에서 작업자가 모노레일을 이용해 고기를 이동시키고 각 단계에 맞춰 고기를 손질하는 것을 자동차 생산 공정에 도입한 것이다. 이는 당시만 해도 세계 어떤 자동차 생산 현장에서도 볼 수 없는 진기한 방식이었다.

이렇게 구현된 대량생산 시스템은 전체 자동차 조립 시간을 10분의 1로 대폭 단축시켰다. 자동차 가격도 덩달아 저렴해져, 이전의 3분의 1이 되었다. 1908년 출시된 포드의 T형 자동차는 1927년에 생산이 중단될 때까지 미국에서 1,550만 대가 판매됐다. 도축장의 모노레일 방식을 따온 것은 자동차 산업 역사상 최고의 모방이요 혁신이었던 것이다.

멀리 물 건너 갈 것도 없이, 대한민국 주방에도 이 같은 센세이션을 일으킨 혁신 제품이 있다. 음식물 처리기 '루펜'(Loopen)이 바로 그것. 루펜은 2003년 출시되어 2년 만에 100만 대가 팔려나가며 시장에 일대 돌풍을 일으켰다. 2006년 서울국제발명전시회에서 금·은·동상을 모조리 휩쓸어 화제가 되기도 했다. 여느 음식물 처리기와 달리, 남은 음식물을 냄새와 소음 없이 건조하여 부피를 10분의 1로 줄여주는 획기적인 제품이기 때문이었다.

이런 루펜이 모방한 대상은 상상도 못 했던 물건이었다. 바로 헤어드라이어. 어느 날 젖은 머리를 헤어드라이어로 말리던 중, 음식물에도 열풍을 가하면 잘 마르겠다는 생각이 문득 떠오른 것이다. 실제로 음식물에 열풍을 가하는 실험을 해봤더니, 음식물 쓰레기가 훨씬 손쉽게 건조됨을 발견할 수 있었다고.

21세기 최고의 혁신 기업 애플 또한 모방을 주저하지 않았다. 15개국 이상의 나라에서 운영되는 매장 애플스토어(Apple Store)는 단위 면적 당 매출액 면에서 세계 최고를 달리고 있다. 이러한 애플스토어의 모방 대상은 리츠칼튼(Ritz-Carlton) 호텔이었다.

스티브 잡스는 애플스토어에서 최고의 고객 서비스를 제공하기 위해, 직원들에게 최고 선진 사례를 벤치마킹하라는 특명을 내렸다. 그래서 그들은 리츠칼튼이라는 최고의 모방 대상을 찾아냈다. 손님들에게 감동과 만족을 주기 위한 애플스토어의 새로운 서비스는 이렇게 탄생한 것이다. 애플스토어에는 손님들이 기술자들과 직접 마주하는 지니어스 바(genius bar)가 있다. 단순히 제품을 팔기만 하는 게 아니라 오감을 이용해 다양한 체험을 할 수 있으며, 구매 후에도 사용법에 대한 도움을 받을 수 있는 곳이다. 이는 리츠칼튼 호텔의 컨시어지 데스크(Concierge Desk)에서 영감을 얻은 것이다.

자연 또한 무궁무진한 모방의 보고다. 동식물의 행동이나 구조를 모방하여 이를 첨단 기술로 응용하는 '생물모방 기술'이라는 분야가 생겼을 정도다. 일본의 닛토전공(日東電工)은 도마뱀붙이의 발바닥에서 힌트를 얻어 강력 접착테이프를 개발했다. 도마뱀붙이는 벽면이나 천장에도 찰싹

달라붙어 자유롭게 돌아다닌다. 접착력이 뛰어난 발바닥 덕분이다. 도마뱀붙이의 발바닥에는 단백질 성분의 경사진 미세섬모가 수백만 개나 있다. 이 미세섬모 덕분에 발바닥과 물체 표면 사이에 강한 인력이 발생해 자기 몸보다 훨씬 큰 무게를 지탱할 수 있는 것이다. 닛토전공은 직경 4~20nm, 길이 0.5~0.7mm의 나노튜브(CNT)를 폴리프로필렌 필름 표면 위에 촘촘히 심어 테이프를 만들었다. 얼마나 촘촘하냐면, $1cm^2$당 약 1,000억 개가 들어갈 정도다. 이 테이프를 유리에 붙이면 4.6kg까지 들어 올릴 수 있고, 비스듬하게 떼어내면 쉽게 떨어진다. 포스트잇에 버금가는 실용성을 자랑하는 테이프인 셈이다.

이밖에도 자연을 모방한 물건들은 우리 주변에서 쉽게 찾아볼 수 있다. 상어 피부를 모방하여 마찰을 줄인 수영복, 벌집의 육각형 구조를 이용하여 최대 면적과 최대 강도를 구현한 비행기의 날개, 자벌레의 움직임을 응용한 대장 내시경 로봇 등, 이미 많은 제품 속에 생물모방 기술이 스며들어 있다.

표절은 2류, 모방은 1류

'Make it Better'란 '가장 좋은 것을 취했다면 더 좋게 만들어라'는 뜻이다. 여기서 '더 좋게'란, '자기 스스로에게 잘 맞게' 만들라는 얘기다. 모방의 첫 단계는 분야를 불문하고 최고를 찾는 것이다. 그러나 이를 단순히 따라 하고 말면 이도저도 아닌 게 나오고 만다. 별 생각 없이 똑같이 따라 하는 것은 모방이 아니라 표절이다. 그래서는 아류, 2류 내지는 짝퉁밖에 되지 않는다. 자신의 정체성을 잃은 채 중심을 잡지 못하게 될 뿐이다.

장자(壯子)는 《추수편》에서 이 같은 태도를 경계했다. 중국 춘추전국시대 연나라의 시골 청년이 조나라의 수도 한단(邯鄲)에 가서 그곳 사람들의 우아한 걸음걸이를 배우려 했으나, 제대로 배우지도 못하고 자기의 걸음걸이마저 잊어버려 급기야 기어서 돌아가야 했다고 한다. 이를 한단지보(邯鄲之步) 혹은 한단학보(邯鄲學步)라고 한다. 생각 없이 남의 흉내만 내는 어리석음을 풍자하는 말이다. 연나라 청년은 한단의 걸음걸이를 자신의 것으로 만드는 데 실패했다. 자신의 정체성과 본연의 색깔을 유지한 상태에서 새것을 따라하는 것이 성공적인 모방의 기본 조건이다.

인도의 아라빈드(Aravind) 병원은 백내장 수술을 전문으로 하는 세계적인 안과병원이다. 이들은 포드 식 대량생산 시스템을 도입해 초저가 의료 시스템을 구현했다. 빈민층에게 저렴하게 수술을 해주면서도 영업이익률을 무려 40%가량 달성하게 해준 획기적인 방법이다. 이 병원의 의사들은 여러 침대가 비치된 수술실에서 한 환자의 수술을 끝낸 후 옆 침대로 이동한다. 각 단계별로 전문화된 의사들이 분업 형태로 수술하는 것이다.

하지만 의료 시스템은 생명을 다루는 것이다. 프로세스가 아무리 효율적이어도 환자의 생명에 지장을 준다면 별무소용일 뿐이다. 아라빈드 병원은 이 점을 분명히 인식했다. 그래서 실수나 오류가 일어나지 않도록 단계별로 철저히 관리하는 데 치중했고, 모든 의료 인력들이 수술 준비와 집도를 일사불란하게 진행할 수 있도록 했다. 그 결과 아라빈드 병원은 세계 최고 수준의 수술 성공률을 자랑하고 있다. 다른 분야의 프로세스를 도입하되, '의술'이라는 본연의 정체성만큼은 확고히 지켰기 때문에 가능한 일이었다. 이처럼 모방은 핵심이 흔들리지 않는 범위에서 이뤄져야 한다.

그런데 여기서 끝나면 진정한 'Make it Better'라고 보기 어렵다. 모방 대상이 가진 부족한 점을 보완하는 과정이 더해져야 한다. 모든 것에는 흠이 있게 마련이다. 특히 다른 영역의 것을 모방했다면, 그 영역에서는 장점이었던 것이 현재의 영역에서는 결점이 될 수 있다. 이를 보완하면 성공적인 모방을 이뤄낼 수 있다.

루펜은 헤어드라이어 모방이라는 참신한 발상에서 탄생했다. 하지만 헤어드라이어의 특성을 음식물 쓰레기 처리기에 그대로 반영하면 말 그대로 참사가 일어날 수 있다. 먼저 열풍을 내리려면 모터를 회전시켜야 하는데, 그 소음이 귀에 거슬리기 쉽다. 또 뜨거운 바람이 쏟아지는 순간 쓰레기 냄새가 사방으로 퍼지게 되는데, 그때의 불쾌감은 이루 말할 수 없다. 그야말로 참극에 가까운 사태가 발생하는 것이다. 루펜은 단순 모방에 그치지 않고 이런 단점을 보완하는 데 치중했다. 소음 적고 냄새 없는 음식물 처리기를 지향했기에 시장에서 호평 받는 밀리언셀러가 될 수 있었던 것이다.

애플스토어도 리츠칼튼 호텔을 모방했지만, 만일 서비스나 공간 디자인에만 치중했다면 제품은 뒷전이 되었을 것이다. 애플스토어의 본질은 제품을 팔고 A/S하는 것인데 말이다. 그래서 그들은 이를 보완하기 위해 대표 제품을 매장 전면에 부각시키는 '플래그십 스토어'(flagship store) 콘셉트를 가미했다. 당시에는 플래그십 스토어에 대한 개념이 없었기에, 이는 브랜드 마케팅 분야에서 매우 신선한 시도로 받아들여졌다.

'Make it Better'를 완성하는 마지막 단계는 모방 대상에 새로운 가치를 추가하는 것이다. 여기서 '새로운 가치'는 내가 가진 장점이 될 수도 있고, 고객의 입장에서 더 가치 있을 것으로 보이는 특징이 될 수도 있다.

네슬레에서 출시된 가정용 커피머신 네스프레소(Nespresso)는 시장에 들어서자마자 커다란 반향을 일으켰다. 커피 전문점에서나 즐길 수 있었던 에스프레소를 집에서 간단히 만들 수 있기 때문이었다. 이 제품의 모방 대상은 믹서다. 믹서에 사과를 넣으면 사과주스가 되어 나오는 것을 커피에도 똑같이 적용한 것이다. 그러나 커피머신에 커피를 넣는 것은 믹서에 사과를 던져 넣는 것처럼 간단하지 않다. 원두를 갈아야 하고, 여기에 뜨거운 물을 부어 커피 액만 추출해야 하기 때문이다. 그것도 어설프게 부으면 맛이 이상해진다. 커피 애호가가 아닌 바에야 '귀찮아서 안 하고 마는' 지난한 과정이다.

그래서 네슬레는 여기에 '간편함'이라는 가치를 더했다. 네스프레소는 이 모든 과정을 캡슐 하나로 압축했다. 커피가루가 농축된 알루미늄 캡슐을 커피머신에 넣고 버튼만 누르면, 자판기처럼 향기로운 에스프레소가 뚝딱 나오는 것이다. 이로써 네스프레소는 복잡다단한 커피 메이킹을 원터치로 바꿔버린, 그야말로 커피계의 혁신이 될 수 있었다.

물론 이것으로는 완벽하지 않다. 소비자들은 같은 맛에 금방 질리기 때문이다. 그래서 그들은 네스프레소에 '다양한 맛'이라는 가치까지 녹여냈다. 네스프레소 캡슐은 바닐라 맛, 체리 맛, 다크초콜릿 맛 등 수십 종류나 되는 맛 중에서 마음대로 골라먹을 수 있다는 장점이 있다. 게다가 캡슐 하나에 커피 한 잔 양이 나오는데 가격은 스타벅스의 3분의 1 수준이다. 그러니 대중의 사랑을 받지 않을 수 없다. 실제로 네스프레소는 유럽에서 엄청나게 인기몰이를 하며 필수 가전제품으로 인식되었고, 2006년에는 1조 원가량의 매출액을 기록했다.

하지만 네슬레는 여기서 멈추지 않았다. 2011년 네트워크 기능을 탑재한 커피머신을 출시한 것이다. 기기가 고장 날 경우 이를 원격으로 모니터링할 수 있는 기기다. 주로 업소에서 쓰이는 이 기기에는 무선통신 모듈이 내장되어 있어 수온, 증기압 등의 데이터를 휴대 전화망을 통해 고객센터로 전송한다. 그러면 고객센터에서는 클라우드 서비스를 이용해 데이터를 분석한 뒤, 서비스가 필요한 경우 직원에게 알려 조치를 해준다.

한마디로 고객도 모르는 고장을 먼저 발견해 해결해주는 기능이다. 네슬레는 이런 서비스를 가가호호 모든 집에서 누릴 수 있도록 '애프터서비스'라는 가치를 추가한 것이다.

모방의 방법론에 대한 3줄 요약으로 '모방'에 관한 이야기를 마치고, 다음으로는 '불완전의 미학'에 대해 알아보자.

먼저, 최고의 것을 가져오라.
부족한 점을 보완하고, 새로운 가치를 추가하라.
그러나 무엇보다 본연의 정체성을 지켜라.

구루의 통찰 | 혁신의 갈래

클레이튼 M. 크리스텐슨(Clayton M. Christensen)
하버드 경영대학원 석좌교수. 기술과 기업 혁신에 관한 창의적이고 명쾌한 통찰을 담아낸 '혁신 이론'의 창시자. 브리검영 대학교, 옥스퍼드 대학교, 하버드 경영대학원에서 두루 공부한 뒤 CPS 테크놀로지스라는 기업을 세워 회장 겸 의장으로, 보스턴컨설팅에서 컨설턴트와 프로젝트 매니저 역임. 1997년에 수년간의 연구와 현장에서의 경험을 종합한 《혁신 기업의 딜레마The Innovator's Dilemma》를 출간하며 경영학계의 신성으로 떠올랐고, 2011년에는 2년마다 경영 구루들의 글로벌 랭킹을 발표하는 싱커스 50이 '세계에서 가장 영향력 있는 경영 사상가'로 선정.

크리스텐슨 교수는 혁신의 유형을 '존속성 혁신'(Sustaining Innovation)과 '와해성 혁신'(Disruptive Innovation)의 2가지로 분류했다. 존속성 혁신은 제품의 성능이나 품질을 향상시키는 '점진적 진보'를 이루는 것을 의미한다. 또 와해성 혁신은 기존과 전혀 다른 새로운 요소를 가지고 새로운 시장을 개척하는 '급진적 변화'다.

20세기 초의 운송 혁신은 후자의 좋은 예다. 자동차가 생산되기 시작한 초기에는 도로 한복판에 자동차와 말이 뒤섞여 다녔다. 하지만 수년 후 운송 시스템이 자동차 중심으로 변화하면서, 말이나 마차는 도로에서 찾아보기 어렵게 되었다. 그럼으로써 말 관련 산업도 덩달아 퇴조하게 되었다.

여기서 강도 높은 말발굽, 착석감 좋은 고기능 안장, 말의 체력을 획기적으로 향상시키는 사료, 흔들림을 최소화하는 마차 바퀴 등을 개발하는 것은 '존속성 혁신'이다. 말 관련 산업 내에서 점진적인 개선을 추구하는 것이기 때문이다. 그러나 말과 마차를 도로에서 몰아낸 자동차 개발은 기존 산업을 파괴했기 때문에 와해성 혁신에 해당한다.

기업이 경영 전략을 가장 중요하게 생각해야 할 시기는 와해성 혁신이 태동하는 초창기다. 이 시기에는 기존 기술이 기업에게 많은 이윤을 가져다주고, 고성장을 이루게 하는 원동력이 된다. 이런 상황에서 새로운 기술은 관심을 받기가 쉽지 않다. 이런 신기술이 와해성 혁신으로 불리는 것은 시장이 재편된 뒤에야 가능한 일이다. 이때 이 신기술이 '될 성부른 떡잎'인지를 알아채고 투자를 단행하느냐 여부에 따라 기업의 운명은 달라진다.

그렇다고 와해성 혁신 기술을 미리 알아보고 선점하면 성공이 보장되는 건 아니다. 와해성 혁신은 얼마 가지 않아 기업에게 또 다른 고민거리를 안겨다준다. 이에 대해 크리스텐슨 교수는 이렇게 말했다.

"정상의 기업들이 계속 자리를 지키는 가장 큰 이유는 좋은 경영 때문이다. 이런 회사들은 고객의 소리에 귀 기울이고, 고객이 원하는 제품을 더 잘 만들도록 하는 기술을 개발하고, 시장 트렌드를 주의 깊게 관찰하여 가장 큰 이익을 보장하는 분야에 체계적으로 투자한다. 그리고 이런 좋은 경영으로 인해 그들은 어느새 시장의 리더십을 잃게 된다."
와해성 혁신이 가져온 새로운 흐름에 편입한 기업은 성장세를 이어가기 위해 현재 고객, 현재 기술에 투자를 지속한다. 그러나 시간이 지나면 기술은 진부해지고, 이를 파괴하는 또 다른 와해성 혁신이 일어나게 마련이다. 그런데 기업이 이전 기술로 큰 이윤을 보고 있다면 생소한 기술로 갈아타기가 어렵다. 이윤이 제대로 날지 알 수 없기 때문이다. 그러다가 그 신기술이 와해성 혁신이었다는 것을 인식하고 나면 때는 늦다. 이미 와해성 혁신을 일으킨 기업이 시장의 리더십을 다 가져가버린 뒤이기 때문이다. 그래서 신기술로 갈아타지 않았다가 시장 리더십을 크게 잃는 일도 자주 일어난다. 크리스텐슨 교수는 이를 '혁신가의 딜레마'(The Innovator's Dilemma)라고 칭했다. 경영자와 기업은 언제나 와해성 혁신의 도전을 받게 되어 있는 것이다.

그래서 크리스텐슨 교수는 와해성 기술을 다루고 대응하는 효과적인 방법을 5가지로 제시했다. 첫째, 먼저 와해성 기술과 존속성 기술을 구분해야 한다. 특히 해당 기술이 어느 영역에 속하는지를 주의 깊게 확인해야 한다. 대다수의 기업은 현재 고객들이 좋아할 만한 존속성 기술은 잘 인식하면서도 와해성 기술을 인지하는 데는 서투르다. 신제품 개발 과정에서 마케팅이나 재무 부서는 별로 좋아하지 않는데 기술 부서가 반기는 프로젝트가 있다면, 그 안에 눈여겨볼 만한 와해성 기술이 존재할 가능성이 높다.
둘째, 와해성 기술의 전략적 중요성을 판단해야 한다. 와해성 기술이 될 만한 후보 중에 지금은 기술 수준이 상당히 낮지만, 기술의 발전 속도가 매우 빨라 현재 주력 제품 시장의 기술 수준을 넘어설 가능성이 보인다면 그 후보 기술을 집중적으로 개발해야 한다.
셋째, 와해성 기술을 적용할 만한 시장을 찾아야 한다. 특히 큰 기업은 현재의 주력 시장에 집중하는 경향이 크기에, 새로운 시장을 탐색하기가 쉽지 않다. 시장 탐색 능력이 더 뛰어난 중소기업들에게 시장 탐색을 맡기되, 그 기업들을 계속해서 눈여겨봐야 한다. 넷째, 와해성 기술을 개발할 별도의 조직을 마련해야 한다. 특히 이윤이 적고 기존 제품과 다른 고객군을 대상으로 하는 기술은 별도의 조직에서 개발하도록 하는 것이 좋다. 다섯째, 와해성 기술 관련 조직은 계속 독립적으로 놔둬야 한다. 기업들은 대개 신기술이 성공하면 별도로 뒀던 와해성 기술 관련 조직을 다시 합치려고 한다. 하지만 그렇게 하면 기존 사업 부문과의 갈등이 커질 우려가 있다. 디스크 드라이브 업계의 역사를 살펴보면, 주력 제품과 와해성 기술 제품을 같은 조직 내에서 관리한 기업은 모두 실패했음을 알 수 있다.

완벽은 2류,
불완전은 1류

삼성에는 신화적인 업적을 쌓은 인물이 많다. 대부분은 언론에서도 많이 회자된다. 그러나 뛰어난 기록에 비해 잘 부각되지 않은 인물이 있다. 바로 삼성화재 배구단의 신치용 감독이다. 그는 1995년에 삼성화재 감독으로 부임한 이후 18년 동안 무려 16번의 우승을 일궈냈다. 한 종목에서 90% 가까운 승률을 이뤄내는 경우는 극히 드물다. 게다가 삼성화재에는 손꼽히는 스타급 선수가 많이 포진되어 있지도 않았다. 그럼에도 승승장구하는 데는 특별한 이유가 있다.

그것은 바로 '빈틈이 없다'는 것이다. 그들은 구성원들끼리 똘똘 뭉쳐서 여간해서는 흐트러지지 않는다. 또 모든 시나리오에 대한 대응책이 마련되어 있어서 상대편이 공격할 틈도 없다. 혹시나 상대의 변칙적인 전술에 의해 진영이 흐트러져도 그에 대한 대비마저 미리 해놓는다. 결국 상대는 삼성화재의 '공격'이 아닌 '완벽성'에 무너지는 것이다.

이는 삼성이라는 기업 분위기를 대변하는 예가 아닐까 생각된다. 삼성은 잘 알려진 대로 빈틈을 허용하지 않는 조직문화를 지니고 있다. 삼성 미래전략실을 이끌고 있는 최지성 부회장은 한 언론과의 인터뷰에서 '시장 정체, 기술적 한계, 천재지변 등과 같이 예측하기 어려운 리스크도 철저한 대응책을 마련해야 하고, 준법경영과 동반성장, 친환경 경영, 사회적 책임 수행에서도 빈틈이 있어서는 안 될 것'이라고 강조했다. 불황에도 삼성이 흔들리지 않는 데는 이처럼 철저한 완벽주의 경영이 한몫했을 것이다.

기업을 안정적으로 이끌기 위해 빈틈을 최소화하는 노력은 너무도 중요하다. 이는 프로페셔널과 아마추어를 가르는 명백한 기준이 될 수도 있다. 하지만 완벽에 다가가기 위해서는 잊지 말아야 할 것이 한 가지 있다. 빈틈을 제거하는 데만 치중한다면 그 노력 자체가 또 다른 빈틈이 될 수도 있다는 점. 완벽을 추구하는 것은 중요하지만, 그것도 지나치면 기업의 발목을 붙잡는 덫이 되고 만다.

시카고에는 '시어스 타워'(Sears Tower)라는 명소가 있다. 1974년 세워진 108층짜리 초고층 빌딩이다. 높이는 무려 527m에 달한다. 15층짜리 아파트 13개를 세운 것과 맞먹는 높이다. 신기한 점은, 시카고는 주변에 호수, 강이 많고 땅도 습지로 되어 있어서 지반이 약하다는 것. 그래서 본시 고층 빌딩을 지을 수 없는 환경이다. 그 환경의 한계를 뚫고 새로운 건축 기술을 동원해 세계 최고(最高)의 빌딩을 지었다는 점에서, 시어스 타워는 개척의 상징으로까지 여겨지고 있다.

이런 시어스 타워를 지은 기업은 당시 미국 유통업계의 맹주로 군림하던 시어스 로벅 사(Sears, Roebuck and Company)였다. 당시의 시어스 로벅(이하 시어스)은 완벽의 대명사였다. 카탈로그에 의한 통신판매와 중산층 대상 쇼핑몰 사업을 통해 독보적인 위치를 확보하고 있었고, 미국 전역에 걸친 거대한 유통망을 완벽히 관리하는 물류 조직 구조는 성공적인 모델로서 많은 연구 대상이 되었다. 그런 그들은 물류 시스템의 안정성과 견고함에 대해 스스로 강한 확신을 가지고 있었다.

그러나 1970년대 중반이 되자 미국 사회에 변화가 일기 시작했다. 경기가 둔화되고 신흥 공업도시들이 부상함에 따라 국민소득 수준이 양극화되기 시작한 것. 한편 중소도시 저소득층의 소비 욕구는 계속해서 쌓여만 가고 있었다. 한마디로 수입은 줄어드는데 지출 욕구는 커져만 가던 시기였다. 이때 경쟁 업체들은 새로운 움직임을 보였다. 월마트(Wal-Mart)는 지방 중소도시에 저가 할인매장을 열기 시작했고, 홈디포(The Home Depot)는 저소득층 소비자에게 특화된 가정용품 부문을 확대했다. 그런데 그 와중에도 시어스만 감감 무소식이었다.

과연 그들은 무엇을 하고 있었던 것일까? 그들은 1980년대가 지나갈 때까지 부분적인 조직 축소나 매장 관리 개선 같은 데만 신경을 기울였다.

시대는 바뀌었는데 그들만 '완벽한 시스템'에 매몰되어 시야를 잃어버린 것이었다. 시어스가 상황이 잘못됐음을 알아챘을 때는 이미 경쟁 유통업체들이 시장의 상당 부분을 잠식한 뒤였다. 변화하는 소비자의 성향에 맞추기보다, 그간 자기들이 만든 완벽한 시스템에만 매달린 것이 문제였다. 그 뒤에도 상황은 마찬가지였다. 정보통신 기술이 태동한 1990년대는 통신판매 사업을 해오던 시어스에게 상당히 유리한 시기였지만, 결국 그들은 기회를 확보하지 못하고 1996년 카탈로그 통신판매 부문을 철수하는 결정을 내리게 된다. 세밀한 부분까지 완벽한 운영에만 신경 쓴 나머지 큰 그림을 보지 못한 것이다.

우리는 무엇에든 균형감각을 가져야 한다. 완벽 지상주의를 경계해야 한다는 얘기다. 불완전의 영역 또한 무조건 나쁜 것이 아니라, 그 나름의 가치를 가지고 있다는 점을 주지해야 한다. 그렇다면 불완전성에도 가치가 있다는 말은 무슨 뜻일까?

나는 오랜 세월 동안 피아노를 배워왔다. 그러다 보니 다양한 선생들을 만나게 되었다. 성격은 다들 각양각색이었지만, 그들이 음악을 가르치는 스타일은 딱 두 가지로 나눌 수 있었다. 하나는 악보에 그려진 음표나 기호를 빠짐없이 그대로 연주하는 것을 중시하는 '완결주의'다. 또 하나는 악상기호보다 연주자의 개성이 제대로 발휘되는 것을 중시하는 '개성주의'다. 둘은 지향하는 바가 다르다. 전자는 작곡가의 의도를 최대한 있는 그대로 구현해내는 것이 연주자의 미덕이라 여긴다. 그래서 악상기호와 조금이라도 어긋나는 연주를 들으면 심기가 매우 불편해진다. 반면 후자는 천편일률적인 연주를 싫어하며, 얼마나 독특하고 새로운 분위기를 창조해내느냐를 중요시한다. 만일 악보를 보고 작곡가의 의도와 전혀 다른 해석을 해낸 연주자가 있다면, 전자에게는 심한 질책을 받게 되고 후자에게는 천재 대접을 받게 된다. 이 두 부류 중 무엇이 더 바람직하냐고 묻는다면, 사실 정답은 없다. 그러나 누가 사람들에게 사랑을 많이 받느냐고 묻는다면, 그것은 단연 후자라고 할 수 있다.

악보의 모든 요소를 한 치의 오차도 없이 정밀하게 연주하면 완벽성은 확보할 수 있다. 그러나 그 연주에는 인간미가 없다. 마치 기계가 연주하는 것 같다. 완벽한 비율의 외모를 소유한 사람도 막상 직접 보면 큰 매력이 느껴지지 않는 것처럼 말이다.

그러나 연주자의 색깔이 뚜렷하고, 그동안 봐온 연주자들에게서 느낄 수 없는 강한 카리스마가 있다면, 비록 그 연주가 악보와 똑같지는 않아도 주목을 받게 되어 있다. 세계 클래식 음악계의 슈퍼스타로 떠오른 중국 피아니스트 랑랑(郎朗)의 연주는 기본에 충실하면서도 개성이 뚜렷하다. 때로는 선율이 회오리처럼 휘몰아치다가도 잔잔한 바람으로 순식간에 바뀌는 식으로, 예상치 못한 템포 변화를 수시로 구사한다. 그의 스타일은 확실히 다른 피아니스트와 다르다. 그렇기 때문에 그의 연주는 한 번만 들어봐도 뇌리에 확실히 각인된다.

클래식을 일렉트로닉 뮤직과 결합, 박진감 넘치는 연주를 선보이는 크로아티아 출신 피아니스트 막심 므라비차(Maksim Mrvica)도 색채가 분명한 뮤지션이다. 고전적인 음악을 파워풀하고 속도감 넘치게 연주하는데, 스케일이 워낙 큰 데다 우리가 알고 있던 음악을 전혀 다른 스타일로 연주하다 보니 마치 별천지에 온 듯한 느낌을 받게 된다. 그 신선함에 사람들은 매료되는 것이다.

하지만 불완전을 인정한다는 것은 오류나 실수를 용납하는 것을 말하는 게 아니다. 그것은 불완전의 미학을 잘못 이해한 것이다. 불완전은 개성의 영역이다. 개성을 발휘할 수 있는 여지를 남겨둔다는 것이다. 불완전 영역 속에서 자신의 개성을 마음껏 뽐내면 완벽한 연주에서는 맛볼 수 없는 독특한 매력이 발산된다.

불완전성은 창조의 영역이기도 하다. 모든 조건이 완벽하게 주어진다면 더 이상 창조를 할 필요가 없다. 그래서일까? 전설적인 지휘자 카라얀(Herbert von Karajan)은 이렇게 말했다. "오케스트라에게 주는 가장 큰 피해는 '명확한 지시'를 내리는 것이다. 명확한 지시는 창의적인 앙상블을 방해하기 때문이다." 일본의 세계적인 작가 무라카미 하루키(村上春樹) 또한 소설 《해변의 카프카》에서 '사람들은 완벽한 것에 금세 싫증을 낸다'고 했다.

그런가 하면, 일본 자동차 회사 혼다(本田)에서는 불완전성을 제품 기획 방안으로 활용한다. 보통의 기업에서는 부하 직원들에게 내리는 지시가 구체적이고 명확해야 하는 게 인지상정이다. 반면 혼다에서는 일부러 애매모호한 지시를 내린다. 1978년 혼다는 주력 차종인 시빅과 어코드가 경쟁 차종에 비해 차별성이 없어서 기를 펴지 못하고 있었다. 이 난국을 타개하기 위해 최고경영자는 태스크포스를 만들어 개선 방향을 하달했다. 첫 번째는 당시 존재하던 다른 차들과 현격히 다른 콘셉트를 가질 것, 두 번째는 비싸지도 않고 싸지도 않을 것. 그게 다였다. 일본의 대표적 자동차 업체에서 나온 지시라고 하기엔 너무 두루뭉술하다. 그러나 리더의 애매모호하고 은유적인 표현은 단점도 있지만, 때로는 부하들의 상상 범위를 확장시켜 창조성을 극대화할 수도 있다.

이 불확실한 미션이 내려지고 어느 정도 시간이 흐르자, 한 부서의 팀장 히루 와타나베가 '자동차 진화'라는 슬로건을 가지고 나왔다. 이 역시 '기존과는 완전히 달라야 한다'는 것과 '자동차는 살아 있는 유기체'라는 의미를 내포한 은유적 표현이다. 이렇게 모호함에서 시작된 미션을 상상을 통해 구체화해 가면서, 와타나베 팀장의 팀원들은 '길이는 짧고 높이는 높아진, 인간에게 친숙한 형태인 공 모양'의 자동차 콘셉트를 완성했다. 그리고 완전히 차별화된 콘셉트에서 출발, 당시의 경쟁 차종에 비해 싼 가격에 넓은 실내 공간, 최소한의 주차 공간 등의 편의를 제공하는 '혼다 시티'를 개발할 수 있었다. 그들은 후에도 기존과 크게 다른 차량을 개발해야 할 때는 이렇게 불완전성을 가미했다.

불완전의 장점은 그뿐만이 아니다. 우리는 앞서 모방의 힘에 대해 살펴 봤다. 그 연장선에서 이런 질문을 던져보려고 한다. 과연 다른 제품을 얼마나 많이 따라 해야 모방의 성과가 극대화될까? 예컨대 업계 1등을 달리는 업체가 10개의 특징을 가지고 있다고 했을 때, 첫 번째 업체는 10개의 장점을 완벽히 모방하고, 두 번째 업체는 8~9개 정도의 거의 완전한 모방을, 세 번째 업체는 5개 정도의 불완전한 모방을, 네 번째 업체는 1~2개 정도의 미약한 모방을 한다. 어느 업체의 성과가 가장 높을까?

서울대 경영학과 이제호 교수는 이 질문에 대한 연구결과를 가지고 세계적 학술지인 〈전략 경영 저널*Strategic Management Journal*〉에 논문을 게재했다. 결론부터 말하자면 절반 정도만 베낀 업체, 즉 불완전한 모방의 성과가 가장 좋다는 것이다.

모든 걸 베끼면 단기간에 1등 업체처럼 될 수는 있다. 그러나 거기까지다. 1등과 똑같을 수는 있어도 그 수준을 초월할 수는 없다는 말이다. 1등을 모방하느라 자신이 가진 장점마저 잃어버리기 때문이다. 그러나 절반만 베낀 기업은 1등의 장점에 자신의 특장점을 결합해 더 큰 시너지 효과를 이뤄낸다. 그렇기에 불완전은 '초월의 영역'이기도 하다.

중국에는 '짝퉁의 고수'들이 많다. 전문가들도 구별하기 난감할 만큼 똑같은 샤넬 가방을 만들어 팔기도 하고, BMW와 똑같이 생긴 짝퉁 차량이 중국 시내를 돌아다니기도 한다. 나도 예전에 중국 출장을 다녀온 지인에게서 몽블랑(Montblanc) 볼펜을 선물 받은 적이 있다. 처음엔 진품인 줄 알고 기쁘게 사용했는데, 아뿔싸. 어느 날인가 심 끝에 붙은 조그만 볼이 데구루루 굴러 떨어지는 게 아닌가.

이런 중국 업체들의 모방 전략을 사용하면, 진짜든 짝퉁이든 별 노력 없이 '프리미엄'이라는 이름표를 달고 제품을 팔 수 있다. 그러나 모방 대상을 뛰어넘는 위대한 브랜드는 결코 되지 못한다. 혹여나 1위 기업이 된다손 쳐도, 서열이 순식간에 뒤바뀌는 요즘 세상에서 자리를 수성하기는 요원할 것이다.

삼성전자 또한 갤럭시를 내놓았을 때 선두주자였던 애플의 아이폰(iPhone)에서 많은 부분을 차용했다. 스크린 터치 방식, 디스플레이 구성 등등. 하지만 그들은 모든 것을 베껴 오지는 않았다. 소비자들이 선호하는 인터페이스 위주의 디자인은 유사했지만, 나머지는 메모리 기능, 화면 해상도 같은 삼성전자만의 강점으로 채웠다. 결과적으로 제품이 진화할수록 갤럭시의 강점은 더욱 두드러졌고, 여기에 디자인까지 진화하면서 결국 아이폰의 시장 점유율을 뛰어넘을 수 있었다. 이것이 바로 '불완전한 모방의 힘'(The Power of Imperfect Immitation)이다.

1977년 노벨 화학상을 수상하고 2003년 작고한 일리야 프리고진(Ilya Prigogine)은 불완전성에 대한 새로운 시각을 제시한 바 있다. 불완전성은 '일시적'이 아니라 '일상적'인 현상이며, '제거해야 할 것'이 아니라 '한층 고차원적인 질서가 만들어지는 원천'이라는 것이다. 21세기 시장은 끊임없이 흔들리고 있다. 지진이 빈발하는 땅 위에 아무리 견고한 건물을 지어봐야 소용없듯이, 흔들리는 시장 속에서 완벽한 안정을 보장해주는 것은 없다. 차라리 불완전성을 자연스럽게 받아들이고 환경의 변화에 맞춰 개선해나가는 것이 나은 해법이다. 물론 위대한 기업으로 거듭나기 위해서는 '완벽을 추구하는 태도'를 견지하는 게 기본이다. 하지만 2류에 머물고 싶지 않다면, 불완전성에 대해서도 열린 자세를 가져야 한다는 점을 명심하길 바란다.

분야를 막론하고 위대한 신기록들은 창조적인 방식으로 탄생하는 경우가 많다. 스포츠라는 분야는 특히 더 그렇다. 스포츠는 현재의 기록을 경신하는 것이 지고의 목표인 분야다. 그 목표가 달성되었을 때 관중은 놀라움과 감동을 느끼게 된다. 그래서 스포츠를 '육체로 보여주는 예술'이라고도 한다. 이런 스포츠에서 발현되는 창조적 방식을 잘 뜯어보면 흥미로운 특징을 발견할 수 있다.

1908년 런던 올림픽, 아르모 비벨스타인, 1분 24초

1912년 스톡홀름 올림픽, 헤리 헤브너, 1분 21초

1920년 안트베르펜 올림픽, 워렌 킬로하, 1분 15초

1924년 파리 올림픽, 워렌 킬로하, 1분 13초

1928년 암스테르담 올림픽, 조지 코작, 1분 8초

위에 나열한 것은 역대 올림픽 배영 100m 우승 기록이다. 숫자를 보면 알 수 있듯이, 1900년대 초 세계 최고의 배영 선수들은 모두 '1분의 벽'에 도전했지만 누구도 그 벽을 깨지 못했다. 하지만 1935년 8월, 올림픽도 아닌 고등학교 수영 대회에서, 그것도 17세밖에 안 되는 소년이 사상최초로 1분의 벽을 깼다. 그의 이름은 아돌프 키에퍼(Adolph Kiefer). 그는 58.5초라는 경이로운 기록으로 일리노이 주 챔피언십에서 우승을 차지했고, 1년 후 1936년 베를린 올림픽에 출전해 금메달을 거머쥐었다. 그리고 그의 기록은 15년 동안 깨지지 않으며 세계 최고의 자리를 지켰다.

그는 과연 어떤 비법을 썼기에 그런 '말도 안 되는' 기록을 세울 수 있었을까. 그 비결은 이전과 전혀 다른 독특한 턴 방식, 즉 '플립턴'(flip-turn)이다. 기존의 배영 선수들은 전부 손으로 벽을 짚고 턴을 했다. 이 방식에는 벽을 짚으면 보유하고 있던 운동에너지가 모두 손실된다는 치명적인 문제점이 있다. 그래서 턴을 하는 순간 속도가 급격히 느려진다.

하지만 벽에 도달하기 1m 전 수중에서 스스로 턴을 하는 플립턴을 사용하면, 신체의 무게중심이 둥글게 회전하기 때문에 기존의 운동에너지를 최대한 유지할 수 있다. 턴을 한 후에도 에너지 손실 없이 최대한의 속도를 낼 수 있다는 뜻이다. 이후 플립턴 방식은 자유형, 접영 등 모든 종목에 쓰이면서 수영 기록 단축에 톡톡한 역할을 해주었다.

1968년 멕시코 올림픽 높이뛰기 결승전에서도 놀라운 일이 일어났다. 신인 선수였던 딕 포스베리(Dick Fosbury)가 2m 24cm를 뛰어넘으며 세계기록을 갱신했다. 그러나 사람들이 놀란 것은 기록 때문만이 아니었다. 그의 점프 방식 또한 전에는 볼 수 없었던 혁명적인 것이었다. 당시 모든 선수들은 가위뛰기나 '벨리 롤 오버' 방식으로 불리는 앞으로 뛰기만을 시도했다. 그런데 포스베리는 바(bar)를 넘을 때 몸을 뒤로 눕힌 후 허리를 활처럼 휘는 기술, 즉 '배면뛰기'를 최초로 시도한 것이다. 당시 사람들에게 누워서 바를 뛰어넘는다는 건 듣도 보도 못한 일이었기에, 포스베리의 배면뛰기는 선수들은 물론 대중에게까지 센세이션을 일으키기에 충분했다.

배면뛰기는 가위뛰기나 앞으로 뛰기와 달리 무게중심이 신체 밖에 위치한다. 그래서 신체의 한계보다 10cm까지 더 높이 뛰어오를 수 있다. 이 배면뛰기 또한 대부분의 선수들이 모방하면서 지금까지도 높이뛰기의 정석으로 자리 잡고 있다.

그런데 종목은 다르고 방식은 다르지만, 이 둘 사이엔 매우 중요한 공통점이 있다. 바로 무게중심을 바꿨다는 점이다. 모두가 똑같은 무게중심을 가지고 승부하고 있을 때, 이들은 새로운 무게중심을 찾아내는 혁신에 성공했다.

시장의 판도를 바꾼 기업들의 예에서도 이런 무게중심의 이동이 혁신의 중대한 인자(因子)임이 드러난다. 126년 전통의 세계 최고 오페라단인 미국 메트로폴리탄 오페라단(이하 MET). 2006년 당시 그들은 명성에 걸맞지 않게 경제적인 정체를 겪고 있었다. 매출액이 좀처럼 늘지 않았던 것이다. 그들의 연주가 시원찮아서가 아니다. 당시 오페라 관객의 평균 연령은 60대였고, 오페라를 보려고 일부러 공연장까지 가는 젊은이는 거의 없었다. 관객 연령층의 확대가 절실한 상황이었다.

고심 끝에 그들은 오페라계에 돌풍을 몰고 올 프로젝트를 시도하기로 했다. '라이브 뷰잉'(Live Viewing)이라 이름 붙여진 이 프로젝트는, MET의 최신 공연을 고화질 영상으로 제작하여 전 세계 영화관에서 상영하는 것이었다. 그동안 오페라의 무게중심은 공연장 안에 있었다. 아무리 훌륭한 작품이라 해도 흥행 기록은 오페라 공연장을 벗어날 수 없었다. 오페라라는 장르 자체가 공간의 제약을 벗어나지 못했던 것이다. MET는 그 한계를 혁파하여 오페라의 무게중심을 영화관으로 옮기고자 했다.

그렇게 무게중심이 이동하자 오페라에 대한 대중적 인식 자체가 완전히 뒤바뀌었다. 그동안 비싸서 못 보던 오페라를 누구나 부담 없는 가격에 관람할 수 있게 된 것이다. 이후 그들의 공연 영상은 세계 1,200여 개 극장에서 상영되었고, 2009년 한 해에만 240만 명 이상의 관객몰이를 해냈다. 오프라인 공연 매출의 절반가량을 극장에서 거두게 된 것이다. 게다가 영화관을 통해 알게 된 MET의 공연을 제대로 보기 위해 오페라 공연장을 찾는 관객도 많아졌다.

영화관으로 눈을 돌린 MET의 기발한 전략은 새로운 수입원을 창출해 냈을 뿐 아니라, 공연장 관객 수를 늘리는 데도 결정적인 기여를 했다. 이후 경쟁 관계에 있던 오페라단들도 이들의 전략을 따라 하기 시작했다. 가령, 빈 필하모닉 오케스트라는 그들의 대표적 공연 중 하나인 '2013 빈 필하모닉 신년음악회'를 극장에서 라이브로 상영했다. 오페라 역사에 굵직한 획을 그은 MET의 혁신 역시 무게중심의 이동에서 비롯된 것이다.

이런 무게중심의 이동은 오프라인 세계뿐 아니라 온라인상에서도 찾아볼 수 있다. 나는 음악을 좋아해서 평소 다양한 음악 사이트를 둘러보곤 한다. 그중 나에게 가장 깊은 인상을 준 것은 뮤지커버리(Musicovery)라는 웹사이트다. '뮤지커버리'는 음악(Music)과 검색(Discovery)이라는 말을 합친 것으로, 말 그대로 음악을 검색한다는 뜻이다. 여기까지 말하면 예사 사이트와 뭔 차이냐고 반문할지도 모르겠다. 그렇다면 이 사이트에 한번 들어가 보라. 화면이 떠오르자마자 뭔가 다르다는 느낌이 확 덮쳐올 것이니 말이다.

왜 그런고 하니, 뮤지커버리는 음악을 소개하는 방식부터가 완전히 차별화되어 있기 때문이다. 다른 음악 사이트에 들어가면 신곡이나 새로 나온 앨범, 인기곡이 제일 먼저 눈에 띈다. 내가 지금 듣고 싶은 곡이나 내 기분에 맞는 곡을 찾으려면, 잘 보이지도 않는 메뉴로 들어가서 몇 번을 헤매야 한다. 아예 그런 메뉴가 없는 사이트도 허다하다. 한마디로 편성이 '공급자 중심'이다.

그러나 뮤지커버리는 편성의 무게중심을 철저히 방문자에게 둔 경우다. 일단 웹사이트에 들어가면, 곧바로 우울(Dark), 긍정(Positive), 박력(Energetic), 차분(Calm) 등으로 구분된 4사분면이 화면에 떠오른다. 이것이 '기분 매트릭스'인데, 그 4가지 중에서 나의 기분에 해당하는 영역을 클릭하면 내 기분에 잘 맞는 음악들이 주르르 나열된다. 또 뮤지커버리가 추천해주는 플레이리스트는 락, 발라드, 댄스, 재즈 등 장르별로 구분이 되어 있다. 그래서 각자의 취향에 맞춰 골라 들을 수 있다.

뮤지커버리에 접속하면 나라는 존재가 배려 받고 있다는 느낌이 든다. 특히 기분이 우울한 날은 나를 이해해주는 존재가 있다는 위안마저 느끼게 된다. 또 그때그때의 기분에 따라 매번 다른 곡이 추천되기 때문에 들어갈 때마다 신선함도 만끽할 수 있다.

이처럼 무게중심의 이동은 새로운 변화를 가능케 한다. 그러나 아무리 훌륭한 혁신 도구도 만병통치약이 될 수는 없다. 중심점만 옮겨놓는다고 만사가 다 해결되지는 않는다는 얘기다. 무게중심 이동의 결과는 새로운 가치를 창출하기 위해 얼마나 공을 들이느냐에 달려 있다.

최근에는 '혁신'이라는 주제가 사기업뿐 아니라 지자체로도 확대되는 분위기다. 송어 축제를 통해 겨울철 인기 여행지로 발돋움한 강원도 화천, 또 공룡 화석이 많이 발견되어 이를 지역 브랜드로 특화한 경상남도 고성이 대표적인 예다. 그런데 이들 말고도 지역 혁신을 계획하는 도시들이 하나같이 벤치마킹 대상으로 삼는 지역이 있다. 그곳은 바로 《나비의 꿈》이라는 책에도 소개된 바 있는 전라남도 함평이다. 함평은 지역 혁신을 잘만 해내면 엄청난 부가가치를 얻을 수 있음을 증명한 사례다.

함평은 본래 인구 3만 8,000명의 작고 가난한 도시였다. 산업 인프라도 관광 자원도 전무했고, 인구의 70%는 농업으로 생계를 이어갔다. 그러던 중 1998년에 군수로 부임한 이석형 씨는 함평이라는 공간의 무게중심을 완전히 뒤바꿔놓았다. 모두가 농사라는 유일한 생계수단에 갇혀 있을 때 새로운 먹거리를 찾은 것이었다. 그는 '나비'라는 곤충을 지역의 아이콘으로 만들었고, 이어서 함평을 세계에서 가장 많은 나비가 날아다니는 지역으로 만들었다. 땅에 붙잡혀 있던 함평의 무게중심을 하늘 높이 끌어올린 것이었다. 하지만 단순히 무게중심을 옮기는 데서 그쳤다면, 그 모든 것은 뜬구름 같은 망상에 지나지 않았을 것이다.

그는 자신의 아이디어를 성공으로 이끌기 위해 다각적으로 끈질긴 노력을 기울였다. 곤충 전문가들을 섭외해 심도 있는 연구를 진행했고, 품종 좋은 나비를 찾기 위해 곳곳을 헤맸으며, 숱한 실패 속에서도 나비를 사육하고 번식하기 위한 최적의 방안을 찾아나갔다. 그리고 함평 나비축제, 세계 나비 엑스포, 나비 박물관 건립 등의 다채로운 이벤트를 열어 도시 전체를 나비로 가득 채웠다.

그렇게 흘린 피땀의 결실은 예상을 뛰어넘는 것이었다. 1998년 18만 명에 불과하던 함평 방문객이 10년 만에 무려 317만 명으로 급증한 것이다. 이제 함평은 나비 축제 등으로 벌어들이는 수입만 연간 100억 원대에 이르는 남부럽지 않은 지역으로 그 영향력을 과시하고 있다.

모든 사람들과 똑같은 지점에 무게중심을 둔다면 위대한 혁신은 결코 일어나지 않는다. 혁신은 무게중심을 바꿀 때 비로소 가능하다. 대담하고 놀라운 발전을 원한다면 먼저 우리 기업의 무게중심이 어디에 있는지를 돌아보자. 그리고 새로운 가능성을 찾아 과감히 무게중심을 옮겨보자. 거기서 끊임없이 분발하면 머지않아 남들이 맛보지 못한 성취의 결실을 만끽할 수 있을 것이다.

불안이
피우는 꽃,
앙스트블뤼테

1998년, 스타인웨이 피아노, 낙찰가 20만 달러

2008년, 과르네리 델 제수, 낙찰가 309만 달러

2011년, 스트라디바리우스, 낙찰가 360만 달러

이게 무슨 기록일까? 스타인웨이니, 과르네리니, 스트라디니, 이게 다 뭐에다 쓰는 것들일까? 대부분의 사람들에겐 생경한 이름일 테지만, 뒤에 어마어마한 낙찰가가 붙은 것으로 봐서 뭔가 굉장한 물건일 거라고 예상할 수는 있을 것이다.

그렇다. 이것은 '부르는 게 값'이라는 세계 최고급 악기들의 경매 기록이다. 여기 나온 악기들은 하나같이 최고의 품질과 가격을 자랑하는 명기(名器)들이다. 그렇다면 이들은 대체 뭐로 만들었기에 이렇게까지 비싼 것일까? 부위에 따라 차이는 있지만, 가장 많이 사용되는 재료는 전나무다. 전나무는 깊은 산속에서 자생하는 초록색 잎의 침엽수다. 이는 현이내는 건조한 소리에 '깊은 울림'을 주는 중요한 재료다. 그런데 전나무의생애를 보면 그것이 만들어내는 소리만큼이나 깊은 울림을 준다. 환경이열악해져서 생명이 위태로워지면 전나무는 그 어느 때보다도 화려하고풍성한 꽃을 피워낸다.

이러한 현상을 '앙스트블뤼테'(Angstblüte)라고 한다. 이는 '불안'을 뜻하는 '앙스트'(Angst)와 '개화'(開花)를 뜻하는 '블뤼테'(Blüte)의 합성어다. 전나무는 죽음에 직면하는 순간 온 힘을 다해 생명 에너지를 뿜어내며 운명에 정면으로 맞서는 것이다. 이처럼 죽음의 그림자가 짙게 드리운불안함 속에서 생애 최고의 아름다움을 발산하는, 역발상적이고 대담한창조 행위를 일컬어 앙스트블뤼테라 부르기도 한다. 자신의 운명을 뒤집는 전나무처럼, 인류의 역사를 바꿔온 사람들의 삶 속에는 앙스트블뤼테의 힘이 있었다.

불멸의 음악가 루드비히 반 베토벤(Ludwig van Beethoven). 그는 천재적인 재능 덕에 어릴 적부터 세계적인 명성을 얻었다. 하지만 운명의 장난이었을까, 27세가 될 무렵부터 갑자기 귀가 안 들리기 시작했다. 결국1800년에 베토벤은 귓병으로 청력을 잃고 말았다. 소리가 안 들린다는것은 음악가에게는 사형선고나 마찬가지다. 그 역시 인간이기에 깊이 좌절했다. 그리고 1802년에는 오스트리아 하일리겐슈타트에서 유서까지 남기고 죽음을 결심하기도 했다.

하지만 위대한 창조의 꽃은 그 순간부터 피어나기 시작했다. 1804년 교향곡 3번 '영웅'을 필두로, 1805년 피아노 소나타 '열정', 1808년 교향곡 5번 '운명', 1809년 피아노협주곡 황제까지, 희대의 대작으로 평가받는 그의 곡들은 대부분 청력 손상 이후 탄생한 것들이다. 그리고 귀가 완전히 안 들리게 된 뒤에는 그보다도 훨씬 위대한 명곡을 탄생시켰다. 세상을 떠나기 3년 전, 1824년에 불후의 명곡으로 꼽히는 '합창 교향곡'을 만들어낸 것이다. 좌절감 가득한 나날 속에서 창작에 대한 그의 간절함은 극에 달했고, 죽음보다 더 깊었던 간절함이 장애마저 초월하여 위대한 앙스트블뤼테를 이뤄낸 것이었다.

앙스트블뤼테의 힘은 일촉즉발의 위기가 불시에 닥쳐오는 비즈니스 현장에서 더없이 중요하다. 이제는 중국 최대 농업·사료·식품 기업으로 우뚝 선 신시왕(新希望) 그룹. 그들도 앙스트블뤼테의 힘으로 거센 파도와 폭풍이 몰아치는 어둠 속에서 망망대해를 헤쳐 나갈 수 있었다.

신시왕 그룹의 모체는 지금의 회장인 류용하오(劉永好)가 직장을 그만두고 3명의 형제와 함께 단돈 1,000위안(약 18만 원)으로 시작한 병아리, 메추라기 장사였다. 광주리에 병아리와 메추라기, 메추라기 알을 넣고 직접 시장에 나가 팔며 단출하게 시작한 장사는 머지않아 대성공을 거뒀다. 그리고 몇 년 되지 않아 농장의 병아리와 메추라기는 6만 마리까지 늘어났다. 그 뒤에도 사업은 날로 번창하여, 1984년에는 10만 마리나 되는 병아리를 주문받을 정도에 이르렀다. 이전까지는 생각지도 못했던 엄청난 물량이었다. 신이 날 대로 난 그는 자금을 있는 대로 끌어들여 시설을 늘리고 계란을 사와서 주문량을 맞추기 위해 노력했다. 그런데 운명의 장난일까? 병아리를 10만 마리나 주문한 고객사인 유통상이 부도가 나고 말았다. 주문량을 맞추려고 얼마나 큰돈을 쏟아 부었는데, 살 사람이 없어져버리다니. 병아리는 이미 수만 마리나 부화해버린 데다, 계란 납품 업체에 갚아야 할 액수도 천문학적이다. 그는 너무도 어처구니없는 이유로 하루아침에 파산 위기에 처하고 말았다.

그러나 류융하오의 사업가적 역량은 생사의 고비에서 훨씬 큰 힘을 발휘했다. 그는 '사나이가 사업을 시작했으면 죽는 한이 있어도 끝을 봐야 한다'며 병아리를 싸들고 무작정 시장으로 나갔다. 그리고 발이 부르트도록 돌아다니며 주야장천 병아리를 팔았다. 그러기를 한 달, 놀랍게도 8만 마리의 병아리가 모두 팔려나갔다.

이렇게 대량의 병아리 판매를 소화해내자, 그의 사업은 급속도로 번창하기 시작했다. 수많은 조류들을 부화시킬 능력을 갖춘 그의 농장에는 병아리와 메추라기가 15만 마리에 달했고, 알도 매일 10만 개씩이나 생산되었다. 그의 양계장이 중국 최대 규모로 거듭나면서는 더욱더 많은 사람들이 모여들었다.

또 거대한 규모의 농장을 운영하게 되자, 이전에는 보이지 않던 엄청난 사업 아이템도 눈에 들어오기 시작했다. 그것은 바로 사료였다. 거대 농장을 운영하다 보면 사료가 자주 부족해지는데, 시장에는 그만큼의 사료를 공급할 능력이 되는 업체가 없었던 것이다. 그는 곧바로 쓰촨 지역에 대규모 물량의 공장을 세우고 사료 사업을 시작했다. 그리고 이때부터 시장의 막대한 자금이 흘러들어오게 되었다. 류씨 형제는 이렇게 벌어들인 자금으로 화공·자원, 부동산·건설, 금융·투자 분야에 진출해 엄청난 성공을 거뒀다. 2009년, 신시왕 그룹은 전체 매출액이 약 510억 위안(9조 원)에 달하며, 직원 수만 6만 명이 넘는 대기업이 되었다. 그리고 류융하오는 '중국 경제 30년을 바꾼 30인'의 한 명으로 선정되는 영예를 누리기도 했다. 이것이 앙스트블뤼테의 힘이다. 류씨 형제는 앙스트블뤼테를 통해 운명을 역전시키고 새로운 기회를 얻게 된 것이다.

우리나라의 역사도 알고 보면 앙스트블뤼테의 역사다. 1998년 외환위기 당시, 우리나라의 국가부채는 1,500억 달러에 달했다. 하지만 국가총생산의 3분의 1이 빚이었음에도, 국고에는 갚을 돈이 없었다. 그러니 '국가 부도가 임박했다', '회생이 불가능하다'는 소문이 파다하게 퍼져도 이상할 게 없었다. 하지만 우리 국민들은 달랐다. "나라 빚, 우리가 갚아주자!"라며 분연히 들고 일어나 대대적인 금모으기 운동을 시작한 것이다. 누가 시키지도 않았는데 말이다.

사람들은 장롱 속에 잠든 온갖 금붙이들을 조금씩이나마 꺼내 나라에

기부하기 시작했다. 그 결과, 한 달 만에 350만 명이 참여하여 16만kg이나 되는 금을 모을 수 있었다. 원화로 환산하면 무려 2조 5,000억 원이나 되는 가치다. 이렇게 성황리에 이뤄진 금모으기 운동은 우리나라가 외환위기를 탈출하는 초석이 되었고, 나아가 세계를 놀라게 하며 한국인의 저력을 만방에 떨치는 계기가 되었다.

이 같은 앙스트블뤼테의 힘이 지금 우리에게 또다시 요구되고 있다. 저성장과 장기침체, 재정위기의 어두운 경제전망이 먹구름처럼 세계를 떠돌고 있다. 언제 쓰나미 같은 경제난이 발생할지 모른다는 불안감 역시 우리의 마음을 무겁게 한다. 위기감은 점점 고조되고 있고, 불안감이 점차 팽배하고 있다. 그러나 우리는 "창조적인 힘의 원동력은 불안(fear)이다. 그것은 불가능해 보이는 어렵고 힘든 일을 가능하게 만들어준다."는 인텔(Intel) 회장 앤디 그로브(Andy Grove)의 말처럼, 이 시기를 위기가 아닌 창조의 기회로 삼아야 할 것이다.

위기가 고조되고, 불안이 밀려올 땐 기억해야 한다. 그때 피는 꽃이 절정의 아름다움을 과시한다는 점을. 지금이야말로 모든 간절함을 담아 꽃을 피우는 데 집중할 시기다. 불안이 피워내는 꽃은 절정의 꽃이다. 이 앙스트블뤼테의 관점으로 세상을 바라볼 때 우리의 미래는 굉장히 밝을 것이다.

나는 목표한다,
고로 창조한다

공자는 《논어》에 이런 말을 남겼다. "射不主皮 爲力不同科 古之道也." 이게 무슨 뜻인고 하니, "활쏘기를 할 때 가죽 과녁을 뚫는 것에 관심을 갖지 않는 것은 힘이 다 다르기 때문이니, 이것이 옛 사람들의 '도'다."는 말이다.

조금 어려운 말이지만 궁극적으로 말하고자 하는 바는 간단하다. 활쏘기를 할 때 활을 세게 당겨서 과녁을 뚫어버리는 힘자랑은 필요치 않다. 중요한 것은 과녁 정중앙에 정확히 맞출 수 있느냐다. 무엇이든 무조건 힘을 많이 쓰기보다는 방향을 잘 맞춰야 한다는 얘기다.

창조도 마찬가지다. 창조 자체에 에너지를 과도하게 소모해서는 안 된다. 얼마나 '힘들게' 창조했는지는 중요하지 않다. 창조를 통해 지향하는 '목적'을 달성했는지가 중요하다. 이를 위해서는 일단 목적이 분명해야 한다. 목적이 없는 창조는 허무하며, 창조는 목적 달성에 기여할 때 비로소 의미가 있는 것이다.

2010년 말, 세계 의료 시장에 일대 혁명을 일으킨 제품이 등장했다. 그것은 바로 '아프지 않은 주사기'였다. 이 제품은 주삿바늘 끝부분의 직경이 2μm밖에 되지 않고, 뿌리 부분도 8μm에 불과한 초미세 주사기다. 그래서 맞아도 느낌은 모기에 물린 정도에 불과하다. 이는 의료계뿐 아니라 대중에게도 놀라운 소식임에 분명했다. '주사는 아픈 것'이라는 선입견 때문에, 아이들은 물론 어른들도(일부나마) 주사 맞기를 두려워하고 있으니 말이다. 이런 주사기에 대한 세계인의 인식 자체를 뒤바꿔놓은 기업은 일본 의료 기기 전문 업체 테루모(Terumo)다.

테루모에는 창업 때부터 대대로 내려온 기업 이념이 있다. '의료를 통해 사회를 이롭게 한다'는 것. 그래서 그들은 '아프지 않고 불편하지 않은 치료 기기를 개발해, 누구나 간편하게 의료 서비스를 받을 수 있도록 하겠다'는 목표를 가지고 있었다. 아프지 않은 주사 또한 그런 취지에서 개발된 것이다.

일본의 당뇨병 환자는 200만 명이 넘고, 그중 매일 4~5번씩 주사를 맞는 사람이 80만 명이나 된다. 하루에 한 번만 주사를 맞으라고 해도 몸서리치지 않을 사람은 거의 없을 것이다. 하물며 그들이 받는 고통과 스트레스는 얼마나 크겠는가. 그들의 고통을 덜어주기 위해 테루모는 새로운 주삿바늘 개발에 착수하게 되었다. 그리하여 탄생한 것이 바로 세계에서 가장 가느다란 인슐린 주사기 '나노패스33'이었다.

테루모는 그동안 사회를 이롭게 한다는 기업 이념을 철저히 강조해왔다. 특히 회장 와치 다카시는 2년 넘게 전국을 돌며 4,000명이 넘는 직원들을 일일이 만나서 기업 이념과 핵심가치를 직접 전달할 정도였다. 이처럼 분명한 이념을 가진 테루모는 사회에 이로운 혁신 제품을 계속 만들어왔다. 1963년 일본 최초의 일회용 주사기를 만들었고, 혈액을 장시간 동안 보관할 수 있는 혈액백도 일본 최초로 시장에 내놓았다. 2007년에는 세계 최초로 자기부상형 좌심보조 인공심장인 듀라하트(Duraheart)를 개발하며 세계적인 명성을 쌓았다. 목적이 분명한 만큼 개발되어 나오는 제품들도 더욱 찬란한 빛을 발했다.

1부를 관통해오며 우리는 9가지의 창조 기법을 살펴봤다. 치밀한 관찰과 실험에 의한 창조, 자기부정을 통한 혁신, 이질적인 만남의 '데페이즈망' 효과부터 창조적인 모방, 무게중심의 이동, 앙스트블뤼테까지. 이 모든 기법은 혁신과 창조를 위한 가장 기본적이고 유용한 방편임에 분명하다. 그러나 기법보다 중요한 것은 '목적'과 '목표'다. 창조는 활을 당기는 게 아니라 화살을 과녁에 맞히는 작업임을 기억하자. 사실, 맞힐 과녁이 있어야 활도 쏠 수 있는 것 아니겠는가? 허공 아무 곳으로나 쏘아올린 화살에는 아무런 의미가 없다. 우리 또한 '창조'가 하고 싶다면 '무엇을 위한 창조인지'부터 곰곰이 생각하는 시간을 가져보도록 하자.

PART 2

경계를
넘나들며
성장하라

"성장은 뜻하지 않게 만나게 된
어둠 속에서 도약할 때
이루어진다."

– 헨리 밀러

성장이
창조의 뿌리다

사람은 성장하고 있거나 썩어가고 있거나 둘 중 하나다. 중간은 없다. 가만히 서 있다면 썩어가고 있는 것이다.

배우 겸 소설가 앨런 아킨(Alan Arkin)의 말이다. 우리는 끊임없이 성장을 요구받는 시대에 살고 있다. 페달을 밟지 않는 자전거는 넘어지고 만다. 사람 꽤나 피곤하게 만드는 세상이지만, 그럼에도 우리는 성장을 위해 끊임없이 달려야 한다. 아킨의 말처럼 성장의 반대는 정체가 아니라 퇴보이기 때문이다. 여기에는 기업도 예외일 수 없다.

삼성경제연구소의 연구에 따르면, 성장하지 않는 기업은 향후 시장에서 퇴출될 확률이 높다. 4년 연속 성장하지 않았을 때 5년 이내에 퇴출될 확률이 국내 기업은 무려 40%, 해외 기업은 14%였다. 성장하지 못하면 생존이 위태로워짐에도 '적자만 안 나면 되지'라며 안심하는 경영자가 많다는 얘기다. 이런 이유에서 세계적인 의류 브랜드 유니클로(Uniqlo)를 이끌어온 야나이 다다시(柳井正) 회장은 "경영자가 먼저 현상유지만 하자고 하면 그 자리에서 끝이다."라고 일갈했다.

경영자들은 대개 성장보다는 이익에 관심이 많다. 하지만 이러한 생각은 굉장히 근시안적이다. 글로벌 기업들의 성과를 분석해보면, 고수익 기업보다 고성장 기업이 더 높은 투자가치(총주주수익률)를 창출하는 것으로 나타난다. 눈앞의 수익만 좇으면 장기적으로는 수익 그 자체도 제대로 내기 힘들다는 얘기다. 결국 우리는 수익보다 성장에 경영의 우선순위를 두어야 한다.

이처럼 거창하게 각종 연구결과를 거론하지 않더라도, 성장의 중요성에 대해서는 모두들 막연하게나마 인식하고 있을 것이다. 성장하지 않으면 성장에 목말라하는 경쟁자에게 시장을 빼앗기게 된다. 또 투자자들은 성장하지 않는 기업에 매력을 느끼지 못한다. 무엇보다도 우수한 인재들은 성장하지 않는 기업을 탐탁지 않게 여긴다. 개인에게도, 기업에게도 성장은 받아들여야만 할 숙명인 것이다.

우리는 앞서 미학적 제품(또는 서비스)을 창조하는 방법에 대해 살펴봤다. 그러나 창조는 과거형도, 현재형도 아닌 미래형이 되어야 한다. 창조가 일시적 이벤트로 끝나는 '한때의 추억'으로 남아서는 안 된다. 만고의 노력으로 거룩한 창조의 불씨를 만들었다면, 그 불씨가 세상을 비출 수 있는 거대한 등불이 되도록 크게 키워야 한다. 바람 잘 날 없는 비즈니스의 세계에서는 불씨가 꺼지지 않게 보호하는 것만으론 의미가 없다.

그러기 위해서 기업은 성장하고 더 성장해야 한다. 성장하는 기업만이 창조 활동에 꾸준히 투자할 수 있다. 투자가 창조를 낳고, 창조가 성장을 잉태하며 다시 성장이 투자를 부르는 무한루프. 이런 아름다운 선순환은 21세기 경영 환경 속에서 기업이 살아남기 위한 필수 요건이다. 물론 성장은 생각보다도 훨씬 힘들고 피곤하고 머리 아픈 과업이다. 그러나 성장의 아픔보다 성장을 못 해 도태하는 고통이 더 크다. 따라서 경영자와 기업에겐 '성장을 거룩한 고통으로 받아들이는 자세'가 필요하다.

창조와 마찬가지로 성장에도 전략과 노력이 필요하다. 이때 인력, 자본, 기술 등의 자원을 외부에서 끌어다 쓰는 능력이 특히 중요해진다. 어떤 기업이라도 자원 보유량에 한계가 있기 때문이다. 때로는 시야를 넓혀서 사업 영역을 점점 키워나갈 필요도 있다. 2부에서는 이 같은 성장을 가장 거대하게 일궈낸 기업, 그리고 역사(歷史)상의 다양한 사례와 자연에 숨겨진 성장의 비밀들을 살펴볼 것이다. 그리고 이들을 통해 과연 성장의 원동력이 무엇인지, 성장을 위한 구체적인 방침은 무엇인지 고민해볼 것이다.

세계 정복의
비결을 찾아서

우리는 1부에서 모방의 가치에 대해 탐구해봤다. 모방은 최고의 경지에 이르는 가장 쉬운 방법이자, 모방 대상을 뛰어넘는 것까지도 허용되는 둘도 없이 유용한 방법이다. 그래서 '모방은 창조의 어머니다'라는 말도 있지 않은가.

그렇다면 창조뿐 아니라 성장도 모방을 통해 이뤄낼 수 있을까? 물론이다. 성장의 모범 사례를 살펴보면 성장의 노하우를 비교적 손쉽게 얻을 수 있다. 이를 위해 우리는 괄목할 만한 성장을 이룬 역사적 사례들을 찾아볼 필요가 있다. 물론 그런 인물들을 나열하라면 몇 명 정도는 어렵지 않게 떠올릴 수 있을 것이다. 알렉산더, 나폴레옹, 히틀러 등등. 하지만 그중에서도 가장 광대한 성장을 이룩해낸 주인공은 몽골 제국의 초대 왕이었던 칭기즈칸(Chingiz Khan)이다. 그는 몽골을 통일하고 동서남북에 걸쳐 당시 가장 융성했던 인류 문명을 모조리 점령하여, 지금까지도 '역사상 가장 위대한 정복자'로 추앙받는 인물이다. 그가 손아귀에 넣은 영토는 광막하기가 이루 말할 수 없다. 북으로는 시베리아, 남으로는 베트남, 동쪽으로는 태평양, 서쪽으로는 폴란드와 헝가리, 동북쪽으로는 만주의 풍활령 산맥, 서남쪽으로는 이란과 이라크까지 집어삼켰으니 말이다. 정벌한 도시만 수천 개가 넘고, 거두어들인 초지의 면적은 무려 700만km²를 상회한다. 알렉산더와 나폴레옹이 정복한 땅을 합쳐도 그만큼은 안 된다고 하니, 얼마나 넓은 땅을 손에 넣었는지 가히 짐작하고도 남을 것이다.

결과물뿐 아니라 성장력 또한 엄청나다. 몽골은 애초에 인구가 100만 명밖에 안되었고, 군대도 10만 명의 기병대가 전부였다. 그러나 이들이 훗날 다스린 인구는 2억 명이 넘었고, 군사만 1,000만 명 이상이었다. 더욱 놀라운 것은 칭기즈칸이 죽은 뒤에도 영토가 계속 확장되었다는 점이다. 그의 후손들은 칭기즈칸이 정벌한 땅을 2배로 불려 700년 이상을 지배했다. 어느 역사 기록을 보더라도 이보다 거대한 성장은 찾아볼 수 없다. 그래서 〈타임〉 지는 인류 역사상 가장 위대한 인물로 칭기즈칸을 꼽기도 했다. 한편, 18세기 영국의 사학자 에드워드 기번(Edward Gibbon)은 저서 《로마제국 쇠망사》에서 그의 업적을 다음과 같이 칭송했다.

'칭기즈칸과 그의 후손들이 세계를 흔들자 술탄들이 쓰러졌다. 칼리파들이 넘어졌고, 카이사르들은 왕좌에서 떨었다. 그는 천수를 누리고 영광이 최고에 이른 상태에서 죽었으며…'

칭기즈칸이 이 같은 거대한 성장을 이뤄낸 비결은 무엇일까? 물론 그의 뛰어난 전술과 기병들의 월등한 전투력이 가장 기본적인 토대였을 것이다. 1대 10이라는 수적 열세를 가뿐히 이겨내고 적군들을 속절없이 무너뜨렸으니 말이다. 그러나 칭기즈칸의 세계 정복을 단순히 군사력으로만 설명할 수는 없다. 강력한 힘을 자랑하는 군대는 다른 나라에도 많았지만, 남의 땅을 정복하고서도 지배력을 50년 이상 유지하는 경우는 별로 없었다. 그렇다면 군사력 말고 칭기즈칸과 몽골 민족이 '세계 정복'에 성공한 히든카드는 무엇이었을까? 그 힌트는 마르코 폴로(Marco Polo)가 몽골 지역을 여행한 뒤 기록한 《동방견문록》에서 찾아볼 수 있다.

"수도 칸발리크에는 많은 길이 각 지방을 향하여 나 있다. 어떤 지역을 향해서는 전용 도로가 있고, 다른 지역에 대해서는 또 다른 길이 연결되어 있다. 대칸의 사신이 칸발리크를 떠나 이 도로로 40km 정도 나아가면 역로의 종점에 도착한다. 이 역로의 종점을 역참이라고 한다."

여기서 주목할 점은 '길'이다. 《동방견문록》에는 몽골의 길에 대한 묘사가 많이 나온다. 길에 대한 칭기즈칸의 애착을 보여주는 대목이다. 그랬다. 칭기즈칸은 땅을 빼앗아 소유하기보다, 길을 열고 이어가는 데 중점을 두었다. 길에 무한한 가치가 잠재되어 있다는 점을 알고 있던 것이다.

또 미국 매칼레스터대 인류학과 교수인 잭 웨더포드(Jack Weatherford)는 저서 《칭기스칸, 잠든 유럽을 깨우다》에서 이렇게 설명했다.

"칭기즈칸은 성, 요새, 도시, 성벽의 건설은 우습게보았지만, 길은 역사상 그 어느 통치자보다 많이 놓았다. 칭기즈칸이 태어난 1162년만 해도 세계는 여러 지역의 문명으로 이루어져 있었고, 각각은 자신의 가장 가까운 이웃 외에는 다른 문명을 거의 알지 못했다. 몽골은 유럽을 몰랐고, 중국도 잘 알지 못했다. 중국과 유럽 사이를 왕래한 사람도 극히 드물었다. 그는 주위의 많은 문명을 연결하고 융합하여 새로운 세계 질서를 만들어냈다."

칭기즈칸은 길이라는 개념이 정립되어 있지 않은 시대에 일찌감치 길의 중요성을 간파했다. 그리고 세계 전역으로 뻗어나가는 길을 닦았다. 따지고 보면 당연한 일이었다. 먼 곳에 있는 영토를 정복하기 위해서는 일단 그곳까지 도달할 길이 있어야 하니까 말이다. 그는 1200년대 초에 이미 고비사막을 지나 중국 금나라까지 진출해 여진족을 점령했다. 고비사막은 그전까지는 사람이 다니긴 했지만, 길이라곤 찾아볼 수 없는 광야에 지나지 않았다. 이런 광야 한중간에 군대가 지나갈 통로를 만들어 이후 수차례에 걸쳐 동방 세계로 진격한 것은 칭기즈칸이 최초였다. 여진족을 정복한 칭기즈칸은 또다시 길을 열어 동북아시아 끝자락까지 뻗어나가고, 이 길을 따라 수많은 물자를 몽골로 가져왔다. 길은 칭기즈칸이 영토를 확장하고 몽골 제국의 영향력을 키우는 데 결정적인 수단이 되었다.

한 가지 흥미로운 사실은 역사상 최장(最長)의 동서양 교역로인 실크로드 역시 칭기즈칸이 공들인 작품이라는 점. 물론 전한시대부터 중국인들은 교역로를 만들어 서방과의 교류에 이용하기는 했지만, 그것은 도로가 아니라 '항로'에 가까웠다. 이 길을 통해 엄청난 양의 교통과 무역이 본격적으로 이뤄지게 해 실크로드를 고유명사로 만든 장본인은 칭기즈칸이다.

그 위대한 업적의 중추가 된 것은 바로 역참제(驛站制)라는 제도였다. 이는 사람이나 화물이 5,000km 상당의 머나먼 길을 큰 불편 없이 효과적으로 건너게 해준, 그래서 본격적인 교통과 무역을 가능케 한 '핵심 전략'이었다. 여기서 '역참'은 실크로드 같은 주요 도로에 40~50km마다 참(站)이라 불리는 역(驛)을 만들어 운영한 교통 통신기관이다. 각 역참은 약 25개 가족이 공동으로 운영하며 길을 왕래하는 관리나, 물자를 수송하는 사신에게 말과 식사를 제공한다. 각종 정보가 효율적으로 전달되도록 돕는 '소통 채널'의 역할 또한 역참의 중요한 기능이다. 칭기즈칸은 이런 역참제를 활용해 중앙아시아와 중동의 무슬림 국가들과 교역하고, 그럼으로써 유럽으로 진출할 근간을 마련했다.

그리하여 칭기즈칸이 정복한 땅은 단순히 점령지로 끝나는 것이 아니라, 또 다른 땅으로 나아가기 위한 길이 되었다. 그는 새 땅을 정복하기 위해 길을 열었고, 길을 열기 위해 새 땅을 정복했다. 칭기즈칸의 위대한 정복 업적은 길에 대한 끊임없는 집념에서 비롯된 것이라 해도 과언이 아니다.

이처럼 길은 성장이라는 나무를 키우는 데 필수적인 물관이라 할 수 있다. 뿌리가 땅속에서 아무리 풍부한 영양소를 빨아들이더라도, 물관이 없으면 줄기와 이파리를 튼실하게 키울 수 없다. 이 사실은 2,000년 전 온 유럽을 휘하에 두고 지배하던 로마 제국의 사례에서도 드러난다. "모든 길은 로마로 통한다." 어디선가 한 번쯤은 들어봤을 법한 이 문구는, 말 그대로 '로마가 유럽 전역에 로마로 통하는 길을 냈다'는 의미다. 실제로 로마는 곳곳에 '가도'(街道)라 불리는 길을 만들었다. 정복한 지역을 로마 제국에 편입하기 위해 만든 일종의 도로 인프라다. 어떤 지역을 장악하고 나면 통치를 원활하게 만드는 것이 제국을 건설하기 위해 필요한 수순이다. 이를 도와주는 것이 가도였다. 가도는 로마 본토의 지휘와 명령을 먼 곳으로 전달하고, 반대로 먼 곳에서 일어나는 소식을 신속히 확인하게 해주었다. 또한 각종 물자와 문화를 쉽고 빠르게 주고받을 수 있는 공동체 인프라였다. 이런 인프라가 본토를 중심으로 곳곳에 그물망처럼 연결되어 전 지역이 하나의 시스템으로 묶일 수 있었던 것이다. 그들은 이 거대한 시스템의 중심에 서서 제국 전역에 대한 영향력을 높였고, 더 많은 지역을 정복해 이 시스템 안으로 흡수했다. '모든 길은 로마로 통한다'는 말은 이 같은 로마 제국의 정복 능력을 대변해주는 것이기도 하다.

이처럼 새로운 길을 만든다는 것은 곧 새로운 땅을 정복하는 것이다. 그리고 정복한 땅이 또 하나의 길이 되면 영토는 더욱 확장된다. '새로운 길'은 곧 '확장'이다. 기업도 마찬가지다. 사업이 성숙 단계에 접어들거나 시장이 포화하면 성장의 기운은 점차 사라진다. 이때 기업은 새로운 길을 열어 영역을 넓혀야 한다. 예컨대 환경이 바뀌어 소비자들이 급격히 줄고 있다면 서둘러 다른 길을 모색하는 것이 좋다는 얘기다.

그런데 기업이 '길을 연다'는 것은 무엇을 의미할까? 그것은 한마디로 '미지의 세계에 대한 개척'이다. 기업은 미지의 시장에 진출할 수도 있고, 미지의 대륙으로 뻗어나갈 수도 있다. 미지의 제품을 개발해볼 수도 있고, 미지의 기업과 교류를 맺을 수도 있다. 2부에서 논하고자 하는 것이 바로 그 방법론이다. 기업의 숙명이자 운명인 성장을 위해 어떤 길을 어떻게 열 것인지, 지금부터 함께 살펴보기로 하자.

나는 2012년에 노스웨스턴대 필립 코틀러(Philip Kotler) 교수의 강연을 들은 적이 있다. 이날 강연회에서 코틀러 교수는 기업의 지속 성장 방법에 대해 설명했다. 마케팅 구루의 강연답게 유익한 이야기가 많이도 쏟아졌는데, 그중 가장 인상적이었던 말은 이것이었다.

성장을 위한 최선의 방법은 성장하는 영역에 있는 것이다.

어떤가, 심플하지 않은가? 이를 테면 항공업처럼 성장이 더딘 산업에 속한 기업보다는, IT나 패션 같은 고성장 산업에 속한 기업이 평균적으로 성장률이 높다는 얘기다. 성장을 원한다면 나 홀로 성장하려 애쓰기보다, 성장하는 영역으로 들어가는 게 더 효과적이라는 것이다.

개인이 직업을 선택할 때도 마찬가지다. 성장하고 싶다면 해마다 발전하는 회사에 들어가 성장에 동참해야 한다. 물론 성장이 없는 곳에 있다 해도, 개인적으로 자기계발을 성실히 해서 더 큰 성장을 이뤄낼 수는 있다. 하지만 정체된 곳이라면 개인이 성장할 기회가 상대적으로 적다는 점은 분명하다. 따라서 졸업생이 회사를 고를 때 가장 눈여겨봐야 할 것은 '성장성'이다.

코틀러 교수는 기업이 성장의 영역에 있어야 한다고 강조했다. 만일 지금 있는 곳이 성장하지 않고 있다면 성장하는 쪽으로 길을 열어야 한다. 칭기즈칸 역시 잠재적으로 성장할 가능성이 있는 곳으로 길을 열지 않았던가. 그는 동쪽으로는 문화와 문물이 융성했던 중국으로 진출했고, 서쪽으로는 독특하고 희소한 문명이 발전의 싹을 틔우고 있던 아랍 지역으로 진출했다. 그럼으로써 거대한 제국으로 거듭날 기틀을 마련한 것이다.

유통업계의 공룡으로 불리는 아마존닷컴(Amazon.com)의 모체는 1994년 태동한 작은 온라인 서점이었다. 그들은 시작은 미약했으나 끝은 창대하였다. 아마존닷컴(이하 아마존)은 지난 20여 년간 새로운 길을 수없이 열어오며 성장을 거듭해왔다. 그 성장의 핵심은 바로 '새로운 길'이었다.

흥미롭게도 아마존의 경쟁상대는 반디앤루니스(Bandi & Luni's) 같은 대형서점이 아니었다. 그들은 일찌감치 온라인 서점에서 벗어나 종합 유통 산업에 길을 내겠다는 야심을 가지고 있었다. 그래서 유통 업체인 월마트를 경쟁상대로 삼았다. 그리고 도서와 음반에 국한하지 않고 생활용품, 전자기기 등의 온갖 물품을 취급하는 대형 유통 업체로 자리매김하려고 부단히 노력했다.

그들은 2010년 7월, 8억 달러에 육박하는 금액에 자포스(Zappos)를 인수해 세간의 주목을 받았다. 이 역시 판매 품목을 확대하기 위한 차원이었다. 아마존은 자포스 인수로 인해 신발과 의류 분야에서 커다란 성장을 이뤘다. 그런 노력의 결과, 2010년 아마존의 전체 매출액 가운데 도서와 음반, 비디오 이외의 상품이 차지하는 비중은 50%를 넘어섰다.

한편, 아마존은 2007년 전자책 단말기 '킨들'(Kindle)을 선보이며 모바일기기 시장에도 새로운 길을 열었다. 그런가 하면 2011년 11월에는 초저가 태블릿 PC '킨들 파이어'를 출시했다. 물론 '온라인 유통 업체가 스마트기기라니?'라며 의아해하는 시각도 많았다. 그러나 여기에는 분명한 이유가 있었다. 연 35% 이상의 성장이 예상되는 전자책 시장과 통하는 실크로드를 만들기 위해서다. 실크로드는 길 자체만으로는 부(富)를 창출할 수 없다. 수많은 물자와 문화가 흘러들어오고 흘러나가야 비로소 제기능을 해내는 것이다. 물관이 아무리 잘 갖춰진 나무라도 물과 영양소를 흡수하지 못하면 말라죽고 마는 것과 같다. 킨들 콘텐츠 또한 그 물자와 문화의 일부였다. 사실 아마존이 킨들 판매로 거두는 수익은 그리 크지 않다. 대신 킨들을 통해 이루어지는 수많은 거래를 통해 막대한 부를 거둬들이는 것이다. 그래서 아마존 CEO 제프 베조스(Jeff Bezos)는 "사람들이 기기를 '사는 것'을 통해 돈을 버는 게 아니라 기기를 '사용하는 것'을 통해 돈을 벌고 싶다."고 밝히기도 했다. 실제로 아마존은 킨들을 통해 30만 권에 이르는 방대한 양의 전자책과 음악, 영상 등을 빠르게 다운로드할 수 있게 했다. 그리고 이를 통해 방대한 부를 축적했다.

아마존은 여기서 그치지 않고 '클라우드 서비스'라는 새로운 길에 도전했다. 그리하여 2004년 이후 20억 달러 이상의 자금을 투자해 클라우드 인프라를 구축했다. 향후 5년 내 클라우드 서비스 시장이 IT 시장의 25%를 차지할 것이라 예상했기 때문이다. 그들은 우선 기업을 상대로 거래하는 B2B 방식으로 새로운 길의 초석을 다졌다. 그리고 2006년부터 IT 인프라 자원을 포괄적으로 제공하는 EC2와 인터넷 스토리지 서비스 S3를 내놓았다.

그리고 2011년 3월에는 개인용 클라우드 서비스에 뛰어들어 '클라우드용 미디어 플레이어 서비스'를 개시했다. 그들은 서적과 영화, 음악 같은 미디어 콘텐츠의 디지털화가 가속될 것이라는 점을 미리 감지했다. 그래서 클라우드 서비스에 대한 의존도가 점차 커질 것으로 보고 영역을 넓힌 것이다. 또 이후에는 보안에 민감한 정부 기관에 특화된 서비스인 '정부 클라우드'(GovCloud)를 출시하며 다각도로 시장을 넓혀갔다.

아마존은 이렇게 새로운 길을 끊임없이 열어 매년 20% 이상의 매출 증가율을 기록했다. 일례로 그들의 2011년 매출액은 약 500억 달러에 달하는데, 이는 전년 대비 50%나 증가한 수치였다.

여기서 중요한 점은, 하나의 길만 보고 달려 나가서는 안 된다는 점이다. 길이 많아질수록 시너지 효과는 커진다. 서로 다른 길이 조합되면 각각의 길을 통해 얻을 수 있는 것보다 더 큰 가치를 창출할 수 있다. 하나의 길만으로는 이런 효과를 보기 힘들며, 때로는 이전과 비슷한 결과밖에 얻지 못할 수도 있다. 칭기즈칸은 유럽으로 통하는 길과 중국을 향한 길을 조합해 엄청난 가치를 창출해냈다. 페르시아와 유럽의 숙련된 기술자들을 몽골로 들여온 뒤, 중국의 화약과 무슬림의 화염방사기를 결합하고 유럽의 종 주조기술을 응용하여 완전히 새로운 혁신 무기인 대포를 탄생시킨 것이 그 예다.

또 페르시아의 척박한 농토 문제는 중국을 통해 해결할 수 있었다. 페르시아는 희귀하고 우수한 종자를 가지고 있었지만, 토양이 부식되고 생산성이 낮아 농작물이 원하는 만큼 생산되지 않았다. 그래서 칭기즈칸은 중국에 농업단지를 조성하여 중동에서 들여온 다양한 새싹과 가지, 나무를 길러냈다. 이렇게 길러낸 다양한 품종을 페르시아에 옮겨 심고 섞어주자 페르시아의 각 지역에는 더 많은 품종이 생겨나게 되었다.

GE는 1980년대까지만 해도 제조업 중심 기업이었다. 그러나 1990년대 중반 이후 금융 서비스업으로 새로운 길을 열었다. 잭 웰치는 여기에 한 술 더 떠서, 1994년에 '2000년대의 GE는 100% 서비스 회사로 전환될 것'이라고 발표하며 금융 서비스 부문을 가일층 강화했다. 그런가 하면 1990년대 후반에는 GE 캐피털을 통해 신용카드, 리스, 생명보험 관련 기업들을 매수했다. 그리고 이후에는 제조와 금융 서비스 분야의 융합으로 시너지를 창출하는 전략을 펼쳤다.

제품만을 판매하는 것이 아니라, 제조와 금융을 패키지로 묶어 새로운 가치를 판매함으로써 제조업의 경쟁력을 강화한 것이다. 예를 들어 발전 시스템이나 의료 장비 같은 제조업에 대해 GE 캐피털이 저금리의 리스를 제공해주는 서비스가 그것이다. GE와 GE 캐피털의 높은 신용등급을 이용해 저금리의 리스와 금융 서비스를 제공하니 수주율이 높아졌고, 영업이익률도 향상됐다. GE는 여기서 그치지 않고, 금융 부문에서 확보한 자금을 전사적인 시너지를 낼 수 있는 분야에 재투자하는 선순환 구조를 이어갔다. 그런 한편으로 GE의 제조 부문이 보유하고 있는 경영 노하우를 금융 서비스 부문에 전수하자, GE 캐피털은 공격적으로 기업 매수를 단행하며 역량을 키우게 됐고, 이는 조직을 단기간에 정상화하는 데 결정적인 보탬이 되었다.

길을 하나만 팔 것이 아니라 여러 개를 파야 한다는 것은 '안전한 성장' 면에서도 우리에게 중요한 메시지를 준다. '교토삼굴'(狡兎三窟)이라는 말이 있다. 똑똑한 토끼는 평상시에 3개의 굴을 파서 위기 상황에 대비한다는 말이다. 굴 역시 길의 일종으로 본다면, 하나보다는 여러 개의 길을 마련하는 게 안전하다. 만일 길이 하나뿐이면 그 길이 막히는 순간 갈 곳을 잃게 되지만, 길이 여러 개라면 하나가 막혀도 생존의 여지가 남기 때문이다. 그러므로 우리는 비즈니스에서도 교토삼굴의 격언을 실천할 필요가 있다. 길이 여러 개라면 위험이 분산되게 마련이다. 그래서 한 가지 사업이 정체되어도 수익이 나는 다른 사업으로 이를 만회할 수 있다. '한 우물만 파라'는 격언은 이제 시대에 맞지 않는, 말 그대로 '옛말'이 되었다.

OCI는 1959년 '동양화학공업'이라는 이름으로 출발, 지금은 종합화학 회사로 자리매김한 국내 기업이다. 그들은 창립 당시부터 무려 50여 년간을 무기화학, 석유·석탄화학, 정밀화학 등의 기초화학 산업을 중심으로 성장했다. 그러나 21세기 들어 기초화학 분야의 경쟁이 치열해지면서 산업 성장이 점차 둔화되어갔다. 그래서 OCI는 새로운 영역으로 눈을 돌렸다. 그것은 다름 아닌 '친환경 에너지'. 그들은 2008년부터 태양광 시장으로 진출하기 위해 핵심 소재인 폴리실리콘을 생산하기 위한 방대한 시설을 건설했고, 2011년 미국 현지에 'OCI 솔라파워'라는 자회사를 설립해 '텍사스 주 태양광 발전 전력 공급 프로젝트 우선 협상 대상자'로 선정되는 등 미국 진출을 성공리에 마쳤다. 또 2011년 1,000억 원을 투자해 LED용 사파이어 잉곳(ingot)을 대규모로 생산할 수 있는 공장을 건설했다. 이런 노력 덕분에 OCI는 유럽 재정위기와 미국 경기둔화 등의 위기 속에서 기초화학 회사들이 고전을 겪고 있을 때 친환경 분야에서 고수익을 창출했고, 이로 인해 2011년 30%라는 높은 성장을 이어갈 수 있었다.

이고르 앤소프(Igor Ansoff)

전략 경영의 아버지. 항공기 제작사 록히드에서 전략 기획을 담당하다 카네기멜론 대학 경영대학원 교수가 되었다. 이후 US 인터내셔널 대학 전략경영학과 석좌교수를 지냈으며, 앤소프연구소 소장과 제미니컨설팅 이사를 역임했다. 그가 제시한 전략 경영 프레임은 학계뿐 아니라 산업계에서도 지금까지 유용하게 활용되고 있다.

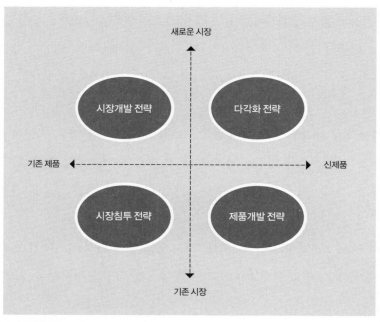

앤소프 매트릭스

이고르 앤소프 교수는 '전략이란 한마디로 기업들이 판매할 제품과 시장을 선택하는 것'이라고 정의하면서 '앤소프 매트릭스'라는 개념을 제시했다. 이는 복잡한 성장 전략을 매우 심플하게 도출해낼 수 있게 해주는 유용한 전략 도구다.

앤소프 교수가 매트릭스를 구상하는 데 고려한 중요한 변수는 '시장'과 '제품'의 2가지다. 우선 시장 영역에서 '새로운 시장에 뛰어들 것인지', '기존 시장에서 성장동력을 더 확보할 것인지'를 정하고, 제품 영역에서 '신제품을 개발할 것인지', '기존 제품으로 판매량과 수익을 더 끌어낼 것인지'를 정한다는 개념이다. 이 2가지 기준을 조합하면 다음과 같은 4가지 성장 전략을 도출할 수 있다.

1. 시장침투 전략: 기존 제품으로 기존 시장에 진입하는 것. 이미 존재하는 제품으로 더 깊고 체계적으로 시장에 침투하는 전략으로, 핵심 목표는 시장 점유율 증대다. 경쟁자의 시장 점유율을 빼앗거나, 아직 고객이 되지 않은 잠재 고객을 발굴하는 것이다. 물론 얼핏 보기엔 성공률이 높다고 할 수 없는 전략이다. 많은 시장이 이미 포화 상태이며, 경쟁자들도 좀처럼 그들의 시장 점유율을 포기하지 않을 것이기 때문이다. 하지만 앤소프 교수는 이 전략이 '성공할 확률은 가장 높은 전략'이라고 주장한다. 이미 잘 알고 있는 상품과 시장이므로 그만큼 준비를 제대로 할 수 있기 때문이다.

2. 제품개발 전략: 신제품으로 기존 시장을 공략하는 방법. 이전 제품에 새로운 아이디어를 더하거나, 기술을 혁신하여 기존 고객의 욕구를 충족하는 신제품을 출시하는 것이다. 앞서 살펴본 네슬레의 네스프레소가 대표적인 예다. 네슬레는 가정에서 좀 더 편리하고 맛있게 커피를 즐길 수 있도록 일회용 커피 캡슐을 개발했다. 목표 시장은 집에서 커피를 마시는 고객이므로 이전과 동일하지만, 혁신적인 제품을 개발해 기존 시장을 새롭게 바꿔놓은 예다.

3. 시장개발 전략: 기존 제품으로 신규 시장 개발하기다. 기존 시장이 포화된 상태에서 다른 고객이나 지역을 공략하는 경우다. 이 전략은 실행하긴 어렵지 않다. 이미 주력 시장에서 충분한 경험을 확보했기 때문이다. 그 대신 기존 제품을 새로운 고객에게 맞게 얼마나 잘 개선하느냐가 중요해진다. 글락소스미스클라인의 류코제이드가 좋은 예다. 류코제이드는 본래 식사를 하기 어려운 환자들에게 영양분을 공급하려는 목적으로 개발된 제품이다. 하지만 향신료를 첨가해 건강음료 콘셉트로 청소년과 운동선수에게 판매함으로써 대성공을 거두었다.

4. 다각화 전략: 신제품으로 새로운 시장에 진출하는 전략. 상품과 시장에 대한 경험이 없기 때문에 리스크가 만만치 않다. 그럼에도 기업들은 이 전략을 외면하기 어렵다. 보다 매력적인 사업 영역에 진출하기 위해서는 다각화 전략이 필수적이기 때문이다.

개척의 실패와 성공을 가르는 2가지 필수요소

매력적인 영역에 새로운 길을 열면 이처럼 얻을 수 있는 것이 많다. 성장 기회가 생기고, 시너지 효과를 누리며, 안전한 성장 체제까지 갖추게 되는 등등. 그러나 이 모든 것은 개척에 성공했을 때만 누릴 수 있는 축복이다. 가보지 않은 길을 개척하는 것은 대단한 모험이다. 도중에 어떤 암초가 숨어 있는지, 어떤 맹수가 도사리고 있는지 미리 알 수 없는 위험천지의 행동이다. 인류 최초로 세계일주를 단행했던 16세기의 위대한 항해자 마젤란(Ferdinand Magellan) 또한 270명의 선원 중 자그마치 252명을 잃었고, 끝내는 자신의 목숨까지 잃어야 했다.

비즈니스도 별반 다르지 않다. 새로운 땅에 어떤 리스크가 도사리고 있는지 오리무중인 경우가 많다. 또 이미 뛰어들어 있는 경쟁자들보다 기회를 더 빨리 잡을 수 있는지도 불분명하다. 자칫 길을 내는 것이 독으로 작용하여 패망의 길로 직행할 수도 있다.

대표적인 예가 웅진 그룹이다. 브리태니커 백과사전을 팔던 외판원에서 재계 자산 순위 31위의 그룹을 일궜던 윤석금 회장. 그의 이야기는 업계에서 신화처럼 회자되곤 했다. 그런 웅진 그룹이 2012년 9월 법정관리를 신청했다. 한때 학습지와 렌탈 사업 분야에서 노련한 사업 수완으로 '외환위기를 견뎌낸 유일한 소비재 기업'이라는 칭송까지 들었던 웅진 그룹이 말이다. 이에 대해 윤석금 회장은 "사업을 무리하게 확장하다 보니 기업 회생 절차까지 오게 됐다. 태양광과 건설 사업에 무리하게 투자했다."고 털어놓았다. 그들은 2007년에 빚까지 내가며 7,000억 원에 가까운 금액을 투자하여 극동건설을 인수했다. 게다가 2006년 말 웅진에너지를 신설한 데 이어, 2008년 웅진폴리실리콘까지 설립하며 태양광 사업에 무리하게 진출했다. 이것이 그룹 전체의 아킬레스건에 큰 상처를 입히고 만 것이다.

앞서 설명했듯이, 성장하려는 기업은 새로운 길을 열어야 한다. 그러나 이는 건실한 기업도 한숨에 무너뜨릴 만큼 위험성이 크다. 때문에 신중에 또 신중을 기해야 하는 전략이다. 이와 관련해 학계는 '유사성'이 높은 분야로 진출하는 것, 즉 '관련 다각화'가 안전하고 성과도 높다고 권한다. 다시 말해 유사성이 미지의 땅을 개척하기 위한 필수요소라는 것이다. 영역이 유사해야 사업에 대한 이해도가 높고, 기회가 찾아와도 더 빨리 인지할 수 있다. 뿐만 아니라 사업에 요구되는 역량도 단기간에 확보할 수 있다. 예컨대 두부 제조사보다는 깔창 제조사가 신발 사업에 진출했을 때 성공률이 높을 수밖에 없다. 원래 익숙한 곳이 더 쉬운 법이다.

그러나 외형적인 유사성만 따지는 것이 성공적인 개척 전략이라고 단정하기엔 아직 부족하다. 유사 분야에 진출하고도 패망한 기업이 부지기수고, 전혀 딴판인 분야에서 엄청나게 성장한 기업도 많기 때문이다. 그렇다면 유사성 말고 또 무엇이 필요한 걸까? 우리는 칭기즈칸 군대의 핵심 역량 중 하나인 '속전속결'에서 개척에 필요한 또 한 가지의 필수요소를 발견할 수 있다. 우선 칭기즈칸의 부대에 대한 잭 웨더포드의 평을 들어보기로 하자.

"그들은 20세기 전차부대가 생기기 전까지 인류 역사상 가장 빠른 기마병들이었고, 병참부와 보급대를 가진 적군보다도 5배 빨랐다. 10만 명에 불과한 전사들이 전 세계 모든 군대를 물리치고, 모든 요새를 점령하고, 모든 도시의 성벽을 허문 것은 속도전의 힘이었다. 이들은 하루에도 200km 이상 이동했으며 5,000km 이상 떨어진 페르시아를 습격하는 데 한 달도 걸리지 않았다."

칭기즈칸이 열었던 길과 이들의 진군 속도 사이에는 밀접한 관계가 있다. 그들에게 길은 그저 지나가는 통로가 아니라, 속도라는 핵심 역량을 최대한 끌어낼 수 있게 해주는 발판이었다. 칭기즈칸의 부대가 상상을 뛰어넘는 속도로 마음껏 돌진할 수 있었던 것은, 기마병이 가장 빠르게 진군할 수 있는 길을 닦은 덕분이다. 그들은 하루에 200km나 달려 나가는 엄청난 기동력에 힘입어 급속도로 세력을 넓혀갈 수 있었다. 초고속으로 뻗어나가기에 좋은 길이 닦여 있었기 때문이다.

물론 진군할 때마다 일일이 반반한 길을 만들었다고 볼 수는 없다. 따로 길을 마련하지 않고 새로운 곳에 진군하는 경우도 많았다. 그러나 중요한 진군은 항상 미리 마련해놓은 길을 통해 이뤄졌다는 점을 주지해야 한다. 길 중간 중간에 역참을 둔 것도 8,000km 거리와 100도의 경도 차이를 극복하고 양쪽 끝에서 동시에 전투를 지휘할 수 있는 빠른 정보력을 갖기 위해서였다. 이처럼 길이 자신의 역량을 극대화할 수 있는 발판이 되어준다면 그 위력은 매우 크다.

하지만 위대한 정복자 칭기즈칸도 역량과 전혀 궁합이 맞지 않는 길을 열었을 땐 여지없이 실패를 맛보았다. 일본으로 원정을 떠났을 때, 그는 말을 버리고 성급히 해상전에 뛰어들었다가 동해에서 일본군에게 대패하고 말았다. 바다에서는 기마전에 강한 자신의 역량을 발휘할 수 없었으니 쓴잔을 들이킨 것도 당연한 일이었다.

여기서 우리는 '역량'이라는 2번째 필수요소를 발견할 수 있다. 진출하려는 사업 분야에서 자신이 역량을 제대로 발휘할 수 있느냐다. 아무리 현재의 영역과 유사해도 정작 기업이 힘을 쓸 수 없는 곳이라면 기업은 길을 헤매게 된다. 반대로 유사성은 떨어져도 기량을 최대한 발휘할 수 있는 영역이라면 낯선 곳이라도 거리낌 없이 활보할 수 있다. 오히려 이질적인 영역과의 만남으로 데페이즈망 효과를 누릴 수도 있고 말이다.

웅진의 사례를 되돌아보자. 웅진의 핵심 역량은 웅진출판의 학습지 사업을 통해 확보된 방문 판매와 관리 능력이었다. 그들은 이 역량을 정수기 사업에도 적용했다. '정수기 렌탈 서비스'를 실시하고, '방판 아줌마'로 불리던 주부 사원들을 '코디'라는 이름으로 새롭게 탄생시켜 방문 판매와 관리 서비스를 제공한 덕에 이 사업에서 성공했다. 그리고 비데, 밥솥, 주방가구 분야에까지 이 역량을 활용하면서 사업 영역을 모범적으로 확장해나갔다. 여기까지는 역량과 사업의 궁합이 잘 맞았다.

그러나 2006년 태양광, 건설업 등 역량과 무관한 업종으로 확장하면서 그룹의 운명이 기울기 시작했다. 수익성과 성장성을 좇아 경험도 실력도 다져지지 않은 분야의 사업에 손을 댄 탓이었다. 그 분야는 그간 웅진이 가지고 있던 핵심 역량을 발휘하기가 너무도 어려운 영역이었다. 웅진은 기존 사업과 신사업을 이어줄 길을 마련하지 않은 채 무작정 진군하는 실수를 저질렀다. 또 내부 유보 자금이 아니라 외부 차입금으로 진출을 시도함으로써 위험 수위를 높였다. 그것이 바로 웅진 그룹이 법정관리에 이르게 된 계기였다.

한편, 새로운 길을 성공적으로 연 기업들의 사례를 보면 역시 역량과 길 사이의 궁합이 잘 맞았다는 점을 확인할 수 있다. 아마존이 가진 역량은 한마디로 '초고효율 전자 상거래 프로세스'다. 인터넷 서점이 책 판매로 얻는 마진은 매우 낮다. 그래서 아마존은 비용 절감을 위해 부단히 노력해왔다. 대규모 물류 센터는 물론 인터넷 상품 등록, 검색, 구매, 배송 등 전자 상거래의 모든 프로세스를 내부화하는 등이 그것이다. 이로써 아마존은 온라인에서 이뤄지는 모든 거래를 가장 저렴하게 수행할 수 있는 플랫폼을 구비했다. 초저가를 추구하는 월마트보다도 아마존이 평균 5.4% 저렴하다는 조사결과도 있을 정도였다.

그런 아마존이 모바일 시장에 눈독을 들인 것은, 그곳에 어마어마한 성장 잠재성이 있음을 간파했기 때문이다. 사실 인터넷 서점과 모바일 시장은 꽤나 이질적인 영역이다. 그래서 아마존은 신천지로 나아가기 위해 먼저 탄탄한 길을 만들었다. 그것이 바로 킨들파이어다. 킨들파이어는 단순한 신제품이 아니었다. PC를 통해서만 접속 가능했던 아마존 사이트를 모바일기기로도 접속할 수 있게 해주는 '채널 확대'의 수단이었다. 아마존이 후에 클라우드 서비스에 성공적으로 진출한 것도, 이 제품을 통해 모바일 분야의 기초 역량을 키웠기에 가능한 일이었다.

그런데 여기서 한 가지 의문이 생긴다. 상식적으로 보면 삼성이나 애플과 제휴를 맺어 모바일 시장으로 진출하는 게 훨씬 효율적이다. 그런데 왜 직접 모바일기기를 개발해 내놓았을까? 그것은 '자신만의 전용 도로'

를 가지고 있는 게 사업에 훨씬 유리하다고 판단했기 때문이다. 그리고 그 판단은 정확했다. 실제로 아마존의 물건은 삼성의 갤럭시나 애플의 아이폰보다 킨들을 통해 훨씬 많이 거래됐기 때문이다. 이로써 킨들은 '디지털 거래 활성화'라는 또 하나의 이득을 아마존에게 안겨다주었다.

그런 기초 역량을 가지고 아마존은 클라우드 서비스라는 또 다른 길을 닦았다. 그들이 클라우드 분야에 도전한 이유는 한마디로 '접근성'이다. 디지털 콘텐츠는 언제, 어디서든, 어떤 기기로도 다룰 수 있어야 상품 가치가 높아진다. 그런데 클라우드 서비스(가상 드라이브)라는 게 있으면 이게 쉬워진다. 음악을 아마존에서 구입한 뒤, 클라우드 서비스에 저장해두면 모바일로든 PC로든, 또 집에서든 사무실에서든 마음 내키는 대로 꺼내 들을 수 있다. 이렇게 모바일기기와 클라우드 서비스를 통해 길을 더욱더 탄탄하게 다짐으로써, 아마존은 초고효율 전자 상거래라는 기존의 강점 또한 무한대로 발휘할 수 있었다.

OCI도 마찬가지다. 그들이 무기화학, 석유·석탄화학, 정밀화학 등 기초화학뿐만 아니라 폴리실리콘, 진공단열재 등 친환경 산업으로 진출해 성공한 원동력 역시 '역량과 길의 궁합'이었다. OCI가 개척한 길이 '화학공업 기술'이라는 역량을 충분히 발휘할 수 있는 발판이 되어주었기 때문이다.

기업이 성장을 일구기 위해서는 유망한 영역으로 길을 열어야 한다. 그러나 이런 개척 전략은 실패 가능성이 높은 위험한 도전이기 때문에 극도의 신중함을 요구한다. 그렇기에 기업이 새로 여는 길은 '역량의 기반이 되어줄 수 있는 길'이어야 한다. "성장을 위한 최선의 방법은 성장하는 영역에 있는 것이다."라는 필립 코틀러의 말도 그 '성장하는 영역'에서 잘해 나갈 수 있는 역량이 갖춰졌을 때나 성립하는 것이다. 만일 길과 역량의 궁합이 잘 맞는다면 역량을 마음껏 뽐낼 수 있는 것은 물론, 이전에 하지 못한 일들까지 이루어낼 수 있을 것이다. 그런 길을 열어야만 기업은 안정적인 성장의 역사를 쓸 수 있는 것이다.

화이부동,
세계화와
현지화 사이

북쪽 바다에 물고기 한 마리가 있었다. 그 물고기의 이름은 '곤'(鯤)이다. 그 것은 변해서 새가 되는데, 그 새의 이름은 '붕'(鵬)이다. 붕의 등은 몇 천 리인 지를 알지 못할 정도로 컸다. 붕이 가슴에 바람을 가득 넣고 날 때, 그의 양 날 개는 하늘에 걸린 구름 같았다. 이 붕새는 바닷물이 움직일 때를 기다려 장차 저 남쪽 바다로 옮겨 가려는 것이다.

이 이야기는 장자(莊子)의 '소요유'에 나오는 대붕(大鵬)에 관한 것이다. 대붕은 하루에 9만 리를 날아간다고 알려진 상상의 새다. 이 새가 높은 창 공으로 올라가 푸른 하늘을 등지고 미지의 남쪽 세계로 날아간다는 내용 이다. 대붕은 본디 물고기였다. 북쪽 바다에 살던 이 작은 물고기가 어느 날 대붕이 되어 날아가는 것이다. 물고기는 하늘을 나는 순간, 바다라는 한정된 공간을 벗어나 하늘이라는 무한한 세계로 들어서게 된다.

우리는 앞서 살펴본 것처럼 새로운 길을 열어 길의 갈래를 다양화할 수도 있지만, 길의 범위를 국경 너머로 확장하는 차원에서도 성장 기회를 모색할 수 있다. 다른 말로 하면 '세계화'다. 세계화는 곤과 같은 토종 기업을 글로벌한 대붕으로 도약하게 해준다.

장자는 대붕에 관해 이야기하면서 이렇게 부연했다. "자유란 자신의 한계를 뛰어넘었을 때 누릴 수 있는 것이다." 그는 한계를 벗어나 문밖으로 나가 새로운 세상과 만나고 새 환경을 맞이하는 것이 진정한 자유라고 역설했다.

세계화 역시 따지고 보면 많은 수익을 거두어 '경제적 자유'를 지향하는 것이다. 이를 위해서는 국내 시장에 맞춰져 있던 한계를 뛰어넘어야 한다. 장자 또한 "하루살이 버섯은 초하루와 보름이 있다는 것을 모른다. 여름날만 살다 가는 매미는 봄과 가을이 있다는 것을 모른다. 너의 시간과 공간을 깨고 나와 저 남쪽의 푸른 바다로 항해하라."고 말했다. 좁은 곳에서 가지고 있던 한계를 깨는 것이 바로 세계화다. 그런데 이 세계화도 신천지 개척만큼이나 만만치 않은 일이다.

디스플레이 부품 사업을 하고 있는 한 CEO는 해외에 진출한 지 5년이 지나자 고충을 토로했다. 처음에는 한국에서 직접 개발한 부품을 중국 현지에서 생산해 한국과 중국 내수 시장에서 팔거나 베트남, 브라질 등에 수출하는 방식으로 시작했다. 그런데 시간이 흐르면서 각 지역에 경쟁 업체들이 많아지고 소비자들의 눈높이가 높아지자 현지화에 대한 투자를 늘렸다. 베트남과 브라질에도 생산 공장을 각각 지어 제품 개발과 제조를 현지에서 직접 하는 체제를 구축했다. 그러나 투자한 자본은 많은데 시간이 흘러도 성과로 전환되지 않자 회의감이 일기 시작한 것이다. 설상가상으로 국내 경기마저 침체 분위기를 보여, 사업이 전체적으로 하향곡선을 그리기 시작했다. 그는 이를 어떻게 풀어야 할지 막막해하고 있었다.

이처럼 해외 진출을 시도하는 기업은 백이면 백 딜레마에 봉착하게 된다. '통합화'와 '현지화' 사이의 딜레마다. 통합화는 말하자면 하나의 제품을 대량으로 만들어 여러 나라에 일괄적으로 파는 것이고, 현지화는 현지 소비자들의 기호에 맞춰진 제품을 파는 것이다. 그런데 전자는 한 가지 제품을 모든 지역에 똑같이 공급하기 때문에 효율성이 높지만, 소비자 기호에 정확히 맞추기 힘들다. 반면 후자는 소비자들의 선호도를 높일 수 있지만, 체제를 마련하는 비용이 큰 데다 만일 기호를 제대로 충족하지 못하면 손해가 크다. 세계화의 리스크는 여기서 발생한다. 둘 중 어느 쪽에 치중할 것인지가 해외 진출의 성공 여부를 가르는 핵심 요소이기 때문이다.

우리는 공자가 《논어》에서 언급한 '화이부동'(和而不同)에서 그 해법을 얻을 수 있다. 화이부동이란 '화합하되 같음을 추구하지 말아야 한다'는 의미다. 여기서 '화'(和)는 타인이나 다른 세계와 자연스럽게 융화하는 것을, '동'(同)은 자기중심을 잃고 무조건 다른 세계에 맞추는 것을 말한다. 다시 말해 '화'를 추구하되 '동'하지 말라고 한 것은, '상황에 맞춰 유연하게 화합하되, 중심은 잃지 말라'는 말이다. 이는 타인, 혹은 다른 세계와 건설적인 관계를 만들기 위해 공자가 제시한 제1 요건이다.

세계화를 왕성히 진행하는 기업들은, 현지 요구에 맞추기 위해 현지에서 기업을 인수하거나 제조 설비를 적극적으로 구축하는 경향이 있다. 그러나 지나치게 현지화에 투자하다 현지 사정이나 글로벌 트렌드가 변해 예상과 다른 시나리오로 진행되면 그에 부화뇌동하게 된다. 중심을 잃고 갈팡질팡하는 것이다. '화'에 너무 집중한 나머지 중심을 잃는 현상이다. 비즈니스 세계에는 실제로 이런 사례가 비일비재하다.

스웨덴 굴지의 가전제품 제조사 일렉트로룩스(Electrolux) 또한 그러했다. 1900년대에 그들은 미국과 유럽 시장에 진출하면서 세계 40개 국가의 200여 개 현지 기업을 인수했다. 1990년대에는 세계 25개 국가에 제조 설비도 구축했다. 그러나 그 과정에서 국가 간의 차이, 시장의 경쟁 심화, 비우호적 규제 등의 장애 요인이 급증했다. 이때 그들은 주견을 잃고 우왕좌왕하다 결국 수익률 하락에 봉착해야 했다. '동'하지 않아야 한다는 원칙을 지키지 못한 것이다.

이를 극복하기 위해서는 잃어버린 중심을 되찾아야 했다. 그래서 그들은 2000년대 들어 브랜드 포트폴리오를 대거 축소하고, 세계 각국에 흩어진 생산 시설을 주요 지역으로 모으기 시작했다. 핵심 사업 분야를 강

화하기 위해 구조조정을 단행하고, 전략을 글로벌 통합화로 전환하면서
그들은 가까스로 본궤도에 돌아올 수 있었다.

기업은 현지화를 통해 현지 소비자들과의 '화'를 추구해야 하지만, 통
합화를 통해 '부동'이라는 균형감각을 유지해야 한다. 현지 사정이 급변
해도 사업 전체가 흔들리지 않도록 중심을 올바로 지켜야 한다는 의미다.
세계화의 기본은 여기서 출발한다.

물론 '화'와 '부동'의 평형점을 어디에 잡을 것인지는 상황에 따라 달라
지게 마련이다. 예를 들어 다국적 기업 유니레버(Unilever)의 경우, 핵심
자원인 R&D나 마케팅 기능은 영국 본사에 집중되어 있지만 영업 기능은
세계 각지에 분산되어 있다. 또 현지 자회사도 어느 정도 권한을 갖고 있
지만, 글로벌 효율성을 추구하는 과정에서 본사로부터의 중앙 집권적 통
제를 받는다. 특히 제품 디자인 같은 핵심적인 지식은 주로 본사가 개발
해 해외 자회사로 이전하는 형태다. 제품에 대한 기호가 나라마다 차이가
없거나 제품력이 매우 뛰어날 때는 제품 개발과 마케팅 등 주요 기능을
본사에 집중하여 통합화를 시도하고, 영업 등 일부 기능만을 현지화하는
전략이 바람직하다.

반면 진출 지역이 전략적 요충지이고, 소비자 기호도 뚜렷하다면 많은
재량권을 현지에 부여해야 한다. 네트워크 장비 전문 업체 시스코 시스템
즈(Cisco Systems, 이하 시스코)가 그 대표적인 예다. 그들은 2007년 인도

벵갈루루에 '글로벌라이제이션 센터 이스트'를 오픈하고 '제2의 본사'라 명명했다. 이 글로벌라이제이션 센터는 R&D, 판매, 고객 서비스, 인사에 이르기까지, 현지에서의 거의 모든 기능을 수행한다. 벵갈루루는 중국이나 두바이에서 비행기로 5시간이면 충분히 갈 수 있다. 그들은 이처럼 지리적으로 매우 가까운 지역에 제2의 본사를 설립함으로써, 12억 인도 인구를 커버할 핵심 요충지를 확보한 것이다. 운영 또한 현지 상황에 가장 적합한 방식이어서, 인도 소비자들에게 적합한 제품과 서비스를 제공할 수 있었다.

여기서 주의할 점은, 이러한 평형점은 고정불변이 아니라는 사실이다. '화'와 '부동'에 대한 힘의 배분은 상황에 맞춰 유연하게 바뀌어야 한다. 때에 따라 통합화가 더 중요할 때도 있고, 현지화를 우선시해야 할 때도 있는 법이다.

세계화 초기 단계에는 동일한 제품을 여러 지역에 일괄적으로 공급하는 방식이 부담도 적고 수월하다. 하지만 시간이 흐르면 현지 상황과 소비자 기호도 변하게 마련이다. 그러면 기업은 제품의 다각화와 차별화를 시도해야 한다. 이때는 현지화에 중점을 두는 것이 맞다.

그러나 좀 더 시간이 흐르고 기업이 세계화에 대한 지식과 경험을 축적하면 얘기는 달라진다. 세계 소비자들의 기호가 점점 비슷해지기 때문에, 현지화 수준을 유지하는 범위 내에서 생산 공정의 효율화와 표준화가 가능해지는 것이다. 이는 규모의 경제로 이어지고, 통합화를 더욱 효과적으로 만들어준다. 이처럼 시기와 상황에 맞춰 세계화 전략을 유연하게 활용하는 것이 노련하고 현명한 세계화 전략이라 하겠다.

화이부동의 관점에서 보면 칭기즈칸도 세계화를 잘 구사했다고 볼 수 있다. 물론 그는 기본적으로 정복 지역에 대한 통합화에 치중했다. 그는 주민들에게 몽골 제국에 대한 절대적 충성을 요구했다. '영원한 푸른 하늘'이라는 명칭의 국제법을 만들어 모든 정복지의 백성을 다스리는 최고의 법으로 규정했고, 보편적인 언어를 만들어 모두가 같은 언어를 사용하게 했다. 또 전 지역의 지폐를 표준화하여 민족 간, 지역 간 상거래가 호환되도록 했다. 그러다 보니 어떤 경우에도 중심이 잘 흔들리지 않았다.

그렇다고 모든 것을 강압적으로 획일화한 것은 아니다. 그는 정복한 지역에 일정량의 재량권을 주고 해당 지역의 고유성을 존중하기도 했다. 다른 지배자들이 자신, 혹은 자신이 숭배하는 신을 따르기를 강요하는 것과 달리 그는 종교의 자유를 인정했다. 또 오랜 세월 전승된 고유의 풍습이나 관행은 자신이 침범할 영역이 아님을 인정했다. 지역에서 대대로 내려오는 것들을 지켜주고 지원해주는 것이 지역을 더 발전시키는 길이고, 이는 제국의 유지로 이어진다는 것을 칭기스칸은 인식하고 있었다.

정복을 어떻게 했는지에 따라서도 통합화 수준을 달리했다. 스스로 몽골 제국에 항복한 지역에는 재량권과 자치권을 많이 주었고, 끝까지 반격하다 정복당한 지역에 대해서는 가혹한 공포 정치를 단행했다. 물론 공포 정치를 통해 강력한 통합화를 추진하다가도, 어느 정도 규율이 잡히면 재량권을 넓혀주는 것이 그의 원칙이었다.

이처럼 기업은 세계화를 통해 성장의 범위를 넓힐 수 있다. 그러나 세계화를 성공시키기 위해서는 절묘한 균형감각이 필요하다. 그리고 그 균형감각은 화이부동에 달려 있다. 유연하게 화합하되, 중심은 굳건히 지키는 것. 그것이 세계화를 통해 대붕으로 도약하는 유일한 길임을 잊지 말자.

답은
밖에 있다

우리는 1부에서 기업이 시장을 지배하려면 감탄이 절로 나올 만한 '미학적 제품'을 창조해야 한다는 것을 알아보았다. 그 방법론에 대해서도 살펴봤다. 하지만 말이야 쉽지, 창조 제품을 시장에 내놓는 게 하고 싶다고 다 되는 일인가? 아무리 기똥찬 아이디어도 이를 세련되게 구현해낼 시스템과 역량이 없다면 한낱 뜬구름 잡는 식의 사념에 그치고 말 것이다.

또 기업이 성장하려면 미지의 영역에 새로운 길을 만들어야 하고, 머나먼 곳으로 길의 범위를 확장할 필요가 있다는 점도 살펴보았다. 그렇다면 우리는 구체적으로 이를 어떻게 실천해야 하는가? 매력적인 유망 시장을 발견했지만, 여기에 딱 맞는 제품을 만들 자원이 부족하다면 어떻게 할 것인가?

하지만 기업 내부의 역량이 부족하더라도 새로운 길은 충분히 닦아낼 수 있다. 역량이 쌓일 때까지 하염없이 기다릴 필요가 없다는 얘기다. 그렇다면 부족한 역량을 가지고 대체 어떻게 새로운 길을 열어낼 수 있을까? 지금부터 그 비책을 살펴보기로 하자.

자연은 종종 우리에게 경이로움과 신비로움을 안겨다준다. 그 위대한 광경을 지켜보고 있노라면 인간의 존재 자체가 하잘것없이 느껴지기도 한다. 그런데 그중에서도 유독 나에게 강한 인상을 준 것은 '코스트 레드우드'(coast redwood)라는 나무다. 미국 캘리포니아 주 서쪽 해안가에 자리 잡은 공원으로 가면 이 나무들을 쉽게 볼 수 있다. 코스트 레드우드는 100m나 되는 훤칠한 높이를 자랑한다. 또 그중에서도 키가 더 큰 종자가 따로 있다고 하는데, 히페리온이라 불리는 이 나무는 높이가 무려 116m나 된다. 레드우드 주립공원에는 이런 거대수목이 빽빽이 우거져 있어, 마치 거인들의 정원에 들어온 것 같은 착각을 불러일으킨다.

이런 레드우드는 지구상에서 성장이 가장 빠른 생명체로 손꼽힌다. 화창한 날씨에는 연간 1.8m씩 자라날 정도다. 시간이 흐르면 레드우드는 열매를 맺는데, 그때마다 숲에 수백만 개의 씨앗을 뿌리며 300년이 지나면 100m 이상의 거목으로 자라게 된다. 그런데 내가 레드우드에 감탄하게 된 것은 사실 그 거대한 높이 때문이 아니었다.

원래 나무는 본연적으로 높이 자라는 데 한계가 있다. 중력의 작용으로 인해 땅속의 수분을 일정 높이 이상 끌어올리지 못하기 때문이다. 그래서 나무는 무한정 높이 뻗어오를 수 없다. 그런데 코스트 레드우드는 매우 특이한 방법으로 이 한계를 극복했다. 그것은 다름 아닌 '안개'다.

나무들은 대개 생장에 필요한 수분을 대부분 땅속에서 공급받아 순환시킨다. 그러나 레드우드는 자신이 흡수하는 수분의 25~50%를 안개에서 얻는다. 안개가 짙게 끼는 날이면 무려 700kg나 되는 물을 꼭대기의 잎으로 흡수한다고 하니, 실로 어마어마한 양이다. 이처럼 레드우드는 시스템 내부의 한계를 시스템 바깥에 있는 안개를 통해 넘어서며 높이의 한계 또한 혁파하는 나무다. 홈볼트 주립대학의 삼림 생태학자 스티브 실렛(Stephen Silett) 박사는 레드우드의 거대한 성장 비결로 외부의 수분을 흡수하는 방식을 꼽고 있다.

코스트 레드우드의 생장 방식은 우리에게 중요한 통찰점을 시사한다. 외부에서 얻는 힘은 내부의 한계를 뛰어넘게 해주는 중요한 수단이라는 점이다. 자기 혼자서는 아무리 노력해도 이를 수 없는 경지도 외부 자원을 활용하면 이를 수 있다. 안에서만 찾지 말고, 눈을 밖으로 돌리라는 말이다.

2009년, 미 국방성 홈페이지에 아주 흥미로운 글이 올라왔다. "빨간 풍선 10개를 찾아라. 미국 전역에 흩어진 빨간 풍선 10개의 정확한 위치를 찾는 팀에게 4만 달러의 상금을 수여하겠다."는 것.

국방성에서 왜 이런 공지를 올린 것일까? 이는 '미국 전역에서 테러범이 동시다발적인 공격을 준비하고 있고, 그들은 곳곳에 시한폭탄을 숨겨두었다. 엄청나게 넓은 장소의 어딘가에 폭탄들이 숨겨져 있다.'라는 상황을 가정하고, 어떻게 하면 폭탄들을 최대한 빨리 찾을 수 있을지 알아보기 위함이었다. 그리고 이를 경진 대회로 만든 것이었다. 이름 하여 '빨간 풍선 프로젝트'.

국방성은 2009년 12월 1일 아침, 미국 전역의 공공장소에 지름 2~3m의 빨간 풍선 10개를 띄웠다. 이것을 가장 빨리 전부 다 찾는 팀에게 상금을 주기로 한 것이다. 과제를 낼 때만 해도 미 국방성은 이 과제를 푸는데 아무리 빨라도 일주일은 걸릴 거라고 예상했다. 그러나 결과는 어처구니가 없을 정도로 예측을 빗나갔다. 8시간 52분 만에 모든 풍선을 '클리어'해버린 사람들이 나타난 것이었다. 그 주인공은 대테러 전문가도 아닌 MIT의 학생들. 그들은 애초에 160시간 이상 걸려야 정상인 문제를 어떻게 이리도 빨리 풀어낸 것일까?

이들은 대회가 시작되자마자 지인들과 주변인들에게 트위터와 페이스북을 통해 공지를 보냈다. "혹시 근처에 빨간 풍선이 보이면 알려달라. 사례로 2,000달러를 주겠다." 물론 여기까지는 누구나 생각해낼 법하다. 흥미로운 대목은 다음부터다. "만일 빨간 풍선이 보이지 않는다면 트위터나 페이스북을 통해 지인들에게 이 공지를 알려줘라. 만일 당신의 지인이 빨간 풍선을 찾으면 그 사람에게는 2,000달러를 주고, 공지를 전달한 당신에게는 1,000달러를 주겠다." 만일 이런 식으로 3명을 거쳐서 풍선을 찾는다면, 직접 풍선을 찾은 A는 2,000달러를 받고, A에게 공지를 전한 B는 1,000달러, B에게 공지를 전한 C는 500달러를 받게 되는 것이다. 이런 식으로 MIT 학생들은 10개의 풍선을 말도 안 될 정도로 신속하게 찾아냈다. 또 한 가지 중요한 건 돈도 밑지지 않았다는 점. 직간접적으로 풍선을 찾아준 이들에게 모두 사례를 한 뒤에도 2,000달러가량이 남아서, 그들은 이 금액을 자선단체에 기부했다.

미국이라는 광대한 땅 곳곳에 숨은 풍선을 직접 찾아내는 건 불가능에 가까운 무모한 시도다. 그러나 외부의 지인, 그리고 그것도 모자라 지인의 지인들을 이용하니 일이 너무도 쉽게 해결되었다. 이처럼 외부 자원을 활용했을 때의 효과는 상상을 초월할 정도로 막강해질 수 있다.

그러나 단순히 외부 자원을 활용하는 것만으로는 별 의미가 없다. 모든 이들이 기꺼이 나의 우군이 되어주지는 않기 때문이다. 이들을 어떻게 나의 역량으로 삼느냐가 관건이다. MIT 학생들은 '인센티브 가지치기'라는 획기적인 아이디어로 사람들을 이 프로젝트에 총동원시켰다. 이 시스템 덕분에 지인들과 지인들의 지인들, 그리고 또 그들의 주변 사람들이 가진 힘을 한데 모을 수 있었던 것이다.

이 문제는 기업에도 똑같이 적용된다. 기업은 다양한 방법을 통해 외부 자원을 활용해야 한다. MIT 학생 팀처럼 소셜 네트워크 서비스(SNS)를 이용할 수도 있고, 타 기업과 협력하여 신기술을 개발할 수도 있다. 아예 타 기업을 흡수해서 덩치를 불리는 방법도 있다.

자기 사업에 필요한 자원을 100% 보유한 기업은 사실상 없다고 봐야 한다. 하지만 나에게 없는 역량은 다른 누군가에게는 분명히 있다. 따라서 바깥의 자원을 나의 역량으로 삼기 위한 전략은 기업 성장을 좌우하는 가장 중요한 요소 중의 하나다. 이제부터 그 방법론을 하나하나 살펴보기로 하자.

황금알을
낳는 거위,
M&A

감나무에 유자나무를 접붙이면 수세가 왕성해지고 수명이 연장된다. 열매를 빨리 맺게 하거나 환경에 대한 적응도를 높이기 위해서도 접목을 한다. 배나무를 모과나무에 접목하면 결실 시기가 앞당겨지며, 추위에 약한 감나무를 고염나무와 접목하면 추운 곳에서도 재배할 수 있다. 이렇게 어린 나무는 접목을 통해 원래 가지고 있지 않던 힘까지 얻게 되고, 더욱 왕성하게 자랄 수 있다.

M&A도 마찬가지다. 기업이 외부 자원을 통해 새로운 성장동력을 얻을 수 있는 가장 대표적인 방법이다. 어린 나뭇가지를 다른 나무에 접붙이면 생장의 기회를 얻고, 특질이 다른 두 식물의 긍정적인 부분을 활용하여 더 많은 과실을 얻을 수 있다. 또 접목이 성공적으로 이뤄지면 악조건에서도 살아남는 강한 나무로 클 수도 있다.

로마 제국도 처음에는 보잘것없는 마을에 불과했다. 초기 로마는 자신들의 열악한 지적 기반과 한계를 뚜렷하게 느끼고 있었다. 그들은 약점을 극복하기 위해 정복지와 긴밀한 유착 관계를 맺어 하나의 연합체를 이뤄가는 전략을 구사했다. 정복한 땅은 정복지로서 통치하는 것이 아니라 또 하나의 로마로 존중하는 방식이다. 그들은 게르만 지역을 정복했을 때는 게르만 사람들에게 로마 시민과 동일한 권리를 부여했다. 그리스를 정복한 후에는 이들의 높은 문화를 수용하며, 그리스인들을 문화적, 정신적 스승으로 삼기에 이른다. 자녀들을 그리스에 유학 보내는가 하면, 그리스의 사상가를 로마로 초빙해 교육을 받기도 했다. 이렇듯 로마는 정복지를 무력으로 통치하지 않고, 접목을 통한 유착 관계를 이끌어내며 제국의 영속성을 유지했다. 로마의 갈리아 정벌에서 승리의 주역이 게르만 출신으로 편성된 기병대였다는 점도 주목할 만하다.

《위대한 기업, 로마에서 배운다》를 저술한 바 있는 김경준 딜로이트 컨설팅(Deloitte Consulting) 대표는 "로마인은 정복을 통한 식민지 확대가 아닌 연합 형성이라는 네트워크 확장의 개념을 창안했다."며 이를 현대 기업의 M&A에 비유했다.

M&A의 성장 효과를 입증하는 자료는 매우 많다. 다국적 컨설팅 기업 맥킨지(Mckinsey & Company)가 1999년부터 2006년까지 7년간 416개 기업의 경영 성과를 분석한 결과, 평균 10.1%의 매출 증가율을 보였다.

그런데 성장의 원천을 분석해보니 M&A가 3.1%로, 기업 성장에 30% 이상 기여한다고 나타났다. M&A를 통한 성장이 자체적으로 시장 점유율을 높이는 것보다 8배가량 높은 효과를 낸다는 뜻이다.

미국의 경제지 〈포춘〉은 글로벌 500대 기업 중 최근 10년간 1억 달러 이상의 규모로 M&A를 실시한 기업이 전체의 57.7%에 달한다고 밝혔다. 이 같은 M&A를 3회 이상 추진한 기업도 전체의 32.9%에 달했다. 또한 10년 동안 500대 기업으로 남아 있는 기업의 M&A 활용도는 순위권 밖의 기업에 비해 2배 가까이 높았다. 고성장을 이룬 기업과 M&A 간에 매우 의미심장한 관계가 있음을 암시하는 대목이다.

실제로 세계적인 기업들을 살펴보면 M&A가 결정적인 성장의 동력이 되기도 한다. 구글이 그 대표적인 예다. CEO 에릭 슈미트(Eric Schmidt)는 구글의 가장 큰 성장 비결이 '적극적인 M&A'였다고 고백했다. 기업 개발을 맡고 있는 데이비드 로위(David Lawee) 부사장 또한 '사업의 중요한 방향으로 공격적인 M&A 자세를 견지할 것'이라고 밝혔다.

M&A를 통한 핵심 기술 확보가 구글의 중요 전략이었고, 앞으로도 그럴 것이라는 얘기다. 구글의 경쟁력은 매우 정교하고 체계적인 광고 플랫폼에서 나온다. 그러나 이 기술은 구글이 자체적으로 개발한 것이 아니라, 거의 대부분 외부 기업 인수를 통해 획득한 것이다. 그들은 우선 2003년 인터넷 광고 회사 어플라이드 시맨틱스(Applied Semantics)를 인수했다. 당시 직원 45명에 불과한 이 회사를 인수하는 데 그들은 1억 200만 달러

를 쏟아 부었다. 현재 구글 매출액의 대부분을 차지하는 유료 광고 플랫폼의 토대를 마련하기 위해서였다. 또 2006년과 2007년에는 디마르크 브로드캐스팅과 더블클릭을 각각 인수해 인터넷 키워드 광고 개념인 '애드센스'라는 플랫폼을 확보했다. 그리고 2009년에는 모바일 광고 회사 애드몹을 인수해 강력한 모바일 광고 플랫폼인 애드몹 플랫폼을 확보하기에 이르렀다.

또한 구글이 2005년 안드로이드(Android)라는 신생 기업을 5,000만 달러에 인수했다는 것은 주지의 사실이다. 현재 구글이 사용하는 운영체제(OS)의 이름이 바로 이 기업명이다. 모바일 시장에 야심을 가진 구글에게 모바일기기의 두뇌와도 같은 운영체제는 매우 중요한 기술이었다. 그러나 모바일 운영체제는 업계에서도 생소한 개념이었고, 검색 엔진에 주력하던 구글에는 관련 기술이 전무했다. 그래서 모바일 운영체제 분야를 선점하고 있던 안드로이드를 인수한 것이었다. 이로써 구글은 모바일 시장에서 입지를 다지는 데 필요한 핵심 기술을 획득하게 되었다.

이러한 방식으로 구글은 창업 이후부터 14년간 100여 개 기업을 사들여 굴지의 IT 업체로 부상했다. M&A에 쓴 비용만 220억 달러가 넘었다는 사실은 구글이 M&A에 들인 공이 엄청났음을 보여준다. 인수합병이라는 전략을 통해, 그들은 미국 검색 시장의 70% 가까운 점유율을 차지하며 모바일 광고 시장을 선도하게 되었다. 게다가 구글의 스마트폰 운영체제인 안드로이드는 세계 모바일 운영체제 분야에서 64%의 점유율을 확보하기에 이르렀다.

이처럼 M&A, 즉 타 기업과의 접목은 기업의 성장에 지대한 영향을 미치는 전략이다. 하지만 나무를 접붙인 뒤에 성공적으로 유착시키는 것은 워낙에 어려운 작업이다. 그래서 숙련된 기술을 필요로 한다. 무엇보다도 식물의 특징을 정확히 이해하고 가장 적합한 접목 방식을 정해야 한다. M&A도 마찬가지다. M&A는 기업의 성장을 일구는 데 커다란 기여를 한다. 그러나 막대한 자금이 소요되며, 만에 하나 실패라도 하면 심대한 타격을 입을 수밖에 없다. 그렇기에 M&A를 하기에 앞서 목적을 명확히 세우고, 그 목적에 맞는 적합한 유형을 선택하는 것이 무엇보다 중요하다.

1. 외향적 성장을 위한 M&A

M&A의 목적은 한 마디로 '성장'이다. 그러나 이를 좀 더 세분하면 외향적 성장(Outward Growth)과 내향적 성장(Inward Growth)으로 구분된다. 먼저 외향적 성장에 대해 알아보자.

로마가 유럽의 각 지역을 정복해 연합체로 만든 이유는, 무엇보다도 로마 제국의 국경을 넓히고 세계에 대한 지배력을 키우려는 것이었다. 로마는 시초가 된 이탈리아 반도를 중심으로 유럽 내 라틴계 유사 민족들을 차례로 정복해나갔다. 그리하여 이탈리아, 에스파냐, 그리스 등 남유럽뿐 아니라 영국, 독일, 프랑스 등 서북부 유럽까지 장악했다. 또 아프리카나

아랍계 등 피부색이 다른 이종 민족도 정복해 리비아, 이집트, 팔레스타인, 시리아 등에 걸친 넓은 제국으로 세를 키웠다. 그리고 이를 통해 유럽에서 얻지 못하는 또 다른 자원을 거둬들였다. 로마 제국은 이렇게 외적인 세력을 키워 수많은 이권과 번영을 누리게 된 것이다.

기업도 외향적인 성장을 목적으로 M&A를 할 수 있다. 이때, 동종 시장이냐 타 시장이냐에 따라 형태가 또 나뉜다. 그중에서도 동종 시장에서 M&A를 단행하는 것은 시장 지배력을 높이겠다는 데 목적을 둔 경우다.

세계 최대 광고 회사 WWP의 사례를 살펴보자. 아일랜드에 본사를 둔 WPP는 미국 광고 전문지 〈애드버타이징 에이지*Advertising Age*〉가 집계한 세계 광고 회사 매출액 순위에서 1위를 차지한 광고 그룹이다. 또한 M&A를 통해 지배력을 강화한 대표적인 기업이기도 하다.

광고 회사는 광고주 확보가 실적에 직결된다. 따라서 광고업계에서는 M&A 역시 대형 광고주를 획득하기 위한 차원으로 볼 수 있다. WPP는 PR, 스포츠 마케팅, 인터넷 광고 등 광고주가 광고에 투자할 만한 모든 채널을 인수해 광고 시장의 거대한 제국을 만들었다. 1989년에는 전설적인 광고인 데이비드 오길비(David Ogilvy)가 창업한 오길비 그룹을 인수해 사세를 확장했다. 또 2000년에는 광고 마케팅 그룹인 Y&R을 광고 산업 사상 최대 규모인 35억 달러에 인수해 화제를 모았다. 그들은 여기에 시장조사 업체 TNS를 포함, 2008년 이후 무려 94건의 M&A를 추진해왔다. 이로써 그들은 유니레버, P&G 같은 대형 광고주를 확보하며 연평균

13.2%의 매출 성장을 일구어냈고, 광고업계에서 시장 지배력을 대폭 확대할 수 있었다. 그리고 2013년 현재, WPP는 110개국에 약 330개의 산하 회사를 거느리고 있다.

반면 새로운 시장의 회사를 인수하는 것은 '유망 시장 진출'에 목적을 두는 경우다. 얼마 전 나는 이런 질문을 받은 적이 있다. "헬스케어 시장 진출을 준비하고 있는데, 가장 좋은 시기는 언제인가?" 사실 산업이나 사업 특성에 따라 최적의 진출 시기는 다르다. 그러나 모든 여건이 같고, 사업 특수성이 없다고 가정하면 초기 단계가 가장 좋다. 유망하지만 잠재력이 드러나지 않은 시장이 있다면, 그 시장에 있는 주요 기업을 인수하는 것이 새 영역으로 길을 여는 좋은 방편이다.

세계 최대 에너지 기업 엑슨모빌(Exxon Mobil)은 지난 2009년 말 당시 '셰일가스'라는 다소 생경한 분야의 선두주자였던 XTO에너지를 무려 410억 달러에 인수했다. 셰일가스로 인해 세계 에너지 경제 지형에 변화가 일어날 것을 감지했기 때문이다.

셰일가스는 퇴적암층에 매장된 천연가스로, 석유를 대체할 무궁무진한 에너지원이라는 사실 때문에 각광을 받고 있다. 그래서 향후 에너지 업계의 관심이 이 분야에 쏠릴 전망이다. 업계 전문가들은 셰일가스로 인해 중동 원유에 대한 각국의 의존도가 점진적으로 줄어들 것으로 예견하고 있다. 앞으로 100년 동안 공급 가능한 셰일가스가 매장되어 있는 미국이

에너지 시장에서 막강한 지배력을 가질 것이라는 분석도 나오고 있다.

엑슨모빌의 CEO 렉스 틸러슨(Rex Tillerson)은 이와 관련해 "세계의 막대한 에너지 수요를 감당하기 위해 (업계는) 비전통적인 에너지 자원인 셰일가스로 전환해야 하는 결정적 순간에 있다."고 말했다. 엑슨모빌은 더 나아가 2012년 캐나다 에너지 기업 셀틱 익스플로레이션을 약 31억 캐나다달러에 인수했다. 그리하여 그들은 캐나다 대륙에 묻힌 셰일가스와 셰일오일 개발권까지 확보하기에 이르렀다. 이로써 엑슨모빌은 북미 최대 천연가스 업체로 부상했고, 셰일가스 관련 기술도 확보할 수 있게 되었다.

또한 내부 자원이 충분하지 않아 신 시장 진입에 어려움을 겪을 때도, M&A는 적잖은 효용을 발휘한다. 이때는 M&A가 시장 진입을 위한 교두보 역할을 할 수 있다. 이를테면, 제약 산업에서는 의사들에게 약품을 파는 유통망과 판매 인력의 확충이 절대적으로 중요하다. 그런데 이런 자원이 부족하면 아무리 혁신적인 제품이 있어도 수익을 내기까지 너무 오래 걸린다. 그럴 땐 이미 유통망과 인력을 충분히 보유하고 있는 업체를 인수하는 것이 빠른 길이다.

세계 최대 복제약품 기업 테바(Teva)가 2000년대 후반 일본 제약 시장 진출에 성공한 것이 좋은 예다. 일본 제약 시장은 기득권 세력이 굳건히 자리 잡고 있어 진입 자체가 쉽지 않다. 텃세가 어지간히도 세다는 얘기다. 또 의약품이 시장에 나오려면 효능·안정성 테스트 등 다양한 절차를 거쳐 정부의 판매 허가를 받아야 한다. 여기에 긴 시간이 소요된다는 점 또한 만만치 않은 장벽으로 작용한다. 판매망이나 영업 사원의 부재 또한 진입 장벽을 높이는 요소가 된다.

이 같은 난공불락의 일본 제약 시장을 테바는 어떻게 뚫어낸 걸까. 그 비결 또한 M&A에서 나온다. 테바는 제약업에 필요한 자원을 보유한 일본 제약 업체들을 하나둘 인수, 비교적 쉽게 일본 시장에 진입했다. 그런 뒤 2011년에는 일본 3위 제네릭(Generic, 특허 기간이 끝났거나 특허의 보호를 받지 않는 의약품) 업체인 다이요(大洋) 약품공업을 인수해 자회사로 만들었다. 그리고 2012년에는 2008년에 교와라는 일본 제네릭 업체와 50%씩 출자하여 만든 합작회사 '교와 테바'를 최종적으로 인수했다. 그리하여 2012년, 테바는 마침내 다이요 약품공업과 교와 테바를 합병하여 '테바 재팬'을 출범시켰다. 이 같은 테바의 일본 진출 전략은 '기초체력 증진 후의 시장 확대' 정도로 요약할 수 있겠다. M&A는 이처럼 잘만 수행하면 철옹성처럼 뚫기 힘들어 보이는 시장에도 어렵지 않게 안착할 수 있는, 훌륭한 기업 전략의 하나다.

2. 내향적 성장을 위한 M&A

기업의 성장에는 외향적인 것만 있는 게 아니다. 내향적 성장도 있다. 겉으로의 팽창보다 내면을 다지는 것이다. 로마 또한 영토를 넓히는 데만 치중한 게 아니라 내실을 강화하는 데도 힘썼다. 그들은 곡물이 풍부하지 않은 데다 종종 수급 불안까지 겪는 바람에, 땅덩어리에 비해 식량이 부족한 형편이었다. 그러나 일찍부터 밀을 재배하고 대농장이 발달한 시칠리아로부터 곡물을 들여와 식량 자원을 보강했다.

또 여러 지역으로부터 다양한 무기를 들여와 군사력도 증강했다. 예컨대 이탈리아 사비니 인과 연합체를 이루면서, 그때껏 사용했던 작은 아르고스 식 방패 대신 사비니 인의 둥근 대형 방패를 채용하기 시작했다. 이를 통해 전쟁에서 사상자가 줄어드는 효과를 얻었다.

여기에 에트루리아 인으로부터 도로 건설, 간척, 건물 건축 등의 기술을 배우면서 건축술까지도 쌓을 수 있었다. 이는 이후 로마가 유럽 전역에 수많은 도로를 그물망처럼 촘촘히 내는 데 중요한 역할을 하게 된다. 이밖에도 로마는 수학, 철학, 예술, 항해술 등 수많은 지적 문물과 기술 자원을 타 민족과의 연합을 통해 획득했다. 그러면서 대제국으로서의 강성함을 만방에 떨칠 수 있었던 것이다.

기업으로 말하자면 기술력이나 브랜드 같은 핵심 자원을 단기간에 확보하는 것이 M&A의 중요한 목적이 될 수 있는 것이다. 사실 기술이나 인력 등 자원을 자체적으로 개발하기에는 시간이 너무 오래 걸린다. 그러나 이미 이런 자원을 갖추고 있는 기업을 M&A한다면 신속하고 효율적으로 역량을 확보할 수 있게 된다.

특히 경쟁이 치열한 시장에서는 제품 하나 히트시키는 것도 여간 어려운 일이 아니다. 때문에 좋은 제품을 보유한 기업을 인수해 제품 포트폴리오를 확장하는 것도 매우 유리한 전략이다. 이와 함께 인접 영역의 사업을 흡수해 시너지를 내는 것 또한 기업 가치를 높이는 내향적 성장이라고 볼 수 있다. 구글, 애플, 시스코 같은 선진 기업들도 모두 M&A를 통해 사업에 필요한 역량을 확보했다.

지금까지 살펴봤듯이, M&A는 이처럼 기업의 성장에 막대한 영향을 주는 '황금알을 낳는 거위'와도 같은 전략이다. 그러나 기업의 실패에 지대한 영향을 주는 독이 될 가능성도 매우 높다. 많은 기업들이 섣불리 시도하지 못하는 이유다.

비즈니스계는 통상적으로 M&A의 성공률이 30%에 불과하다고 얘기한다. 한국거래소 자료에 따르면, 2006에서 2008년 사이에 M&A를 실시한 기업들의 4년 후 순이익 변동을 분석한 결과, 전체 평균 순이익 변동률은 −71.5%로 나타났다.

많은 기업들이 M&A로 인해 극심한 출혈을 겪고 있다는 뜻이다. 오죽하면 M&A 실무자들 사이에 'Mad하지(미치지) 않으면 M&A 할 수 없다'는 농담이 떠돌겠는가. 글로벌 석유화학 기업 바젤(Basell) 또한 마찬가지였다. 그들은 2007년 라이온델 케미컬(Lyondell Chemical)을 인수해 대형 화학 기업 라이온델 바젤을 탄생시켰으나, 이후 경영 환경 악화에 따른 부채를 감당하지 못하고 2009년 파산보호를 신청했다.

정리하면, M&A 또한 세계화처럼 딜레마를 돌파해야 성공할 수 있다는 얘기다. 추가적인 역량·자원의 확보와 높은 리스크 사이에서 우리는 또 다시 고민에 빠져야 한다. 기업과 기업의 결합은 나무의 접목 이상으로 어려운 일인 것이다. 그렇다면 이 결합의 성공률을 높이는 방법은 무엇일까. 이제부터 그 요령에 대해 하나씩 파헤쳐보도록 하자.

다이아몬드와
연필심의 차이

　　　　　　무색투명으로 반짝이는 진귀한 보석 다이아몬드와 연필심으로 사용되는 흑연에는 공통점이 있다. 둘 다 탄소(Carbon, 원소기호 C)로 이뤄져 있다는 점이다. 그러나 같은 탄소 덩어리인데도 하나는 지구상에서 가장 단단한 물질 중 하나이고, 다른 하나는 툭하면 부서지는 나약한 물질이다. 대체 무엇이 이런 천양지차를 만들어낸 것일까? 그것은 바로 결합 방식의 차이다. 두 물질 모두 탄소 원자의 결합으로 이뤄졌지만, 흑연은 단순히 원자들이 서로를 끌어당기는 인력에 의해 결합된 반면, 다이아몬드는 원자들이 '공유결합'이라 불리는 고차원적인 방식으로 결합되어 있다.

　공유결합은 2개의 원자가 서로 전자를 하나씩 방출하여 전자쌍을 형성하고, 이를 공유함으로써 생기는 결합이다. 쉽게 말하면 원자들이 내부

깊숙이 간직하고 있던 핵심 요소(전자)를 공유해서, 단순히 '붙은' 상태가 아닌 강하게 '섞인' 상태를 만드는 것이다.

또한 결합이 완성됐을 때의 형태를 보면, 흑연은 6각형의 벌집 구조로 된 평면(2차원)이 층층이 쌓여 있다. 아파트로 치면 옆집과는 이어져 있지만 위층이나 아래층과는 분리된 구조다. 반면 다이아몬드는 옆집뿐만 아니라 위·아래층과도 전방위적으로 연결되어 3차원적인 결합 구조를 띤다. 정리해보면, 다이아몬드는 핵심 요소를 공유하며, 전방위적이고, 일방향이 아닌 양방향 공유를 통해 강하게 결합된 형태라고 할 수 있다. 이 같은 다이아몬드의 구조는 '단단한 결합의 조건'을 시사한다.

이 공유결합적 성격은 접목에서도 매우 중요한 조건이다. 두 나무를 그냥 붙인다고 활착(活着)이 이루어지는 건 아니다. 제대로 접붙이지 못하면 오히려 둘 다 썩고 만다. 활착이 이뤄지게 하려면 두 나무의 껍질을 각각 깎아서 내부의 형성층(形成層)이 맞붙게 해야 한다. 형성층은 나무가 성장하고 줄기를 뻗어나가게 해주는 가장 중요한 부위다. 이 중요한 부위를 잇는 데 성공하면 캘러스(callus)라는 하나의 세포 덩어리가 형성된다. 이 캘러스가 만들어진 다음에야 비로소 영양분과 수분 공급, 세포분열 등 성장을 위한 협력이 시작된다. 이렇게 내부 깊은 곳에서 유착이 이뤄지면 아래쪽 나무에서는 수분을 올려주고, 위쪽 나무에서는 광합성 효과를 전달해주게 된다. 이러한 상호 의존성이 강해지면서 두 나무는 점점 완전한 하나의 나무가 되어가는 것이다.

로마인들이 정복지와 연합체를 이루는 방식에서도 공유결합적 성격을 발견할 수 있다. 로마는 정복지의 정권을 빼앗기도 했지만, 로마의 요직을 정복지의 유력자에게 내주어 통치권을 공유하기도 했다. 예를 들어, 로마의 명장 카이사르(Julius Caesar)는 갈리아를 정복한 후, 갈리아 실력자에게 로마 원로원 의석을 내줘 지도층에 편입시켰다. 또 로마의 황제 클라우디우스(Claudius)는 "국가 요직도 로마 밖에 사는 라티움 인에게 개방됐으며, 이탈리아 반도에 사는 사람들에게 개방되는 식으로 문호 개방의 물결이 확대돼왔다."고 했다.

정복자들은 대개 속국의 요직마저 빼앗아버리지만, 로마는 자국의 요직을 양보했다. 여기에 문화, 기술, 예술 등 전방위에 걸쳐 서로의 핵심 요소를 공유하며 함께 발전하는 구조를 이루었다. 당시 시대적 분위기로 보면 엄청난 아량을 베푼 셈이다. 역사적으로도 그보다 더 강력한 결합은 별로 없었을 것이다. 여기서 우리는 M&A의 성공 조건에 관한 힌트를 엿볼 수 있다.

1. 핵심 요소를 공유한다
2. 단편적이 아닌 전방위적으로 결합한다
3. 일방향이 아닌 양방향 공유를 한다

피터 드러커가 저서 《경영의 프론티어》에서 소개한 M&A의 성공 요건에도 이 같은 공유결합적 성격이 반영되어 있다.

첫째, 인수 기업과 인수 대상 기업 모두가 하나가 될 수 있도록 두 기업의 핵심을 공유해야 한다. 여기서 핵심이라고 하는 것은 핵심 역량이 될 수 있고, 핵심가치나 비전이 될 수도 있다.

애플 제품의 핵심은 '디테일'에 있다. 외형 디자인이나 터치감, 기기를 잡을 때의 느낌인 그립감 등 세밀한 부분에서 완벽을 추구하는 것이 애플의 핵심 강점이다. 애플은 기업을 인수할 때마다 항상 이런 디테일을 공유해왔다. 이를테면 아이폰의 최대 매력인 부드럽고 자연스러운 터치감은 1998년 설립된 핑거웍스(Fingerworks)라는 벤처기업의 기술이었다. 키보드, 마우스 없이 손으로 직접 만져보며 PC를 제어하는 기술을 개발한 이 기업을 2005년 애플이 인수한 것이었다. 여기에 애플 특유의 디테일 우선 문화가 결합되어 수많은 실험과 재개발을 반복, 보다 완벽한 터치 방식을 만들어낸 것이다.

아이패드용 칩(A4) 개발을 시도할 때도 마찬가지였다. 2008년, 애플은 모바일용 반도체 설계 기술을 가진 벤처기업 PA 세미콘덕터(PA Semiconductor)를 인수했다. 이때도 애플은 PA 세미콘덕터 출신 기술자들에게 디테일을 강조했고, 그럼으로써 애플의 소프트웨어를 세심하게 구현해낼 수 있는 독자적인 칩을 생산해냈다.

둘째, 인수 기업이 인수 대상 기업에 어떻게 기여할 수 있는지 생각해야 한다. 기업 M&A 과정에서는 대부분의 경우 '갑을 관계'가 형성된다. 그래서 인수 기업이 피인수 기업에게서 일방적으로 이득을 편취하는 불공정한 상황이 되기 일쑤다. 앞서 설명했듯이, 다이아몬드의 단단한 구조가 만들어지려면 2개의 원자가 똑같이 전자를 내놓아야 한다. 기업도 마찬가지여서, 쌍방적인 지원과 헌신이 전제되어야 한다. 인수 기업은 피인수 기업에게도 이익이 돌아갈 수 있도록 전폭적으로 지원해야 한다. 그래야 피인수 기업도 기꺼이 자신의 핵심 역량과 핵심가치를 공유할 것이다.

피터 드러커는 특히 "인수 기업은 1년 이내에 피인수 기업에서 최고경영진이 나올 수 있도록 하고, 직원들에게도 빠른 시간 안에 승진의 기회를 줘야 한다."고 강조했다. 그러면서 승진 기회를 인수 기업 직원들이 독점하면, 피인수 기업의 핵심 인재들이 급속도로 빠져나가게 된다고 경고했다.

시스코는 1991년 존 챔버스(John Chambers)가 전략 담당 CEO로 부임한 이후 150건 이상의 M&A를 통해 15년 만에 무려 3,000%의 성장을 이뤄냈다. 이처럼 성공적인 M&A를 이어갈 수 있었던 데는 피인수 기업 직원에 대한 충분한 배려가 있었다는 점을 빼놓을 수 없다. 시스코는 피인수 기업 핵심 인재들에게 막대한 스톡옵션을 제공하고, 임직원들이 M&A 이후 더욱 성장할 수 있도록 전폭적으로 지원했다. 무엇보다 통합 과정에 피인수 기업의 관리자들을 적극적으로 개입시켜, 양사 모두에게 유리한 합의를 도출하도록 했다. 피인수 기업의 인재들이 인수 초기부터 충분한 정보 제공과 공정한 대우를 받자, 그들은 결합된 조직에 더 큰 애착을 갖게 되었다. 피인수 기업 최고경영진의 70%가 시스코에 남아 있으며, 피인수 직원의 이직률이 시스코 직원들의 이직률보다 낮다는 점이 이를 증명한다.

셋째, M&A가 재무적 관점에서만 이뤄져서는 안 된다. M&A는 단순히 수익이나 비용만 따지는 과정이 아니다. 비전, 목표, 사업 전략 등 전방위적인 영역에서의 결합이다. 그렇기에 총체적인 접근 방식이 필요하다. 특히 인수 후 통합 과정에서는 사업 영역, 인사 정책, 조직문화 등 모든 면에서 재정비를 해야 한다. 이를 위해 전문가들은 '문화적 갈등을 줄이는 차원에서 양사의 인력으로 구성된 조정 팀을 설치해 운영해야 한다'고 말한다. 또한 피인수 기업의 제품이 인수 기업의 제품 점유율을 깎아먹는 '캐니벌라이제이션'(Cannibalization)이 발생하지 않도록 제품 포트폴리오를 다시 그려야 한다. 또한 가치 사슬의 연결 단계에서 업무가 중복되는 등 갈등이 생길 소지가 많기 때문에, 원점으로 돌아가 가치 사슬을 재배열할 필요도 있다.

하버드대학 마이클 포터(Michael Porter) 교수는 '기업이 M&A 등을 통해 신규 시장에 진출할 경우, 성공률을 높이기 위해 3가지 요소에 대한 검증을 철저히 해야 한다'고 주장했다. 그것은 '매력도 테스트'(attractiveness test), '진입 비용 테스트'(cost of entry test), 그리고 '시너지 테스트'(better off test)다.

1. 매력도 테스트

새롭게 진입하려는 시장이 얼마나 좋은 조건을 갖추고 있는지에 관한 테스트다. 신규 시장은 무엇보다 수익성이 좋아야 하며, 투자 이상의 수익을 창출할 수 있어야 한다. 성장성 또한 중요한 요소다. 만일 해당 산업의 성장 전망이 나쁘다면, 그 영역에 손을 뻗어서는 안 된다.

2. 진입 비용 테스트

매력도 테스트를 통과했다면 다음은 진입 비용 테스트다. 진입 비용이란, 새로운 영역에 뛰어들 때 진입 장벽을 넘기 위해 지불해야 할 비용이다. 신규 시장 진입은 이것을 감당할 수 있을 때 비로소 가능하다. 무리하게 자금을 끌어와 인수를 시도하면, 훗날 경영 환경이 변했을 때 기업이 매우 위험해질 수 있다. 매력적인 시장을 찾았다는 사실에 지나치게 흥분해 '매력적일수록 진입 비용도 높다'는 진리를 망각해서는 안 된다. 시장 진입에 대한 욕심으로 인해 진입 비용을 과소평가하거나 시장 매력도를 과대평가하는 실수를 범하지 말자. 먼저 정교한 '비용 편익 분석'(cost-benefit analysis)을 통해 이 테스트를 거쳐야 한다.

3. 시너지 테스트

2번째 테스트까지 통과했다면, 마지막으로 시너지 테스트를 거칠 차례다. 이는 신규 사업이 기존 사업 영역에 이익을 제공하는지, 또 기존 사업이 새로운 사업에 긍정적 효과를 미치는지 따져보는 과정이다. 기업을 인수할 때는 인수 기업과 피인수 기업 모두 서로에게 단순 가치 이상의 시너지를 제공하는지를 먼저 따져봐야 한다.

동맹
이상의 동맹,
전략적 제휴

예전에 CEO들을 대상으로 이런 설문조사를 한 적이 있다. 질문 내용은 '오늘의 내가 있기까지 가장 큰 힘이 된 습관은 무엇이냐'였다. CEO들이 가장 많이 꼽은 것은 '순망치한'(脣亡齒寒)이었다. '입술이 없으면 이가 시리다'는 뜻의 이 고사성어는, 타인이나 타 회사와 긴밀한 네트워크를 구축하는 것이 중요함을 의미하기도 한다.

성장을 위해 가장 필요한 것은 넉넉한 자본도, 탁월한 기술력도 아닌 외부의 지원군이라는 점을 CEO들이 직접 말해주는 결과였다. 설문에 응답했던 한 CEO는 인터뷰를 통해 이런 말을 했다.

사업을 홀로 하겠다는 것은 자살행위다. 시장에서 요구하는 자원을 모두 가지고 있는 회사는 없기 때문이다. 그러나 시선을 외부로 돌린다면, 자원은 지천에 널려 있다. 그래서 제휴가 필요하다.

　외부 자원을 이용해 성장을 이루는 방법이 M&A만 있는 것은 아니다. 동맹 관계 또한 중요한 성장 전략 중 하나다. 로마는 정복한 지역을 무조건 로마 제국에 복속시키려고만 하지 않고, 동맹 관계를 유지한 채 협력하는 경우도 많았다. 대표적인 것이 '소키'라 불리는 동맹시(同盟市)다. 소키는 로마로부터 자치를 허용 받아 독립적으로 운영되는 지역이다. 로마는 그들에게 로마에 동화되기를 요구하지도 않았고, 전쟁을 일으킬 때도 병력을 지원 받는 식으로 제한적인 도움만 받았다. 모든 국가를 로마 제국과

순망치한의 유래에 대하여

이 고사성어가 탄생한 배경은 춘추시대 말엽(기원전 655년), 중소국이던 괵나라와 우나라가 동맹을 맺고 당시 강대국이었던 진(晉)나라와 대치하고 있을 때였다. 대치 상황이 한참 이어지던 무렵, 진나라 헌공의 꾐에 빠져 괵나라가 우나라와의 동맹을 깨게 되었다. 그러자 진나라는 우나라와 괵나라를 차례로 공격해 무너뜨렸다. 괵나라와 우나라가 긴밀한 관계를 맺고 있을 때에는 진나라보다 우세했지만, 그 관계가 깨지자 힘이 약해져 진나라를 당할 수 없게 된 것이다.

똑같이 만들려면 매우 큰 비용과 인력이 필요했을 것이고, 자원을 아무리 쏟아 붓는다 해도 관리를 제대로 하지 못했을 것이다. 그러나 로마 제국은 이 같은 동맹 관계를 통해 효율적으로 국세(國勢)를 확대해나갈 수 있었다.

이러한 동맹을 비즈니스계에서는 '전략적 제휴'라 부른다. 피터 드러커는 '앞으로 기업이 갖추어야 할 가장 중요한 전략적 요소는 강력한 파트너십'이라고 말하며 제휴의 중요성을 시사했다. 전략적 제휴는 경쟁력이 없거나 실패한 기업들의 자구책이 아니다. IBM, GM, 도요타 등 세계적인 기업들이 성장을 위해 채택하는 방식이다. 〈포춘〉지가 선정한 500대 기업들 또한 평균 60건의 전략적 제휴를 체결하고 있는 것으로 나타났다.

전략적 제휴는 '기업 간 상호 협력 관계를 유지하여, 다른 기업에 대해 경쟁적 우위를 확보하기 위한 경영 전략'이다. 목적만 놓고 보면 M&A와 꽤나 유사하다. 유망 시장에 진출할 교두보로 활용할 수도 있고, 신제품 개발에 필요한 핵심 기술이나 판매·마케팅 역량 확보에도 요긴하다. 또는 프리미엄 브랜드를 보유한 기업과 제휴를 맺어 기업 이미지를 격상시킬 수도 있다. 실용적인 의류를 주로 다루는 H&M이 이탈리아 명품 브랜드 마르니(Marni)와 협력해 '마르니 at H&M'을 출시한 것이 대표적인 예다. 이처럼 전략적 제휴는 큰 맥락에서 서로가 필요한 것을 확보한다는 점에서는 M&A와 동일하다.

그러나 네트워크의 형태와 구축 방식은 전혀 다르다. 본질적으로 M&A는 결합을 전제로 진행되는 반면, 전략적 제휴는 각자의 현재 위치를 고수한 상태에서 부분적으로 네트워킹을 하는 방식이다. 수식으로 표현하면 전자는 '1+1=1', 후자는 '1+1=2'인 셈이다. 전략적 제휴는 서로의 소유권을 침해하지 않는 상태에서 서로에게 영향력을 행사하며 위험과 이익을 함께 나누는 관계다. 언젠가는 관계가 종료되는 '시한부적 성격'이 있어 그에 항상 대비해야 한다는 점도 특징이다. 그렇다 보니 '건설적인 관계를 어떻게 지속적으로 유지할 것인가'가 중요한 문제로 떠오른다. 이제부터 그 방안에 대해 살펴보기로 하자.

전략적 제휴의 형태 | 기술제휴, 컨소시엄, 합작회사

1. 기술제휴(Technical Cooperation) : 전략적 제휴의 가장 일반적인 형태다. 이는 기업 끼리 서로에게 필요한 핵심 기술을 라이선스 형태의 협약을 통해 공유하는 형태다. 노바티스(Novartis)와 이이데닉스(Idenix)의 B형 간염 치료제 기술제휴가 이에 해당한다. 세계 3대 제약사로 꼽히는 노바티스는 간염 치료제 분야에서 강력한 기술을 보유한 벤처기업 아이데닉스와 기술제휴를 맺었다. 조건은 노바티스가 아이데닉스에게 수수료를 지불하고, 아이데닉스는 노바티스에게 B형 간염 치료제를 개발해 제공하는 것이었다. 이 제휴를 통해 아이데닉스는 만성 B형 간염 치료제 '세비보'를 개발할 수 있었다. 그리고 그럼으로써 제품 포트폴리오 또한 강화할 수 있었다.

2. 컨소시엄(Consortium) : 기술제휴보다 규모가 크다. 기술제휴처럼 자원을 공유하면서도, 여러 기업이 하나의 사업체를 구축해 공동으로 운영한다는 것이 특징이다. 건설

업체들이 연합체를 이뤄 해외에 대규모 산업 단지를 건설하는 경우 많이 이루어진다. 포스코(POSCO)는 2000년 호주, 캐나다, 인도 등으로 진출하기 위해 신일본제철과 컨소시엄 형태의 전략적 제휴를 맺었다. 당시 철강 업계에서는 아르셀로미탈(ArcelorMittal) 등의 유럽 철강 회사들이 적대적 M&A를 통해 세력을 빠르게 확장하고 있었다. 게다가 이 업체들이 가격 덤핑이라는 카드까지 쓰면서, 다른 업체들에겐 원가 경쟁력이 매우 절실한 상황이었다. 그래서 포스코는 신일본제철과 탄광·광산 조업을 공동으로 운영하고, 신규 개발과 확장을 위해 공동 출자를 실시했다. 그 결과, 원료를 수입할 때 필요한 결재 시스템을 공동으로 사용하는 등 다방면에서 비용을 절감할 수 있었다. 더하여 공동 출자를 시작한 덕에 원료 구매처를 안정적으로 확보할 수 있었고, 원료 구매 비용도 줄여서 가격 경쟁력을 한껏 높일 수 있었다. 성공적인 컨소시엄의 좋은 예라 하겠다.

3. 합작회사(Joint Venture)**:** 기술 공유를 넘어 양사가 자금을 투자해 각각 지분을 갖고 신규 법인을 설립하는 형태다. 코닝(Corning)과 지멘스(Siemens)가 광통신 사업 확장을 위해 지코(Siecor)라는 합작회사를 설립한 것이 이에 해당한다.

성공적인 전략적 제휴를 위하여

기업 간의 결합을 약속하는 M&A를 '결혼'이라고 하면, 전략적 제휴는 '연애'라 할 수 있다. 결혼과 연애의 가장 큰 차이점은 다름 아닌 '거리감'이다. 결혼은 서로 다른 가정이 만나 하나로 뭉쳤기 때문에 명목상 둘 사이의 거리는 없어졌다고 봐야 한다. 그러나 연애는 다르다. 둘 사이에는 분명 일정한 거리가 존재한다. 그리고 이 거리를 제대로 파악하는 것이 관계 발전의 지름길이다. 가령 사귄 지 한 달밖에 되지 않았는데 상대가 아파트를 공동명의로 구입하자고 한다면 굉장히 부담이 된다. 공동명의로 그런 큰 물건을 사기에는 아직 둘 사이의 거리가 멀기 때문이다. 그 거리를 침범해서 무리한 요구를 한다거나, 상대를 일방적으로 소유하려고 한다거나, 반대로 지지부진하게 거리를 좁혀주지 않아서 상대를 애타게 만들면 관계는 흐지부지해지기 쉽다. 연애의 핵심은 거리 조절이다.

전략적 제휴를 할 때도 마찬가지로 거리를 잘 조절해야 한다. 런던비즈니스스쿨 게리 하멜 교수는 "제휴는 또 다른 형태의 경쟁이다."라고 언급하면서 거리의 존재를 인정했다. 그러면서 '서로의 거리를 유지하는 과정에서 일어나는 적당한 갈등은 자연스러운 일'이라고 했다. 전략적 제휴는 양측이 서로간의 거리를 인정한 상태에서 필요한 것을 주고받는 관계다. 그렇다면 거리를 잘 유지하기 위해서는 구체적으로 어떻게 해야 할까?

미국의 저명한 심리학자 스캇 펙(Scott Peck) 박사는 저서 《아직도 가야 할 길》에서 '나를 성장시키는 관계의 기술'을 설명했다. 그는 '인간은 누구나 자아 영역을 확장하는 데 한계가 있는데, 타인과의 관계 맺음을 통해 이 한계를 뛰어넘을 수 있다'고 말했다. 관계 맺음은 단순히 친해지는 것만을 의미하지 않는다. 상대방에게 쏟아 붓는 심리적 에너지, 즉 카덱시스(Cathexis)가 필요한 행위다. 상대를 사랑하고, 상대에게 몰입하면서 상대와 자신을 심리적으로 일치시켜야 관계가 진전된다는 뜻이다. 이 과정에서 자아 영역은 점진적으로 넓어지게 된다. 다시 말해 나를 성장시켜주는 관계는 상대에게 몰입하고, 에너지를 쏟아내는 카텍시스가 있는 관계다.

그런데 상대에게 에너지를 쏟는 것이 무조건 좋은 것만은 아니다. 카텍시스의 개념을 처음 정립한 프로이트(Sigmund Freud)는 '카텍시스가 지나치면 상대에게 흠뻑 빠져 자아를 상실하는 부작용으로 이어질 수 있다'고 했다. 특정 여성에게 지나치게 애착을 보이는 집착증 남성이나 스토커처럼 소모적이고 파괴적인 관계로 변질될 수 있다는 것이다. 프로이트는 이를 억제하는 반카텍시스(Anti-Cathexis)의 필요성을 언급했다. 카텍시스가 에너지를 쏟는 것이라면, 반카텍시스는 이를 절제하는 것이다. 정리하면, 건설적인 관계를 만들어가는 거리 조절은 카텍시스와 반카텍시스의 균형 조절과도 같다. 기업도 이러한 균형 조절을 통해 건전한 성장을 경험할 수 있는 것이다. 게리 하멜 교수는 이와 관련해 다음과 같은 말을 남겼다.

상대와 조화를 이루려면 자원을 공유해야 한다. 하지만 모든 자원을 공유하는 것은 어리석은 일이며, 교환할 정보와 지식을 객관적으로 관리해야 한다

이쯤 되면 구체적인 제휴 전략에 대한 실마리를 잡을 수 있을 것이다. 그 실마리는 'Give, Take, and Keep'으로 요약될 수 있다. '주고, 받고, 지켜라'는 뜻이다. 지금부터 이 3가지 실마리에 대해 하나씩 자세히 알아보도록 하자.

첫째, 모든 관계의 시작은 'Give'다. 주는 게 없으면 받을 수 있는 것도 없다. 게리 하멜 교수는 "성공적인 제휴를 위해서는 기초 연구, 제품 개발, 기술, 제조 능력, 유통망 등 특출 난 무언가를 제공할 수 있어야 한다."고 했다. 상대 기업에게 필요한 부분을 충족해야 제휴는 성공적으로 진행된다. 가령 한쪽은 신기술 습득을, 또 다른 쪽은 리스크 회피를 원한다면 서로 무엇으로 해결해줄 수 있는지 구체적으로 따져봐야 한다. 무엇보다 상대의 성장을 돕겠다는 의지가 충분히 있어야 한다. 시늉만으로는 시너지가 나지 않기 때문이다.

세계적인 제약 회사 노바티스가 당시 소규모 벤처기업에 불과했던 아이데닉스와 맺은 제휴가 모범적인 예라 할 수 있다. 이때 노바티스는 성공적인 제휴를 위해 아이데닉스에 전폭적인 지원을 아끼지 않았다. 그들은 아이데닉스에게 계약 선불금으로 7,500만 달러를 지급하면서 기술 개발을 지원했고, 아이데닉스의 장기적 재무 안정성을 보장하기 위해 상당량의 지분을 인수해주는 파격적인 조건을 내걸었다.

둘째, 뭔가를 주었다면 다음은 상대의 것을 받을(Take) 차례다. 제휴를 통해 기업이 획득할 수 있는 이점은 매우 다양하다. 그중에서도 가장 큰 이점은 상대의 강점을 습득할 수 있다는 것이다. 게리 하멜 교수는 제휴를 '배움의 기회'라고 표현했다. 제휴를 할 때 중요한 것은 '지분을 얼마나 확보하느냐'가 아니라 '상대에게서 얼마나 많은 것을 배울까'다. 제휴에 성공한 기업들은 제휴를 '상대편의 능력을 속속들이 들여다볼 수 있는 창'으로 생각한다. 상대 기업 내부에 가까이 접근할 수 있어서 쉽게 벤치마킹할 수 있다는 점이 제휴의 가장 큰 이점이다.

도요타와 GM 또한 그러했다. 1900년대 중반, 도요타는 GM과 손을 잡고 50:50으로 지분을 나눠 누미(NUMMI)라는 자동차 회사를 세웠다. 자동차 시장에서 걸음마 단계였던 도요타에게는 세계에서 가장 선진화된 GM의 제조 능력을 가까이서 관찰할 수 있는 절호의 기회였다.

이에 덧붙여 하멜 교수는 '제휴를 통해 새로 얻은 지식을 조직 전체로 확산할 때 그 가치가 커질 것'이라고 강조했다. 제휴를 통해 정보와 지식을 얻었다면, 그것을 관련 부서나 조직원과 활발히 상호작용하면서 공유하고 확산시키는 것이 중요하다는 얘기다.

전략적 제휴 과정에서 마지막으로 해야 할 것은 'Keep', 즉 지키는 것이다. 물론 제휴가 성공하려면 파트너 사에게 자사의 기술과 역량을 성의껏 제공해야 한다. 다만 핵심 기술만큼은 완전히 노출되지 않도록 적절히 차단할 필요가 있다. 다시 말해 지켜야 할 기밀은 지켜야 한다는 것이다.

제휴를 통해 다른 경쟁 업체들이 누릴 수 없는 혜택을 얻으려면, 적정 수준의 기술 공유가 이뤄져야 하는 건 맞다. 하지만 그 '적정 수준'의 경계가 아주 모호하다는 것이 문제다. 까딱하다간 가장 중요한 기술을 넘겨줘서 상대방만 좋은 일을 만들어줄 수도 있기 때문이다. 따라서 기업은 자사의 첨단 기술을 제휴 업체에게 어느 선까지 보여줄 것인지 신중하게 결정해야 한다. 가령 제휴 범위를 회사가 보유한 특정 기술로 한정 짓거나, 제품 전체 라인이 아닌 특정 라인만 공유한다는 방침이 필요하다. 혹은 유통망의 범위를 제한하거나 한시적으로 허용하는 방법도 고려할 필요가 있다.

또한 공개할 의도가 없는 기술이 비공식적인 경로를 통해 상대 업체에게 넘어가는 일이 없도록, 보안 대책에도 만전을 기해야 한다. 게리 하멜 교수는 '의도하지 않았던 기술이 실무 단계에서 유출되는 것을 막기 위해서는, 제휴 업체에게 넘겨도 무방할 정보와 그렇지 않은 정보를 가려줄 게이트 키퍼(Gate Keeper)가 필요하다'고 언급했다. 일본 굴지의 전자기기 업체 후지쯔(富士通)의 여러 제휴 업체들은 정보나 도움이 필요할 때 '후지쯔 내 합작 팀'이라는 단일 통로를 이용한다. 이런 방법을 통해 후지쯔는 핵심 정보와 기술의 유출을 효과적으로 방지하고 있다.

이처럼 전략적 제휴는 단순한 기술이나 노하우의 교환이 아니라, 기업 간 상호 학습을 통해 모두가 성장하는 방식이어야 한다. 처음에는 양측이 협력해야 하지만, 결국은 홀로 싸울 수 있는 경쟁력을 갖춰야 한다. 전략적 제휴는 그럴 때에야 비로소 의미를 갖는다. 그렇게 되어야 진정한 윈-윈(Win-Win)을 이룰 수 있다는 점을 잊지 말자.

화이부실,
실속부터
챙겨라

SERICEO에는 '시애라'라는 CEO 산행 모임이 있다. 이 모임에서는 50~60명의 CEO들이 산행에 참여한다. 몇 해 전 이 모임에서 등반을 하던 중, 강정원 서울종합과학대 교수가 매우 흥미로운 이야기를 꺼냈다. 과거 금융 분야 실무직에 몸담던 시절, 그는 중요한 거래를 할 때 반드시 거래처 사장의 집무실을 방문했다고 한다. 그러면서 그는 '사장들의 집무실은 꼭 두 종류로 나뉜다'고 말했다. 하나는 소소한 책과 자료들로 가득한 곳이고, 다른 하나는 휘황찬란한 상장과 트로피로 장식된 곳이다. 그는 상장과 트로피가 사장의 집무실을 가득 메우고 있는 회사와는 거래를 잘 하지 않는다고 한다. 사장이 겉으로 드러나는 것을 중시한다는 얘기인데, 이런 회사 중에 의외로 '허당'이 많다는 것이다. 강 교수의 이야기는 공자가 《좌씨전》에서 했던 이야기와 일맥상통한다.

중국 춘추전국시대 진(晉)나라에 양처보라는 사람이 있었다. 양처보가 위나라에 외교 사신으로 갔다가 돌아오는 길에 영읍이라는 지역을 지나게 되었다. 양처보는 그곳의 한 주막에 머무르며 주막 주인과 나랏일에 대한 이야기로 밤을 지새웠다. 그러던 중, 양처보는 지지자가 필요했기에 주막의 주인에게 제안했다.

"뜻을 함께 하여 나라를 위해 일하자."

주막 주인은 양처보의 당당한 모습과 비범한 행동에 매료되어, 아내에게 작별을 고하고 그와 함께 떠났다. 그런데 그리 멀리 가지 않아 주막 주인은 다시 집으로 돌아왔다. 아내가 물었다.

"집을 나간 지 얼마 되지도 않았는데 왜 다시 돌아오나요?"

그러자 주막 주인은 이렇게 대답했다.

"차화이부실 원지소취야(且華而不實, 怨之所聚也)라. 꽃은 화려하지만 열매를 맺지 못하는도다. 양처보는 겉은 번지르르하지만 덕이 없고, 성격이 지나치게 강하며 편집적인 인물이오. 내실이 없는 자가 큰일을 맡고 있으니 머지않아 재앙을 당할 것이오."

양처보는 이로부터 1년 뒤에 살해됐다.

이 이야기의 교훈은 외화내빈(外華內貧), 즉 '겉만 번지르르하고 속은 텅텅 비어 있는 것'을 경계하라는 말이다. 도산 안창호 선생 또한 나라가 잘되려면 무실역행(務實力行)이 필요하다며 내실을 강조했다. 즉 '책임을 다하면서(務), 실속 있게(實) 힘써서(力) 행하라(行)'는 얘기다.

이상의 이야기들이 전하는 메시지는 모두 똑같다. 겉치레를 삼가고 실속을 추구하라는 것이다. 기업 역시 실속이 우선이다. 경영의 신으로 추앙받는 이나모리 가즈오(稲盛和夫) 교세라(京セラ) 전 회장은 이와 관련해 '경영의 원점은 이익'이라고 강조했다. 심지어 '10% 이상의 이익이 안 나면 회사가 아니다'라고까지 못 박았을 정도다. GE의 전 회장 잭 웰치 또한 '기업의 존재 가치는 수익성과 결부된다'고 강조했다. 즉, 기업이 가장 먼저 챙겨야 할 실속은 '수익성'이다. 수익은 기업의 최종적인 성과이자 생존의 밑거름이다. 아무리 시장 점유율을 넓히고 거대한 성장을 이뤄도, 수익을 못 내면 말짱 도루묵이다.

아니, 앞에서는 고수익보다 고성장 기업이 가치가 높다고 해놓고 왜 이제 와서 수익 타령이냐고? 물론 장기적으로는 고성장을 바라봐야 하는 것이 맞다. 그러나 성장도 기본적인 수익이 전제되어야만 의미가 있는 법이다. 실제로 커다란 성장을 일구었으나 수익을 내지 못해 손해가 누적되어 도산하는 기업도 많다. 수익은 또한 성장의 중요한 원천이 되기도 한다. 수익이 뒷받침되어야 창조 제품 개발을 위해 재투자를 할 수 있고, 우수 인재도 마음껏 육성할 수 있기 때문이다.

그렇다면 수익성을 높이는 방법은 무엇일까? 이나모리 가즈오 전 회장은 수익성을 높이는 방법은 복잡할 필요가 없다며 아주 간단한 원칙 하나만을 제시했다.

매출은 최대로, 비용은 최소로

어떻게 보면 할 말이 안 떠오를 정도로 당연하고, 어쩌면 하나마나한 소리일 수도 있다. 그러나 그렇기 때문에 누구도 절대 간과해서는 안 되는, 가장 정확한 전략인 것이다. 게다가 이 '당연한' 원칙조차 제대로 지키지 못하는 기업이 부지기수라는 사실을 돌아보면, 이 말이 의미하는 바를 좀 더 깊이 곱씹어볼 필요성을 느낄 수 있을 것이다.

먼저, '매출은 최대로'라는 말에서 매출은 판매량과 가격의 곱이다. 그렇다면 기업은 먼저 판매량을 늘려야 한다. 대단히 미학적인 제품을 만들거나, 광고 마케팅을 늘리고, 유통 경로를 확대해서 더 많은 사람들이 제품을 사게 만들어야 한다. 그리고 다음으로는 소비자가 인정하는 한도 내에서 최대한 높은 가격을 책정한다. 또 '비용은 최소로'라는 말은 불필요한 경비를 제거하고 효율성을 추구함으로써 달성 가능하다. 후에 설명하겠지만, 기업의 비용은 크게 2가지로 나뉜다. 그러나 여기서는 그냥 '비용'으로 뭉뚱그려 설명하겠다.

지금까지 살펴본 바를 정리하면, 기업이 수익성을 높이기 위해서는 3가지 레버를 조정해야 한다. 바로 '판매량', '가격', '비용'이라는 레버다. 그렇다면 이 3가지 중 수익성 증대에 가장 크게 기여하는 것은 무엇일까? 이 질문은 독자 여러분에게 숙제로 남기도록 하겠다.

고정비용과 유동비용

기업의 비용은 크게 '고정비용'과 '유동비용'으로 나뉜다. 고정비용은 생산량의 증감에 관계없이 변하지 않는 고정적인 비용이다. 이를테면 일반 관리비, 급여, 보험, 이자 등이 있다. 반면 유동비용은 생산량에 따라 바뀌는 가변적인 비용이다. 원재료, 동력비, 임시직 급여 등이 이에 속한다.

이런 비용을 최소화하는 데는 여러 방편이 있다. 우선, 고정비용을 줄이려면 각종 금융기관의 이자율을 비교분석하여 더 낮은 금리로 융자를 받는 것이 좋다. 또 유동비용을 낮추고 싶다면 제조에 사용되는 부품, 원재료를 저비용으로 교체할 수도 있다. 고정비용과 유동비용을 모두 절감하는 방법으로는 기업의 비핵심 영역에 대해 적극적으로 아웃소싱을 하는 것이 있다. 또 조직 내에서 분야별, 업무별 가치 창출 정도를 파악하여, 가치 창출도가 낮은 업무 영역의 비용을 줄이는 대책도 고려해봄이 바람직하다.

예전에 종로 파고다 공원 근처에 떡갈비를 파는 포장마차가 있었다. 앞을 지나가면서 보면 항상 문전성시를 이루는 곳이었다. 장사가 하도 잘되기에 비결이 궁금해서, 하루는 그곳의 떡갈비를 직접 먹어봤다. 그런데 속에 떡이 들어 있는 갈비 꼬치의 맛이 기가 막힌 것이었다. 하지만 사람들이 항상 떡갈비를 양껏 먹고도 꼬치 여러 개를 싸들고 가는 걸 보면, 인기의 비결이 맛에만 있는 건 아닐 듯싶었다. 이곳엔 맛 이상의 무언가가 분명 있는 것이었다.

알고 보니 비결은 다름 아닌 메뉴판이었다. 이곳의 메뉴판에는 떡갈비가 하나에 1,000원이라고 적혀 있다. 3개를 사면 조금 깎아서 2,500원이다. 그런데 재미있는 건 5개를 살 때는 또 5,000원이라는 점이다.

뭔가 이상하다. 3개 살 때는 할인해주는데 5개 살 땐 원래 가격을 다 받다니? 나는 아저씨가 실수로 잘못 적은 것이려니 생각하고 슬쩍 운을 떼어봤지만, '원래 이렇게 팔아요'라는 대답만 들었을 뿐이다. 아무리 그래도 그렇지, 이렇게 어처구니없게 장사를 하실 리는 없을 텐데. 나는 뭔가 다 생각이 있어서 이렇게 적어놓았겠지 싶어 주인을 귀찮게 물고 늘어졌다. 주인이 마지못해 던진 대답은 이것이었다.

"지금까지 5개를 판적은 한 번도 없어요. 그렇지만 한두 개만 판적도 거의 없어요."

나는 그게 무슨 말인지 잠시 생각하다가 무릎을 탁 쳤다.

아하! '5개에 5,000원'이라는 말은 바람잡이였던 것이다. 이 포장마차에서는 3개 아니면 6개가 가장 많이 나간다. 왜냐? 한두 개 먹으면 하나에 1,000원이요, 너덧 개 먹어도 하나에 1000원이다. 오로지 3의 배수만큼만 먹어야 500원씩 저렴해진다. 그러다 보니 한두 개 먹을 사람은 3개를 사게 되고, 너덧 개 먹을 사람은 6개를 사게 되는 것이다.

꼭 1~2개씩을 더 먹게 만드는 엄청난 심리 플레이의 묘수. 이 주인은 비록 작은 장사를 하고 있었지만 가격의 본질을 정확히 꿰뚫고 있었다. 사람들은 가격에 민감하다. 비싼 걸 싫어하고, 싼 걸 좋아한다. 더 정확하게 말하면 '싸게 느껴지는' 것을 더 좋아하고 많이 사간다. 이 주인은 바람잡이 가격을 써 붙임으로써 사람들의 마음을 움직인 것이다.

183페이지에 등장한 질문이 기억나는가? 판매량, 가격, 비용 중 수익성에 가장 큰 기여를 하는 것은 무엇이냐는 질문 말이다. 여러분은 그 답이 무엇이라고 생각하는가?

답을 너무 일찍 공개해서 미안하지만, 그것은 바로 가격이다. 미국 와튼 스쿨의 자그모한 라주(Jagmohan Raju) 교수는 다른 요인이 모두 고정되어 있다고 가정할 때, 기업이 판매량을 1% 늘릴 경우 수익성은 3.3% 향상된다고 밝혔다. 또 변동비용을 1% 감축하면 수익성은 6.52% 증가한다. 그런데 가격을 1% 조정하면 기업의 수익은 무려 10.3% 증가한다. 판매량을 늘릴 때와 가격을 올릴 때의 수익성 향상률이 무려 3배나 차이 나는 것이다.

그래서 이나모리 가즈오는 '가격 결정은 기업의 운명을 좌우하는 가장 중대한 사안'이라며, '가격 결정 자체가 경영'이라고 단언했다. 신규 시장 개척도 결국 그 시장의 소비자가 지갑을 열어줄 때 결실을 거둘 수 있는 법이다. 소비자들의 구매 의사 결정에 가장 크게 영향을 주는 것은 가격이다. 그렇기에 가격은 기업의 성장 전략을 완성하는 화룡점정(畵龍點睛)이라고 해도 과언이 아니다. 가즈오 회장이 '가격 결정 자체가 경영'이라고 못 박은 것은 이 같은 이유에서다.

한편, 그는 '이익을 낼 수 있는 가격을 결정하는 것은 낙타가 바늘구멍을 지나는 것과 같다'고도 주장했다. 최적의 가격을 정하는 것은 대단히 중요하지만, 그만큼 지난한 일이기도 하다는 뜻이다. 그렇다면 대체 가격을 어떻게 정해야 소비자들도 만족시키고 수익성도 극대화할 수 있을까?

가격을 결정하는 과정은 마치 '펜로즈 계단'(Penrose's stairs)과도 같다. 펜로즈 계단은 이론물리학자 로저 펜로즈(Roger Penrose)가 제안한 개념으로, 가도 가도 끝이 없는 일종의 '무한계단'이다. 이 계단은 아주 강한 역설을 내포하고 있다. 여기서 시계 방향으로 한 계단 이동한다면 올라가는 것일까, 아니면 내려가는 것일까? A에서 B로 이동하는 것은 분명한 계단 내려가는 행위다. 그러므로 일견 A가 B보다 높아 보인다.

그런데 B에서 다시 시계방향으로 한 바퀴 돌면서 계단을 내려가 보자. 그러면 그 끝에 다시 A가 나타난다. 그렇다면 B에서 계속 내려가서 A가 나왔으니 B가 A보다 높다는 얘기가 된다.

결국 종합하면 한 계단 움직이면 내려가는 것이기도 하고, 동시에 올라간 것도 된다. 이처럼 '내려갔으나 동시에 올라가게 되는' 오묘한 이중성을 품고 있는 것이 펜로즈 계단이다. 이 역설의 미학 때문에 펜로즈 계단은 예술 세계에서도 자주 접할 수 있다.

가격도 마찬가지로, 올리면 다른 변수를 조정할 때보다 수익성이 높아진다. 그러나 제품이 비싸지면 소비자들이 덜 사게 되고, 판매량이 감소하면 수익도 낮아진다. 결국 가격을 한 계단 올리는 것은 수익성을 높이면서 동시에 떨어뜨릴 수도 있는 이중성을 지니는 것이다.

하지만 펜로즈 계단에는 한 가지 전제가 있다. 2차원(평면) 공간에서만 존재하고 3차원(입체) 공간에서는 존재할 수 없다는 것이다. 3차원 세계에서는 한쪽 방향이 올라가는 방향이면 반대쪽은 내려가는 방향이어야

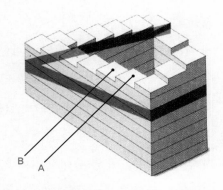

눈이 빙빙 돌아가는 오묘한 무한루프 펜로즈 계단

한다. 그러므로 2차원 공간에서는 방금 살펴본 이중성(혹은 역설)이 성립하지만, 3차원 공간에서는 성립되지 않는다. 다시 말해, 입체적으로 생각하면 역설은 저절로 해결되는 것이다. 가격 결정을 할 때도 평면적·일률적이 아닌, 입체적·탄력적 접근 방식이 필요하다는 이야기다.

제품의 생애주기에 따른 가격 전략

인간과 마찬가지로 제품도 몇 가지의 성장 단계를 거친다. 제품은 개발되어 시장에 출시되기부터 경쟁 제품으로 인해 시장에서 쇠퇴하기까지 도입기, 성장기, 성숙기, 쇠퇴기의 4단계를 거친다. 이 모든 과정을 통틀어 '제품생애주기'(Product Life Cycle)라 부른다.

제품의 가치는 시간에 따라 다르다. 시장에 갓 나온 스마트기기와 2년 지난 기기의 가치가 같을 수는 없다. 따라서 가격은 생애주기 별로 다르게 매겨야 옳다. 특히 도입기의 가격 결정은 제품의 향후 수익성에 큰 영향을 미친다. 제품을 내놓은 시점부터 너무 높은 가격을 매기면 판매가 충분히 이뤄지지 않아 처음 얼마 동안은 수익을 거둬들일 수가 없다.

반대로 가격을 너무 낮게 잡으면 당장은 판매량을 채울 수 있어도, 장기적으로 충분한 수익을 내기가 어렵다. 또한 선발 제품의 가격은 후속 제품의 참고 대상이 되기도 한다. 그렇기에 시작부터 가격이 너무 낮으면 후에 가격을 올리는 데도 큰 무리가 간다. 그러므로 도입기의 가격은 후속 제품 출시까지 염두에 두고 장기적 관점에서 정해야 한다.

만일 단시일 내에 시장 지배력을 확대하고 싶다면, 저가로 공격적 시장 침투 방식을 추구할 수도 있다. 가령 소니는 이제 누구나 이름만 대면 알 만한 비디오게임 기기 '플레이스테이션'(PlayStation)을 처음 출시했을 때, 가격을 원가보다도 낮게 책정했다. 빠른 보급과 확산이 목표였기 때문이다. 보다 많은 가정에 기기를 보급하여 향후 플레이스테이션용 게임을 활발히 판매한다는 전략이었다. 실제로 저렴한 가격 덕분에 플레이스테이션은 각 가정에 급속히 확산되었고, 소니는 향후 게임 CD를 판매하면서 10~30%씩의 높은 로열티를 받아 고수익을 챙길 수 있었다.

만일 고부가가치 기술이나 프리미엄급 브랜드를 추구하는 제품이라면 높은 가격을 제시해 브랜드 가치를 구축할 수도 있다. 2007년 6월, 애플의 야심작 아이폰이 최초로 세상에 모습을 드러냈을 때 가격은 북미 시장

기준으로 599달러였다. 이는 이미 출시된 다른 휴대폰들에 비해 2배나 비싼 것이었다. 하지만 후에 아이폰이 세계적인 제품으로 각광을 받자, 이런 비싼 가격이 아이폰의 가치를 드높였다는 분석도 나오기 시작했다.

제품이 나오고 얼마간의 기간이 지나면, 소비자들에게 가치를 인정받고 시장에서 발판을 마련하는 성장기에 접어든다. 이 시기에는 제품 판매량이 상승하면서 기업이 규모의 경제를 서서히 실현할 수 있게 된다. 이때 시장의 성장 잠재성이 매우 높다면, 성장 가속을 위해 가격을 인하해 점유율을 높이는 방안을 추구할 수 있다. 애플은 2007년 아이폰이 엄청난 인기를 끌자 두 달 만에 가격을 낮추고 대량생산에 들어갔다. 생산 속도는 시장의 성장 속도와 어우러져, 애플이 스마트폰 시장의 최강자로 발돋움하는 데 커다란 공헌을 했다.

반대로 시장 점유율을 조기에 확보한 상황이라면 가격 인상으로 수익성을 높일 수 있다. 세계적인 정유사 스탠더드 오일(Standard Oil) 또한 1930년대에 저가 정책으로 시장 지배력을 높인 뒤, 점진적으로 가격을 올려 고수익을 거두었다.

성장기에서 세월이 더 흐른 다음에는 성숙기가 온다. 성장기에는 수익의 원천이 판매량 증가였으나, 이때는 판매량이 제자리걸음하거나 하락하게 된다. 또 소비자의 가격에 대한 민감도도 매우 높아진 상황이어서

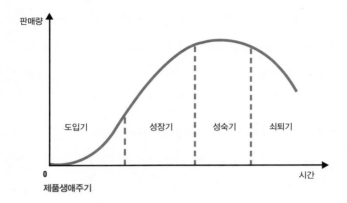

이 시기에는 효율성을 추구해야 한다. 예를 들어 ERP 업체에서 그간 소프트웨어, 기술 교육, 유지 보수 등의 ERP 상품 패키지를 판매했다면, 판매량이 줄어드는 성숙기에는 이를 부문별로 나누어 서로 다른 가격으로 판매하는 방식을 고려해볼 수 있다.

성숙기 이후로 시간이 흐르면 시장의 흐름에 큰 변화가 이는 때가 온다. 그러면 수요는 더욱 빠르게 줄어들어 결국 소멸하게 된다. 이 시기가 제품의 쇠퇴기다. 또한 시장이 쇠퇴하기 때문에 경쟁자들의 진입 비율도 감소한다. 이때는 옥석을 가리는 작업이 중요하다. 수익성 높은 제품군은 남기고 나머지를 축소해야 하는 것이다. 가격은 남아 있는 제품이 현재의 시장 점유율을 지킬 수 있는 수준에서 책정하면 된다. 혹은 가격을 인하하면서 M&A를 통해 경쟁사를 흡수하여 점유율을 높일 수도 있다.

효용의 다양성과 가격 차별화

시간이 아닌 고객에 따라 차별적으로 가격을 매길 수도 있다. 같은 제품이라도 사람마다 느끼는 효용 가치가 다르기 때문이다. 특정 제품이 절실히 필요한 사람도 있지만 그렇지 않은 사람도 있다. 이에 반해 대부분의 제품은 대표적인 가격 하나만을 제시한다. 하지만 그렇게 하면 그 가격을 수용하지 못하는 많은 소비자들을 포기해야 하는 수가 있다.

이때 소비자군을 세분화하고 가격 체계를 다양화하면 더 많은 소비자를 끌어들일 수 있다. 영화관에서 구매력이 낮은 학생들에게 할인 티켓을 제공해 관객 수를 늘리는 전략이 바로 그것이다. 여기서 중요한 것은 고객을 세분화하는 기준이다.

그중 한 가지는 기업의 수익에 기여하는 정도, 즉 구매력에 따른 구분이다. 수익의 80%는 상위 20% 고객에게서 창출된다는 '파레토 법칙'에 따라 고소비층, 다시 말해 VIP 고객들을 따로 분류하는 방법이다. 이 방식을 사용하면 그들에게 프리미엄 서비스를 제공하고 차별화된 가격을 제시함으로써, 집중적인 고수익을 거둘 수 있다.

글로벌 경영 컨설팅 전문 업체 AT커니(A. T. Kearney) 또한 그런 방식으로 시장을 공략한 좋은 예다. 그들은 글로벌 선도 여행 관련 기업의 고객 군을 무려 52개로 세분화한 뒤, 가격 또한 1,500가지 이상으로 잘게 분류했다. 그런 뒤 수익성 높은 고객층을 대상으로 초단기적 할인 행사를 실시하여, 그 고객층에 대한 시장 점유율을 5~8%에서 50~75%로 끌어올렸다. 게다가 그들은 고소비층뿐 아니라 저소비층에게서도 짭짤한 수익을 거두는 성과를 이뤄냈다. 그들에게도 차별적인 가격 전략을 펼쳐 2~3% 가량의 추가 이윤을 거둔 것이다.

그런가 하면, 고객층을 성별에 따라 나누는 것이 바람직한 경우도 있다. 우리에게 친숙한 예로, 여성 고객은 반값 할인을 해주거나 밤 11시 이전에 가면 무료로 들여보내는 클럽의 전략을 들 수 있다. 이게 언뜻 보면 남녀차별적인 발상 같지만, 여기에도 다 이유가 있다. 여성이 많은 클럽에는 자연스레 남성들이 몰리기 때문이다. 따라서 클럽이 번성하려면 여성 고객을 최대한 끌어 모아야 한다. 그래서 여성 고객을 저가에 입장시키고, 그럼으로써 남성 고객 수를 늘려 많은 고객을 유치하려고 하는 것이다. 이렇게 끌어 모은 사람들은 주류나 안주 등을 구매함으로써 클럽에 더 큰 수익을 가져다주게 된다.

소비자의 가격 민감도 또한 고객 세분화의 중요한 기준이다. 다시 말해 가격이 높아도 별로 개의치 않느냐, 아니면 부담을 느끼느냐를 기준으로 고객층을 나눈다는 얘기다. 하얏트(Hyatt) 호텔은 전 세계 호텔 고객들의 성향을 분석해본 결과, 호텔이 위치한 지역의 주민이 외부에서 오는 고객들보다 가격에 더 민감하다는 것을 파악했다. 그리고 지역민들에게 할인

혜택을 제공하는 프로그램을 통해 많은 지역민들을 고객으로 받아들였다. 일견 밑지는 장사처럼 보일 수도 있지만, 여기에는 '박리다매'의 전술이 숨어 있다. 이 경우, 지역 주민 한 명에게서 얻는 수익이 외부 고객에 비해 낮은 건 확실하다. 그러나 지역 주민들을 고객층으로 끌어들이면 고객층이 훨씬 넓어져 전체 수익은 오히려 상승하게 된다. 하얏트 호텔도 이런 방식으로 획기적인 수익 증대를 이룰 수 있었다.

한편, 세계적인 명차 브랜드 메르세데스 벤츠는 반대의 전략을 취했다. 그들은 자사의 고가 차량을 팔 때, 가격 민감도가 낮은 고소득층에게 각종 프로모션을 제공하며 추가 수익을 거두고 있다. 골프 대회 참가권, 벤츠 소유자 모임 등의 서비스를 받을 수 있는 멤버십 혜택을 주면서 차량 판매액 이외의 추가 금액을 받는 것이다.

어떤 기준으로 가격 차별화를 시도할지는 상황에 따라 달라진다. 하지만 어떤 경우든 절대 간과하지 말아야 할 점이 있다. 요즘 소비자들은 기업의 예상보다 훨씬 '스마트'하다는 것. 이제는 인터넷과 SNS의 발달로 방대하고 상세한 가격 정보를 누구나 쉽게 받아 보는 시대가 되었다.

아마존 또한 섣부른 판단으로 가격 차별화를 하려다가 피를 본 적이 있다. 소비자층에 따라 다른 가격을 매긴 DVD를 판매하여 물의를 빚은 것이다. 2000년의 일이었다. 당시 아마존은 '에멜무지로 가격 차별화 테스트를 해본 것'이라고 해명했지만, 결국 비싼 값을 지불한 소비자들에게 차액을 보상해줘야 했다. 이처럼 가격을 차별화할 때는 먼저 타당한 명분을 확고히 세워야 한다.

가격 결정의 3원색

일반적으로 많이 활용되는 가격 결정 방법에는 3가지가 있다. 대부분의 경우엔 이 3가지를 적절히 혼용하면서 그 위에 자신만의 가격 전략을 가미하게 된다. 말하자면 이 방법들은 '가격 결정의 3원색'처럼 작용하는 셈이다.

그중 첫 번째는 '비용 기반 가격 결정법'이다. 제품 하나를 생산하는 데 필요한 원가를 책정한 뒤, 여기에 기업이 수익으로 가져갈 금액을 가산하여 가격을 정하는 방식이다. 예를 들어 붕어빵을 만드는 데 변동비용 2만 원, 고정비용 1만 원이 든다고 하자. 그리고 이 붕어빵의 판매량이 300개로 예상된다고 하자. 이 붕어빵의 원가는 변동비용과 고정비용을 합한 3만 원을 예상 판매량 300개로 나눈 100원이 된다. 이때 판매 이윤을 250%, 즉 250원으로 정했다면 가격은 100+250=350원이 된다.

두 번째는 '경쟁 기반 가격 결정법'이다. 동종 업계의 경쟁사가 매긴 가격을 참고하여 비슷한 수준으로 맞추거나 약간의 차이를 두는 방법이다. 이 방식은 주로 소수의 기업이 시장을 과점하고 있는 경우에 사용된다. 가격 경쟁을 벌이는 기업들이 서로의 가격을 모니터링하며 가격을 조정하거나, 시장에 새로 진입한 기업이 경쟁 회사보다 가격을 낮게 책정하는 경우가 이에 해당한다.

세 번째는 '가치 기반 가격 결정법'이다. 소비자의 지불 희망 금액에 근거해 가격을 정하는 방법이다. 고객들이 기꺼이 지불할 의사가 있는 가격은 얼마까지인지, 그리고 그 가격이 제품 생산에 드는 제반 비용을 상쇄하고 적절한 수익도 보장하는지 판단하는 것이다. 이 방식은 고객의 의사를 가장 많이 반영한다는 것이 장점이다.

이상의 가격 결정법들은 최적화된 가격에 접근하는 기본적인 방향들을 제시해준다. 그러나 한두 가지만으로 완벽한 가격을 정할 수는 없다. 세 방식 모두 나름의 한계가 있기 때문이다. 먼저 비용 기반 가격 결정법의 한계는, 판매량을 정확히 예측하지 못하면 가격의 근거가 되는 원가 계산이 부정확해진다는 점이다. 또 이는 비용에 초점을 맞추기 때문에 소비자들이 선호하는 가격 수준에 맞추기 어려운 방식이기도 하다.

다음으로 경쟁 기반 가격 결정법은 경쟁자를 따라서 가격이 책정된다는 것이 단점이다. 그럴 경우 가격 정책이 수동적으로 변하여 시장에서의 리더십을 확보하지 못하게 될 수가 있다. 또 경쟁자와의 가격 경쟁으로 인해 덤핑 판매 같은 '제살 깎아먹기'를 해야 할 수도 있다.

가치 기반 가격 결정법을 사용하면 일부 소비자들을 만족시킬 수는 있다. 하지만 동시에 '평균의 오류'에 빠질 위험성이 높다. 이 방식으로 결정한 가격은 전체 소비자가 원하는 가격의 '평균값'이기에, 모두를 만족시킬 수는 없는 것이다.

따라서 여기 소개된 방법 중 한두 가지만 사용하여 단편적으로 가격을 정하면 위험하다. 가격을 정할 때는 다양한 방법과 전략을 상황에 맞게 활용하는 것이 바람직하다.

남다른
움직임으로
판세를
휘어잡아라

PART 3

"나는 인간이다.
그것은 경쟁하는 자를 의미한다."

－요한 볼프강 폰 괴테

언젠가 내셔널 지오그래픽 채널(National Geographic Channel)에서 일본의 한 원숭이 사육장을 보여준 적이 있다. 그곳에는 20~30마리의 원숭이들이 옹기종기 무리를 지어 살고 있었다. 그런데 그 무리 안에는 일종의 서열이 존재했다. 우두머리로 보이는 원숭이가 지나가면 모두들 길을 비켜주고, 2인자로 보이는 원숭이는 우두머리가 누워 있을 때 털갈이를 해주며 시중을 들기도 한다. 이 서열 안에서 원숭이들은 나름대로 안정적이고 질서정연한 생활을 꾸려나가고 있었다. 일상의 나른함마저 느껴지는 장면이었다.

그런데 어느 날, 아프리카에서 넘어온 원숭이 한 마리가 사육장에 등장했다. 그러자 평온하기만 했던 사육장 분위기가 순식간에 바뀌었다. 원숭이들은 새로 나타난 존재를 견제하면서 팽팽한 긴장감을 자아내고 있었다. 특히 우두머리는 마치 간을 보는 것처럼 신입 원숭이를 툭툭 치는가 하면, 나뭇가지를 던지면서 괴롭히기도 했다. 다른 원숭이들도 그 원숭이를 장난감 취급하면서 괴롭혔다.

그러다가 부지불식간에 한바탕 싸움이 벌어졌다. 어떤 원숭이 한 마리가 신입 원숭이에게 시비를 걸어온 것이었다. 하지만 그 녀석은 신입 원숭이에게 기도 제대로 못 펴보고 곧바로 고꾸라져버렸다.

신입 원숭이의 힘은 다른 원숭이들보다 월등했다. 그 녀석은 단지 낯선 곳에 처음 왔기 때문에 함부로 나서지 않고 분위기를 탐색하고 있었던 것이다. 그때부터 신입 원숭이는 어지간한 원숭이들은 금세 때려눕히며 마음껏 힘을 과시했다. 그리고 결국 우두머리에게마저 부상을 입히고 사육장의 새로운 왕이 되었다. 권좌의 주인이 바뀌는 순간이었다.

그런데 그 다음부터 황당한 광경이 펼쳐졌다. 예전엔 오손도손 잘만 지내던 원숭이들이 갑자기 서로 신경전을 벌이며 싸움을 벌이기 시작했다. 급기야 싸움은 난투극 수준으로 치달았다. 그동안 모시던 우두머리가 사라지고 새로운 리더가 탄생하자, 모두들 질세라 줄서기 경쟁에 뛰어든 것이었다. 질서가 새로 형성되는 상황에서 더 유리한 위치에 서기 위해 이들은 무섭도록 신경전을 벌였다. 원숭이라고 아무 생각이 없는 것이 아니었다. 그들은 냉혹하리만큼 계산적이었다.

시간이 흘러 어느 정도 서열이 정해지고 질서가 재편되자, 사육장에는 다시 평화가 찾아왔다. 하지만 그게 끝은 아니었을 것이다. 관리인의 말에 의하면, 이런 신경전과 질서 재편 과정은 적어도 2~3년에 한 번씩은 반복된다는 것이었다.

경영 환경도 별반 다를 게 없다. 시장의 서열은 수시로 변한다. 1등을 달리던 기업이 한순간에 무너지고, 언제 새로운 강자가 출현할지 모르는 게 시장이다. 어제의 협력자가 오늘의 적이 되기도 하고, 경쟁이 치열해지면 심한 부상을 입어 시장에서 퇴출되는 기업도 생긴다. 치열한 경쟁은 한 번으로 끝나는 게 아니라 끊임없이 이어진다. 한마디로 시장은 치열하고 냉혹한 '경쟁의 사육장'이다.

미학적인 제품을 만들어내는 창조도 거대한 나무처럼 쑥쑥 커가는 성장이 있어야 지속될 수 있다. 그러나 이것만으로는 부족하다. 아무리 뛰어난 창조력을 발휘해도, 괄목할 만한 성장을 이뤄내도 아차 하는 순간 모든 노력이 물거품이 될 수 있다. 경쟁을 염두에 두지 않는 창조나, 경쟁력이 결여된 성장은 무의미하다. 그렇기에 우리는 남들보다 강한 경쟁력을 가져야 한다. 3부에서는 이 같은 '이기는 창조', '이기는 성장'에 필수적인 전략에 대해 알아보고자 한다.

아프로디테가 미의 여신이 된 까닭

그리스로마신화에는 '파리스의 판정'에 관한 이야기가 나온다. 파리스의 판정이란 알몸의 여신들이 한데 모여 아름다움을 겨루는 '미의 경합'을 말한다. 그 내용은 이렇다. 어느 날 천공의 여신 헤라, 전쟁의 여신 아테네, 사랑의 여신 아프로디테가 서로 '내가 세상에서 제일 아름답다'면서 다투기 시작했다. 다들 알고 있겠지만, 이런 말싸움은 자기들끼리 아웅다웅해봤자 결론이 날 리가 없다.

그래서 셋은 급기야 제3자를 끌어들이게 되었다. 그 사람이 바로 트로이의 왕자 파리스. 그들은 심사관이 된 파리스에게 말했다. 가장 아름다운 여신에게 황금사과를 건네주라고. 그리고 파리스 앞에서 마음껏 아름다운 자태를 뽐낸다. 그쯤에서 끝났으면 좋으련만, 그들은 경쟁에서 이기기 위해 뇌물을 동원했다. 헤라는 부와 권력을, 아테네는 전쟁 승리와 명

예를, 아프로디테는 세상에서 가장 아름다운 여인을 주겠다며 연신 파리스를 꼬드겼다.

파리스가 고심 끝에 선택한 여신은 아프로디테였다. 오늘날 우리가 아프로디테를 '미의 여신'이라 부르는 것도 이 판정 덕분이었을 것이다. 아프로디테는 약속대로 파리스에게 인간 세계에서 최고의 미인이었던 그리스 여왕 헬레나를 얻게 해줬다. 그는 왜 다른 두 여신을 제쳐두고 아프로디테를 가장 아름다운 여신으로 꼽은 것일까?

물론 셋 다 아름다움을 어필하느라 나름대로 고민도 많이 하고 애도 많이 썼을 것이다. 그러나 헤라와 아테네가 간과한 사실이 한 가지 있다. 이 경쟁의 중요 포인트는 나머지 둘과 다르게 자신을 차별화하는 것이라는 점. 아프로디테가 1등을 차지한 것도 이런 차별화에서 앞섰기 때문이다.

외모가 월등한 건 차치하더라도, 파리스가 가장 만족할 만한 선물을 제안한 것이 주효했다. 사실 부나 권력, 승전 같은 것은 파리스에게는 별로 필요할 게 없었다. 그는 그런 것들을 이미 누릴 만큼 다 누리고 있었다. 그의 눈에 두 여신이 시시하게 보이는 것도 어쩌면 당연했다. 하지만 그에겐 아름다운 배필이 없었다. 그러니 파리스에겐 자기에게 부족한 것을 채워주는 아프로디테가 가장 아름다워 보일 수밖에.

오늘날 시장에서 벌어지는 제품 간의 경합도 이와 흡사하다. 시장에는 경쟁 제품이 즐비하다. 그 모든 제품이 저마다 남다른 가치를 뽐낸다. 하

베오랩 5 골드(좌), 베오비전 4(우)

지만 그중에서 소비자가 주는 황금사과를 받게 되는 제품은 극소수에 불과하다. 경쟁자를 모두 제치고 가장 특출한 가치를 선사하지 않으면 선택받을 수 없는 것이 시장의 이치다.

일전에 오디오를 둘러보러 백화점에 간 적이 있었다. 여러 브랜드를 둘러보던 도중, 한 스피커가 눈에 띄어 그 진열대 가까이 가봤다. 그런데 스피커에 붙어 있는 가격표를 보자, 순간 내 눈을 의심하지 않을 수 없었다. 가격이 무려 3,320만 원이나 되는 것이었다. 3,000만 원을 호가하는 이 스피커는 '베오랩 5 골드'라는 제품이었다. 가격이 말도 안 되게 높아서 구매는 망설여졌지만, 디자인이 너무 매혹적이어서 나는 한참 동안 그 아름다운 자태를 바라볼 수밖에 없었다.

이런 예술적인 스피커를 만들어낸 음향기기 제조사 뱅앤올룹슨(Bang &

Olufsen)을 차린 이들은 덴마크의 피터 뱅(Peter Bang)과 스벤드 올룹슨 (Svend Olufsen). 1925년에 탄생한 이 회사는 독창적 디자인을 강점으로 내세우며 오디오를 명품도 모자라 예술품의 반열에 오르게 했고, 국제적인 디자인상만 100여 개를 수상했다. 또 그들의 제품은 가전기기임에도 불구하고 20종가량이나 뉴욕 현대미술관에 소장되어 있다.

뱅앤올룹슨은 '소비자들은 구매 의사를 결정할 때 디자인이나 미적 감각에 영향 받는다'며, 세련된 디자인 개발이 최고급 기술보다 중요하다고 강조했다. 그리고 야콥 옌센(Jacob Jensen) 같은 스타급 디자이너를 기용해 독창적인 디자인을 창출해냈다. 그들의 디자인 중심 철학은 베오비전 시리즈 TV에서 특히 두드러졌다. 제품 두께를 1인치 늘이면 1,000만 달러를 절감할 수 있지만, 그들은 심플하고 얇은 디자인을 위해 이를 과감히 포기했다. 2010년 갤러리아 백화점에 등장한 103인치 TV '베오비전 4-103'은 무려 2억 2,000만 원대에 판매됐다. TV뿐이 아니다. 스피커도 최소 500만 원에서 3,000만 원은 너끈히 된다. 이렇게 비싼데도 전 세계 소비자들이 찾는 이유는 다름 아닌 고급스럽고 매혹적인 디자인 때문이다. 이들 제품은 예술적인 디자인 덕택에 벤츠, 아우디(Audi) 같은 최고급 차량에 탑재되고, 힐튼 호텔(Hilton Hotel), 하얏트 호텔 같은 초고급 호텔의 특실에 설치되기도 한다.

마이클 포터 또한 '기업은 남들과 다른 독특한 차별화를 통해 경쟁 우위를 가진다'고 했다. 차별화를 인정받으면 그만큼 높은 가격을 부를 수 있다. 프리미엄 가격이다. 그러면 원가가 무지막지하게 들어가더라도 밑지는 장사가 아니라 오히려 엄청난 수익을 남길 수 있다. 이렇게 창출된 수익은 훨씬 강력한 차별화에 투자하는 데 활용되고, 따라서 기업의 경쟁 우위는 더욱 공고해진다. 다각도로 차별화하면 효과는 몇 배로 커진다. 그런 '다각도'에 어떤 방면이 있는지 하나씩 살펴보자.

1. 품질의 차별화

파리스의 심판에서 아프로디테가 황금사과를 받은 이유는 뭐니 뭐니 해도 일단 '아름다우니까'다. 명색이 미의 경합인데 뇌물 때문에 외모의 '퀄리티'(質)를 무시해서야 되겠는가. 마찬가지로 시장에서 제품들이 경합할 때도 가장 기본이 되는 것은 품질이다. 예컨대 연장이나 공구는 견고하고 가벼워야 한다. 또 패션의류는 디자인이 좋아야 한다. 품질은 제품 차별화의 중심에 두어야 할 가장 중요한 요건이다.

루이비통, 페라가모(Ferragamo), 아디다스(Adidas), 나이키(Nike), 유니클로 등 세계적인 의류·피혁 제조사의 제품들에는 공통적으로 사용되는 부품이 있다. 1934년 요시다 타다오(吉田忠雄)가 설립한 YKK의 지퍼가 그것. YKK는 2,000여 개의 업체들이 피 튀기게 경쟁하는 지퍼 시장에서 세계 시장 점유율 45%를 차지하며 70년 넘게 선두를 유지하고 있다.

지퍼는 단순한 부품처럼 보이지만, 가방·의류 등 완제품의 품질을 좌우하는 매우 중요한 역할을 한다. 가령 수백만 원을 주고 루이비통 가방을 샀는데 1년도 안 돼서 지퍼가 고장 나면 기분이 어떻겠는가? 그 실망감과 분노는 굳이 말하지 않아도 다들 알 것이다. 그렇기에 가방·의류 업체들은 불량률 제로를 보장하는 지퍼를 고집한다. YKK가 시장에서 독보적 위치를 수성하는 것도 그런 점을 완벽히 충족하기 때문이다.

품질에 대한 그들의 기준은 타 업체의 추종을 불허한다. 지퍼를 여닫는 동작을 1,000회 정도 테스트하고 이상이 없으면 생산에 들어가는 게 업계의 관행이다. 그러나 YKK는 이보다 10배나 많은 1만 회 테스트를 원칙으로 한다. 게다가 그들은 지퍼를 만드는 기계도 스스로 만들어 사용한다. 이는 제조업계에서 거의 전무후무한 일임에 분명하다.

그들이 이렇게까지 하는 이유는 '핵심 경쟁력은 제조 시설에서 시작된다'는 확고한 철학 때문이다. 그래서 그들은 지퍼 생산 기계를 구성하는 부품 하나하나까지 철저하게 직접 제조한다. 어떤가, 세계 시장의 절반을 독식할 만도 하지 않은가?

2.기능의 차별화

그러나 파리스의 심판은 실상 아름다움만을 따지는 자리는 아니었다. 누군가를 선택하는 순간 파리스는 또 다른 만족을 얻게 된다. 여신들이 저마다 독특한 선물을 약속했기 때문이다. 파리스의 선택을 받은 아프로디테는 그에게 세계 최고의 미녀 헬레네를 주었다. 이는 남들에게 없는 아프로디테만의 독자적인 '기능'이다.

물론 품질이 기본 중의 기본이라는 건 변함없는 사실이지만, 역시 요즘 시장에서 품질만으로 경쟁하는 데는 한계가 있다. 시간이 흐름에 따라 제품들의 품질은 대체로 상향평준화되기 때문이다. 최근 출시되는 스마트폰들을 품질로 비교하자면 우열을 거의 가릴 수가 없다. 이때 다른 제품에는 없는 독특한 기능으로 소비자에게 어필하면 좀 더 확실한 차별화가 가능하다.

'대형 트럭계의 롤스로이스'라 불리는 스카니아(Scania)는 그저 운송 수단에 머무르지 않고, 운전자를 위한 종합 생활 공간으로 탈바꿈했다. 화물차 운전자들이 대부분 장거리를 이동한다는 점에 착안, 피로를 느끼지 않고 오랫동안 운전할 수 있게 해준 것이다. 차 안에서 편히 눈을 붙일 수 있도록 매트리스를 장착하는가 하면, 추운 겨울철에 연료가 낭비되지 않도록 시동을 꺼도 히터가 작동되게 했다. 또 수납 공간을 열면 식사나 업무를 겸용할 수 있는 접이식 테이블이 펼쳐질 수 있게 했다. 그런 스카니아의 하이라이트는 '드라이버 서포트'. 운전자의 조작과 주행 환경을 실시간으로 분석하는 프로그램이다. 이 프로그램은 언덕길 등의 환경을 감지한 뒤, 연료를 절감하는 조작 방법을 안내해준다. 이 드라이버 서포트를 사용하면 연비를 10~20%는 높일 수 있다.

3. 이미지의 차별화

한때 각종 TV 채널에서 서바이벌 오디션 붐이 일었던 적이 있다. '슈퍼스타K', '위대한 탄생' 같은 오디션 프로그램에 출연하는 사람들은 일반인임에도 엄청난 가창력을 보여줬다. 때로는 유명 가수 이상의 감동을 주기도 했다. 그러나 노래 하나만으로는 시청자들을 그렇게 강하게 몰입시키기 힘들지 않았을까?

그도 그럴 것이, 참가자들의 사연은 하나같이 감동 어린 눈물의 스토리다. 어린 시절 축구선수를 꿈꿨지만 불의의 사고로 다리를 다쳐 꿈을 포기해야 했던 남자, 아버지를 일찍 여의고 홀어머니를 모시면서 날마다 아름다운 노래로 어머니를 위로하는 효자 청년 등, 다들 드라마 뺨치는 신파극이다. 사실 그 점을 탐탁지 않게 여기는 시선도 있지만, 대개는 이런 이야기에 울고 웃으며 참가자의 인간적인 매력에 점점 빨려들게 된다.

명색이 노래 경연인데 왜 이런 요소가 노래만큼이나 중요하게 다뤄지는 걸까? 여기에는 심리학에서 말하는 '후광효과'(halo effect)의 영향이 크다. 노래를 부르는 사람의 사연이 애절할수록 노랫소리 또한 애절하게 들리는 것이다.

후광효과는 비본질적인 요인이 본질적인 것에 영향을 주는 현상이다. 예쁜 여자는 성격도 좋을 거라고 생각하거나, 뿔테 안경을 쓴 사람은 공부를 잘할 거라고 예단하는 것과 같다. 이와 마찬가지로 감동적인 사연은 평범한 노래를 눈물 나는 드라마의 OST로 만들어준다.

세상에서 가장 섹시한 속옷 빅토리아 시크릿(Victoria's Secret)이 그렇다. 빅토리아 시크릿은 그냥 '속옷'이 아니라 '세상에서 가장 아름다운 여성들이 입는 란제리'다. 또한 전 세계 여성들이 특별한 날이면 꼭 갖춰 입는 '은밀한 매력의 상징'이며, 많은 여성들이 손바닥만 한 '뜨더귀' 하나 입자고 혹독한 다이어트도 불사할 정도로 강력한 마성을 자랑한다. 빅토리아 시크릿의 옷은 봉제선 없는 심리스 브라(Seamless Bra)처럼 기능성, 착용감, 디자인 등 팔색조의 매력을 지녔다 해도 과언이 아니다.

그러나 빅토리아 시크릿을 돋보이게 해주는 것은 단연코 패션쇼다. 1995년을 시작으로 해마다 개최되는 '빅토리아 패션쇼'는 섹시미(관능미)에 대한 여성들의 욕망을 충족하는 데 중요한 역할을 한다. 빅토리아 시크릿은 란제리를 통해 섹시미를 표출하고자 하는 여성들의 욕망이 억제되어 있음을 포착했다. 그래서 화려하고 고급스러운 무대에 란제리 차림의 미녀들을 등장시켰다. 이는 소비자들에게는 대리만족을, 모델과 연예인들에게는 자기표현을 위한 절호의 기회가 되었다.

그리하여 이 패션쇼는 모든 모델이 서고 싶어 안달하는 '꿈의 무대'가 되었다. 이제 빅토리아 패션쇼는 제시카 고메즈, 아드리아나 리마, 지젤 번천, 이사벨 포타니, 미란다 커 같은 초인기 슈퍼모델들의 등용문이자, 할리우드 스타들이 열광하는 지상 최고의 이벤트로 자리매김했다. 그러면서 세계인들의 마음속에 농밀한 판타지를 심어주기 시작했다. 여성들에겐 '저렇게 섹시해지고 싶다'는 동경심을, 남성들에겐 '저런 여성과 만

나고 싶다'는 욕구를 불러일으킨 것이다. 그러면서 사람들의 무의식 속에 '빅토리아 시크릿=섹시 란제리'라는 등식이 자리 잡게 되었다.

빅토리아 시크릿은 이 같은 후광효과를 이용해 세계인의 란제리 브랜드로 떠올랐다. 보다 확실한 차별화를 꾀한다면, 이처럼 제품 이미지를 돋보이게 해주는 특별한 장치를 마련해야 한다.

4. 마케팅 기법의 차별화

중국 남방의 한 대기업이 마케팅 분야의 인재를 뽑기 위해 3명의 지원자들에게 과제를 냈다. '열흘을 줄 테니, 그동안 스님에게 빗을 팔아오라'. 지원자들은 곧바로 빗을 팔러 떠났고, 열흘 뒤에 다시 모여 성과를 평가받았다.

첫 번째 지원자는 빗을 한 개밖에 못 팔았다. 아무리 좋은 빗이라고 설명해도 스님들이 들어먹지를 않더라는 것이다. 그런데 우연히 머리가 가려워 긁고 있는 동승을 발견하여 빗으로 긁어보라고 하자 동승이 만족스러워 하며 빗을 샀단다.

두 번째 지원자는 그래도 조금 나았다. 그는 절에 가는 길에 바람이 세게 불어 신도들의 머리가 헝클어지는 것을 보고, 그 절의 주지스님을 찾아가 '헝클어진 머리로 불공을 드리는 것은 예의가 아니니, 신도들을 위해 머리빗을 비치하는 게 어떻겠냐'고 제안했단다. 다행히도 주지스님이 이를 받아들여 그는 빗 10개를 팔 수 있었다.

압권은 세 번째 지원자였다. 그는 앞의 두 사람이 찍소리도 못 할 만큼 무시무시한 실적을 쌓고 돌아왔다. 판매량은 무려 1,000개. 비결은 이랬다. 우선 유명한 절을 찾아 그 절의 주지스님에게 간다. 그리고 머리빗에 친필로 '공덕소'(덕을 쌓는 빗)라고 적어서 절을 찾는 신도들에게 기념으로 선물할 것을 제안한다. 그러자 주지스님이 매우 기뻐하며 빗을 100개나 샀다고 한다. 그런데 그게 입소문을 탔단다. '덕을 쌓는 빗을 나눠준다'는 소문에 수많은 신도들이 절을 찾아간 것이다. 그래서 주지스님은 그에게서 빗을 900개나 더 사갔고, 그는 1,000개라는 놀라운 판매량을 쌓을 수 있었다고 한다.

차별화는 이런 참신한 마케팅으로도 달성할 수 있다. 2009년 현대자동차가 북미 시장에서 실시했던 '현대 어슈어런스 프로그램'도 이 같은 차별화의 좋은 예다. 당시 〈뉴욕 타임스〉는 금융위기로 침체된 미국 자동차 시장에서 유일하게 판매가 증가한 현대자동차에 주목하며, 현대 어슈어런스 프로그램의 참신성을 극찬했다. 이 프로그램은 대출이나 리스로 자동차를 산 뒤 1년 안에 실직하거나, 건강 문제로 자동차 유지가 힘들어진 고객들의 자동차를 회사가 되사는 제도다.

이는 가뜩이나 불경기로 극심해진 소비자의 불안감을 달래주기에 더없이 훌륭한 전략이었다. 이 제도는 현대차를 사려고 하지 않았던 소비자마저 주목하게 만들었고, 현대 소나타 판매량은 한 달 만에 무려 85%나 증가했다. 판매 대수에서도 미국 내에 딜러를 4배나 많이 보유한 크라이슬러(Chrysler)를 앞질렀다.

노자의
원가우위 철학

도(道)를 행한다는 것은 날마다 비우고 줄여가는 것이다.

노자의 《도덕경》 48장에 나오는 구절이다. 여기서 '도'란 '사람답게 살기 위해 마땅히 지켜야 할 도리'(道理)를 말한다. 노자는 사람답게 살기 위해서는 삶 속에 만연한 미움, 허영심, 욕망 등 불필요한 감정을 날마다 비우고 줄여야 한다, 즉 '위도일손'(爲道日損)을 실천해야 한다고 강조했다. 그리고 이를 꾸준히 행하다 보면 '무위'(無爲)의 경지에 이르게 될 것이라고 했다. 무위는 어떤 것으로도 억압받지 않는 '완전히 자유로운 상태'를 말한다. 이것이 노자가 말하는 도의 궁극적 지향점이다. 우리는 욕심이나 허영심 같은 방해 요인을 줄일수록 도에 가까워지는 것이다.

기업의 도 또한 마찬가지다. 물론 모든 기업의 존재 목적은 기본적으로 '이윤 극대화'다. 그것이야말로 경제적 자유의 원동력이기 때문이다. '기업으로서의 도리를 지킨다'는 것은 고객에게 좋은 제품을 제공해 감동을 선사하고, 그 대가로 최대한 많은 이윤을 얻는 것이다. 그런데 여기서도 이윤 극대화를 제한하는 방해 요인이 존재한다. 제품을 만드는 데 드는 비용, 즉 '원가'다. 원가가 높을수록 기업이 얻게 될 이윤은 낮아진다. 결국 '불필요한 원가'를 줄이는 것이 기업의 도를 행하는 길이 된다.

마이클 포터 교수는 이를 '원가 우위'라는 용어로 설명했다. 원가 우위는 불필요한 비용을 최대한 줄여 경쟁자보다 1원이라도 싸게 제품을 만드는 전략이다. 원가가 낮으면 제품 가격도 낮출 수 있다. 가격을 낮추면 소비자들의 부담도 적어진다. 따라서 소비자들에게 선택받을 가능성도 증대한다. 게다가 가격을 경쟁자들보다 낮잡아도 수익은 더 커진다. 기업은 이런 원가 우위를 구사하여 경쟁에서도 우위를 점할 수 있다.

하지만 원가를 줄이라는 게 품질을 포기하라는 얘기는 아니다. 고객들 입에서 '역시 싼 게 비지떡'이라는 말이 나오면 그 제품은 이미 끝났다고 봐야 한다. 품질은 비슷하되, 가격이 상대적으로 저렴해야 경쟁에서 우위에 설 수 있다. 기업의 도는 단순히 '많이 파는 것'이 아니라 '소비자에게 만족을 주는 제품을 많이 파는 것'이다. 한마디로 원가 우위와 싸구려는 구분할 줄 알아야 한다는 것이다.

원가 우위를 가장 잘 실현한 기업으로 '갈란스'(格兰仕)라는 중국 가전 업체가 있다. 본래 오리털 의류 사업으로 출발한 갈란스는 1993년 전자 레인지를 생산하는 가전 기업으로 전환한 뒤, 6년 만에 전자레인지 시장 에서 60% 이상의 점유율을 기록했다. 비결은 가격 경쟁력. 이 가격 경쟁 력이 바로 원가 우위에서 비롯된 것이다.

갈란스는 전자레인지 사업을 시작한 이후 8년간 8차례나 가격 인하를 단행했다. 평균 인하폭은 무려 20%. 1990년대 중반 중국 전자레인지 시 장은 무려 100여 개의 업체가 자웅을 겨루는 치열한 격전지였다. 이들의 평균 전자레인지 가격은 3,000위안 이상. 중국 도시 소비자층의 전자레 인지 희망가격인 1,000~1,600위안과 너무나도 괴리가 심했다. 그에 비 해 갈란스는 1996년 전자레인지 가격을 40% 인하해서 불과 500~600위 안에 팔았다. 값이 이렇게나 싸니 그 경쟁 우위를 누가 따라잡을 수 있겠 는가.

갈란스 말고도 원가 우위를 실현해 경쟁력을 확보한 기업은 매우 다양 하다. 그러나 이들의 방식에는 한 가지 교집합이 있다. 바로 '위도일손'이 말하는 핵심 원리다. 그 원리에는 크게 3가지가 있다. 지금부터 하나씩 자 세히 알아보도록 하자.

위도일손 원리 1. 불필요한 것을 줄여라

위도일손의 첫째 원리는 '불필요한 것 줄이기'다. 마찬가지로 원가 우위는 비용 구조를 따져보고 불필요한 비용을 줄이는 데서 시작된다. '우리 기업엔 그런 게 없다'고 생각되어도 다시 한 번 찬찬히 들여다보자. 세밀히 찾아보면 불필요한 요인은 얼마든지 있다.

먼저 사업 구조의 중복과 낭비 요인이다. 이를 찾아내 줄이면 효율성이 높아진다. 갈란스는 핵심 역량이 저렴한 제품 생산이었기에 다른 기능을 대폭 간소화했다. 이를 테면 판매 기능을 전문 유통 기업에 아웃소싱하는 식이다. 그렇게 그들은 판매 인력에 지급하는 고정비용을 절약할 수 있었다.

제품 개발 시간을 단축하는 것도 위도일손 실천의 한 방법이다. 갈란스는 개발 과정에서 불필요한 단계를 과감히 축소하고, 시간을 지나치게 지연시키는 과정을 간소화했다. 그럼으로써 신제품의 콘셉트를 정하기부터 출시하기까지의 기간을 2개월로 단축했다. 개발비 등의 비용이 절감된 것은 물론이다.

그들은 마케팅 과정에서도 비용 절감 방안을 찾아냈다. 전자레인지 사업 초기에는 거액을 들여 TV 광고를 내보냈지만, 이후 그 비용을 대거 축소했다. 대신 소비자들에게 생활 정보와 함께 제품 정보를 소개해주는 '지식 마케팅'을 전개했다. 그래서 광고비를 1,000만 위안으로 줄였다. 당시 경쟁사들이 광고에만 1억 위안을 쏟아 붓던 것을 생각하면 엄청난 절감이라 아니 할 수가 없다.

　그런가 하면, 삼성전자는 제품을 구성하는 부품에서 불필요한 요소를 찾아냈다. 그리고 여러 제품 라인에 사용되는 부품을 공용화·표준화했다. 그럼으로써 부품 수를 2000년 60만 개에서 5년 만에 그 3분의 1 수준인 22만 개로 감축했다. 매출액 대비 재료비 비중 또한 6%나 감축해서 4조 7,000억 원을 절감할 수 있었다.

위도일손 원리 2. 평소에 불필요한 비용이 생기지 않게 하라

'불필요한 것을 줄이는 것'은 근본적으로 평소에 불필요한 것들이 발생하지 않게 하라는 뜻이다. 비용 절감이 일회성 이벤트가 아닌 일상적 시스템이 되어야 한다는 얘기다. 이것이 위도일손의 두 번째 원리다.

　월마트가 구축한 물류 시스템은 이를 가장 잘 실천한 예다. 재고 또한 원가를 높이는 주범의 하나다. 그래서 월마트는 창고에 재고가 쌓이지 않게 해주는 '크로스 더킹 시스템'(Cross Docking System)을 도입했다. 운영 방식은 이렇다. 물건이 창고에 도착하면 즉시 세 종류로 분류된다. 48시간 이내에, 24시간 이내에, 그리고 즉시 점포로 배송해야 할 물건. 그렇기에 월마트에는 48시간 넘게 창고에 계류하는 물건이 없다.

　또 이 시스템은 공급자와 점포 판매대, 물류 센터를 하나의 네트워크로 연결, 판매량과 재고량, 도착 시각 등이 실시간으로 공유되게 한다. 따라

서 적재적소에 알맞은 수량의 물건만 보내 즉시 판매할 수 있다. 월마트는 이 시스템을 통해 엄청난 비용 절감 효과를 거뒀고, 슬로건으로 내세운 'Every Day Low Price'를 현실화할 수 있었다.

패스트 패션 기업 유니클로도 유사한 방식으로 원가 우위를 실현했다. 유니클로는 제품 당 30~45일의 판매 기간을 정해놓는다. 그리고 하루 단위로 판매 목표치를 설정해 '완전 판매'를 이뤄낸다. 원 플러스 원, 수시 할인 등 다양한 방법을 동원해서 일단 다 팔고 보는 것이다. 그들은 이 방법으로 재고 비용을 거의 제로 수준으로 줄였다. 이처럼 평소에 불필요한 지출이 발생하지 않게 해주는 적절한 시스템은 원가 우위를 창출하는 커다란 힘이 된다.

위도일손 원리 3. 도를 행함으로 무위에 다가가라

노자는 날마다 무위를 추구하는 것이 도를 행하는 길이라고 했다. 그리고 도를 행할수록 무위에 가까워진다고 했다. 사람답게 살기 위한 도리를 지키려 노력하면 불필요한 것은 자연스레 없어진다는 얘기다. 기업 역시 도를 행할수록 무위에 가까워지게 된다. 역설적인 얘기이긴 하다. 상식적으로는 비용을 줄여야 이윤 극대화가 가능한데, 이윤 극대화를 추구하면 비용이 줄어든다니.

좀 더 쉽게 설명해보겠다. 이윤 극대화를 추구하면 자연스레 판매량이 늘어난다. 많이 만들어서 많이 팔아야 이윤이 크게 남기 때문이다. 그런데 여기서 재미있는 일이 벌어진다. 많이 만들면 어느 정도까지는 원가도 낮아지는 것이다. 경제학에서는 이런 현상을 '규모의 경제'(economy of scale)라고 부른다.

가령 자료를 1장 복사하는 비용이 10원이라면, 1만 장을 복사할 때는 10만 원이 아니라 약 7만 원밖에 들지 않는다. 장당 가격이 7원으로 내려간 것이다. 생산량이 높아지면 단가가 떨어지기 때문이다. 이것이 바로 규모의 경제다.

이와 비슷한 성질을 가진 것 중에 '학습 효과'라는 게 있다. 처음 하는 일은 뭐든 어렵지만 경험이 누적되면 점차 쉬워진다. 마찬가지로 생산 경

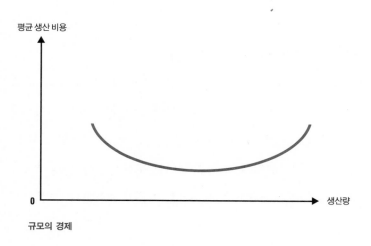

규모의 경제

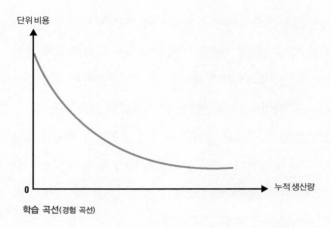

단위 비용

0

누적 생산량

학습 곡선(경험 곡선)

험이 축적되면 생산 비용도 점점 줄어든다. 보통 누적 경험이 2배가 되면 비용이 20% 정도 감소한다고 한다. 이것을 그래프로 나타난 것을 '학습 곡선'(learning curve)이라고 한다. 222페이지에 나타난 규모의 경제 곡선과 위의 학습 곡선을 비교해보자. 어떤가, 유사한 점이 보이는가?

이처럼 고객에게 만족을 주는 제품을 많이 생산하고, 그 경험을 축적하는 것이 기업으로서의 도리다. 그리고 그 결과는 점차 무위에 가까워지는 것, 다시 말해 비용이 주는 것이다. 이것이 규모의 경제와 학습 효과의 묘미이자 위도일손의 또 한 가지 원리다. 비용을 줄이는 데는 규모의 경제와 학습 효과의 활용이 중요하다.

이는 갈란스가 원가 우위를 실현한 또 다른 비결이기도 하다. 갈란스는 일찍이 글로벌 시장에 진출해 판매량을 늘리는 데 치중했다. 생산 규모를 늘려 규모의 경제를 빠른 시일에 실현하기 위함이었다. 그리고 보유 중인 대규모 생산 시설을 이용, 필로니(Fillony) 등 중국에 진출한 다국적 기업을 대상으로 대리 가공 사업을 대거 진행해 생산 규모를 더욱 키웠다.

규모의 경제를 통한 대규모 생산 경험은 시간이 갈수록 누적되어 갈란스의 핵심 역량으로 자리 잡았다. 그러면서 제품 단위 당 원가는 낮아졌고, 이는 가격 경쟁력의 원천이 되었다. 저렴한 가격은 판매량 증대로 이어졌고, 이는 또다시 생산량을 늘려 규모의 경제와 학습 효과를 가속화하는 선순환을 불러왔다.

항시 불필요한 것을 줄이고, 평소에 불필요한 비용이 생기지 않게 함으로써 무위에 다가서는 위도일손의 원리. 그것이야말로 기업이 원가 우위를 실현하기 위한 제1의 원리다.

시장은 치열한 경쟁의 사육장과 같다. 이기는 자가 살아남는다. 그리고 비즈니스에서 이긴다는 것은 소비자들에게 더 많은 선택을 받아내는 것이다. 하지만 소비자들은 결코 관대하지 않다. 그들도 자금과 여력이 한정되어 있기에 마음에 드는 제품을 모두 살 수는 없다. 어쩔 수 없이 까다로운 시선으로 제품들을 비교하면서 선택을 할 수밖에 없다. 그런 상황에서 어떻게든 선택을 받고야 마는 것이 기업의 능력이다. 우린 이 능력을 경쟁 우위라고 부른다.

앞서 살펴본 경쟁 우위의 해법은 마이클 포터가 제시한 차별화와 원가 우위의 2가지였다. 아주 독특하고 가치 높은 제품을 내놓거나, 아주 저렴한 제품을 내놓거나. 그런데 그는 여기에 부연을 덧붙였다. 차별화와 원가 우위는 분명 경쟁 우위를 창출하는 전략이지만, 보유 자원이 한정되어 있을 때는 특정 세분 시장에 자원을 집중하는 것이 더 바람직하다는 얘기다. 이를 '집중화'(focus) 전략이라고 부른다.

집중화의 힘은 크다. 사석위호(射石爲虎)라는 말이 이를 잘 보여준다. 주나라 때 초 지방에 웅거자라는 유명한 활의 명수가 있었다. 그는 어느 날 홀로 산속을 걷다가 호랑이가 숨어 있는 것을 발견했다. 그대로 두면 자칫 자신이 죽을 수도 있기에, 그는 온 정신과 에너지를 모아 호랑이의 복부를 향해 활을 당겼다. 화살은 호랑이의 복부에 정확히 명중했다. 그는 호랑이가 죽었을 거라 생각하고 가까이 가봤다. 그 순간, 기함을 칠 만한 일이 벌어졌다. 웅거자가 맞힌 것은 호랑이가 아니라 커다란 바위 덩어리였던 것이다. 더 놀라운 점은 그 바위의 중앙에 그가 쏜 화살이 깊숙이 박혀 있다는 것이었다. 사석위호는 여기서 유래한 성어다. 화살이 커다란 바위를 뚫듯, 한 곳을 향해 모든 에너지를 결집하면 엄청난 파워를 낼 수 있다는 뜻이다. 사업을 할 때도 마찬가지다. 어디에 집중할지를 정한 후에는 기업이 가진 모든 에너지를 그 한 점에 집중적으로 모으는 것이 중요하다. 그 집중점은 지역, 사업 영역 등 여러 가지가 될 수 있다.

지역의 집중화

보통 '유통업은 규모의 비즈니스'라고들 한다. 중소 규모의 유통 업체는 대개 백화점이나 대형 마트를 못 당한다. 그래서 어느 지역에 대규모 유통 업체가 들어오면 그 지역 중소 업체들은 문을 닫게 된다. 대형 유통 업체들이 시장을 잠식한다는 비판도 있지만, 이는 어쩔 수 없는 시장의 생리다. 그런데 일본 도쿄의 오타구에서는 전혀 다른 광경이 벌어지고 있다.

오타구에는 일본 철도 재벌 도부(東武) 그룹의 도부 스토어, 월마트의 세이유, 일본을 대표하는 유통 업체 이토요카도(伊藤羊華堂), 대형 슈퍼마켓 체인 서미트스토어 등이 밀집되어 있다. 그런데 그런 거대 기업들의 위용에도 눈 하나 깜짝 않고 지역 업계 1위를 달리는 중소 업체가 있다.

이 업체는 불경기로 백화점들이 줄줄이 문을 닫는 가운데서도 홀로 지역을 대표하는 유통 업체로 우뚝 서 있다. 그곳은 'MBC 스페셜'이라는 TV 프로그램에서도 크게 다룬 바 있는 다이신(ダイシン) 백화점. 오타구 내에서도 외진 곳에 들어선 이곳은 규모도 슈퍼마켓 수준으로 작다. 그렇다 보니 일본백화점협회에 등록도 못 했고, 매장이라곤 본점 한 곳뿐이다. 반경 500m의 인구도 2만 명이 채 안 된다. 하지만 이 백화점은 '반경 500m'로 설정한 자신의 영역을 50년 넘게 철저히 지키고 있다.

니시야마 히로시(西山敷) 사장은 그 비결을 '반경 500m 점유율 100% 주의'로 설명했다. 점포를 중심으로 반경 500m 내에서는 단 한 명의 손님도 다른 곳에 내주지 않겠다는 얘기다. 이 숫자에 중소기업들의 생존 전략이 담겨 있다. 다이신 백화점은 이 좁은 영역 안에 모든 역량을 집중한다. 손님에게 필요하다면 뭐가 됐든 갖다놓고 본다. 김치만 해도 23종이나 있다. 절임 상품은 300종, 된장만 170종이다. 심지어 쥐덫이 필요하다는 손님의 요구에 쥐덫도 비치해놓았다. 다른 상점에서는 거의 구할 수 없는 말 털 칫솔과 야자열매로 만든 수세미도 어디선가 구해서 갖다놓았다. 그들은 1년에 달랑 4개밖에 안 팔려도 손님에게 필요하면 무조건 구해다 준다. 그러다 보니 다이신 백화점의 판매 품목은 어느새 18만 종으로 불어났다. 필요한 물건이 다 여기 있으니, 주민들이 가까운 데를 두고 다른 곳에 갈 이유가 없다.

그뿐 아니라 직원들도 지역 주민들과 두터운 친분을 유지하고 있다. 이 지역은 주민의 30%가량이 60세 이상 노령자이고, 고객의 70%가 50세 이상이다. 그래서 나이가 많은 손님들에게 보다 친절한 서비스를 제공하기 위해, 직원들은 70세 이상 고령자 손님이 물건을 사면 집까지 배달해준다. 그리고 지역 어르신이 도시락을 주문하면 매일 다른 메뉴의 도시락을 배송료 없이 집까지 배달해준다. 또 도시락을 배달하러 갔다가 뭔가 수상쩍은 점을 발견하면, 등록된 연락처로 연락해 안부도 확인해준다.

그런가 하면, 매년 여름에는 지역 축제도 개최한다. 또 백화점에 농산물을 공급하는 이바라키 현 농가로 손님들을 초청하는 '벼 베기 여행'도 실시한다. 그런 세심한 서비스와 다채로운 행사 덕에 지역 주민들과 직원들 간에 자연스레 특별한 관계가 형성되는 것이다. 이 같은 집중화 전략을 통해 다이신 백화점은 현재 지역 시장의 70%가량을 점유하고 있다.

사업 영역의 집중화

이처럼 물리적 공간을 집중화의 대상으로 삼을 수도 있지만, 그 대상은 사업 영역이 될 수도 있다. 일본의 자전거 부품 전문 기업 시마노(シマノ)를 대표적인 예로 들 수 있다. 1921년 설립된 이 회사는 세계 자전거 부품 시장의 80%를 점유하고 있다. 30%, 50%도 아닌 80%라니, 이 정도면 시장을 완전히 독무대로 만들고 있다고 해도 과언이 아니다. 세계 어디를 가도 시마노의 부품을 찾아볼 수 있다는 얘기가 된다. 자전거가 없는 지역이 아닌 바에야. 그래서 사람들은 시마노를 가리켜 '자전거계의 인텔'이라고까지 부른다.

시마노가 이렇게 높은 시장 지배력을 갖게 된 이유는 '품질의 차별화'에 성공했기 때문이다. 시마노가 개발한 톱니는 얼핏 보면 균등하게 새겨진 것 같지만, 자세히 보면 각도나 경사, 두께 등이 모두 제각각이다. 동력 전달 과정에서의 손실을 최소화해 변속이 부드럽게 되도록 하기 위함이다. 이 같은 차이는 다른 자전거에서 느낄 수 없는 쾌적한 승차감을 느낄 수 있게 해준다. 시마노는 그런 부품 하나를 생산하기 위해 매년 영업이익의 절반을 연구개발에 투자하고 있다.

이는 사업 영역에 대한 집중화 전략 덕분이다. 그들은 1921년 설립된 이래 90여 년째 '자전거 부품'이라는 한 우물만 파고 있다. 그렇기에 차별화를 위한 노하우와 아이디어도 풍성하게 얻을 수 있고, 또 그로 얻은 이익을 연구개발에 과단성 있게 투자할 수 있는 것이다.

다이신 백화점과 시마노가 공간과 사업 영역에 집중한 예라면, 비지오 (Vizio)는 원가 집중화 전략에 성공한 사례다. 비지오가 만드는 TV의 최대 강점은 값이 훨씬 싸면서도 품질이 삼성, 소니의 TV와 비등하다는 것. 그 비결은 아웃소싱을 통한 고도의 효율화다. 그들은 본사가 기획과 마케팅에 집중할 수 있도록 생산, 유통, A/S 등을 전부 외부 업체에 맡겼다. 특히 유통 부문은 코스트코(Costco), 월마트 등 대형 할인점에 일임하는 전략을 고수했다. 그럼으로써 그들은 비용 절감에 성공했고, 제품 단가를 낮춰 소비자들에게 어필할 수 있었다. 비지오가 북미 시장에서 삼성전자와 소니를 누르고 TV 판매량 1위를 달성한 비결이다.

우물을 파더라도 빠져나올 때를 생각하라

이처럼 집중화로 상식과 통념을 뒤집고 성공가도를 달리게 된 기업들은 세계 곳곳에 있다. 그렇다고 집중화 전략이 무조건 성공을 보장하는 것은 아니다. 이렇게 훌륭해 보이는 전략에도 맹점이 있다는 사실을 간과하지 말아야 한다. 시장이 좀처럼 변화하지 않아서 5~10년 뒤에도 지금과 별다를 게 없다면 집중화 전략을 펼치는 것이 좋다. 그러나 5년, 10년은커녕 당장 내년에도 어떻게 될지 알기 힘들 때는 집중화 전략이 기업의 발목을 잡는 덫이 될 수 있다.

한 가지에 지나치게 몰입하다 보면 시야가 좁아지고, 유연성도 떨어진다. 위기가 다가와도 다른 곳으로 몸을 움직이기는커녕, 신경조차 쓸 여력이 없어지는 것이다. 설령 변화를 간파하더라도 한 곳에 너무 집중한 나머지 다른 곳으로 이동할 동력이 안 생긴다. 한 우물만 며칠이고 계속 파 내려가면 위에서 땅이 흔들리고 흙이 떨어져도 갈 곳이 없다. 너무 좁고 깊은 곳에 갇혀버렸으니 그 자리에서 옴짝달싹도 할 수 없는 것이다. 그러면 결과는 뻔하다. 흙더미에 파묻히는 수밖에.

코닥(Kodak) 또한 그런 식으로 영락의 길을 걸어야 했다는 점은 익히 들어 알고 있을 것이다. 그들은 한 가지에만 초점을 맞추는 집중화 전략으로 필름 카메라 시장에서 독보적 위치를 점유했다. 그것도 디지털 카메라가 보급되기 전의 얘기지만.

세상은 이미 디지털 카메라 위주로 바뀌고 있는데도, 그들은 여전히 필름 카메라에 갇혀 있었다. 한 우물만 파왔던 것이 스스로를 옥죄는 족쇄가 돼버린 것이었다. 물론 그들도 디지털 카메라의 필요성을 절감했다. 그래서 일찍이 개발을 시작하기는 했지만, 필름 카메라 하나에 너무 오랫동안 매달린 나머지 사업 방향을 전환하기가 버겁기만 했다. 결국 그들은 디지털 카메라에 집중적으로 투자한 타 기업들에게 시장을 빼앗겼고, 얼마 안 가 파산보호를 신청하는 지경에 이르게 됐다.

이 같은 경직성의 함정에 빠지지 않으려면, 우리는 집중화 전략을 치밀하게 계획·구사해야 한다. 선택과 집중에도 유효기간이 있다는 사실을 알아야 한다. 웬만한 사업은 5~10년 이상 지속되기 어렵다. 집중화 전략을 통해 사업이 성공하더라도 그 수명은 영원하지 않다.

따라서 집중화를 시작하기 전에는 집중 기간을 어느 정도로 잡아야 좋을지 가늠하는 게 순서다. 그리고 그 기간이 다 되어갈 때는 재빨리 새로운 대상을 찾아 집중할 준비를 해야 한다. 이러한 시간 관념이 부족하면 변화에 대한 대책도 세우기 어렵다.

물론 10년 이상 오래가는 사업도 많지만, 그런 경우에도 시간 관념은 필요하다. 집중 기간을 좀 더 느슨하게 정하되, 기간이 종료되는 시점은 반드시 오게 된다는 점을 잊지 말아야 한다.

또 모든 자원을 집중하면서도 시장의 변화에는 항상 촉각을 곤두세워야 한다. 시장은 끊임없이 흐르는 강물과 같다. 기업에는 그런 변화에 맞춰 집중 대상을 유연하게 바꿀 수 있는 체계가 필요하다. 그러려면 차기 집중 대상을 발굴하는 작업이 상시적으로 이뤄져야 함은 물론이다.

이처럼 치밀한 집중화 전략의 가장 좋은 예로 몬산토(Monsanto)를 꼽을 수 있다. 1901년 설립된 몬산토는 본래 코카콜라에 사카린과 식품 첨가물을 납품하던 하청 업체였다. 그러나 이후 그들은 식품 첨가물 제조를 통해 익힌 화공 기술을 바탕으로 아스피린 제조에 뛰어드는가 하면, 석유 산업 시대가 열리자 플라스틱 등의 석유화학 공업에 투신하여 미국 4위의 거대 종합화학 기업으로 도약했다.

그러나 그들은 거기서 그치지 않고 훨씬 과감한 모험을 거침없이 단행했다. 1993년 CEO로 취임한 로버트 샤피로(Robert Shapiro)는 화학에 '올인'하고 있던 회사의 진로를 생명 공학으로 완전히 틀어버렸다. 석유 시장의 점증하는 위기를 미리 내다보고 있었기 때문이다.

그리하여 몬산토는 생명 공학이라는 생소한 분야에 무려 80억 달러를 쏟아 부었다. 그리고 기아와 환경 문제를 해결할 신기술 개발에 박차를 가했다. 생명 공학에 더욱 완벽히 집중하기 위해 아예 '몬산토를 생명 공학 기업으로 바꾸겠다'고 선포하기까지 했다. 그 결과 몬산토는 예기치 않은 분야에서 활로를 찾아냈다. 그것은 유전자 변형 작물, 즉 GMO(Genetically Modified Organisms)였다. 이후 몬산토는 기존의 석유 화학 부문을 모두 매각하고, 세계 3대 첨단 생명 공학 기업의 하나로 꼽히는 선진 기업으로 자리매김했다.

이 모든 것은 새로이 집중해야 할 대상을 부단히 탐색하는 조직이 있기에 가능한 일이었다. 몬산토는 CEO를 중심으로 신규 사업 발굴을 담당하는 조직을 지금까지도 운영하고 있다.

우리들 또한 몬산토의 예처럼 좀 더 치밀하고 분석적인 집중화 전략을 펼칠 필요가 있다. 우물을 깊게 파는 것도 중요하지만, 아무 생각 없이 '더 깊이, 더 깊이'만을 외치다가는 코닥처럼 변화하는 세상에 적응하지 못하고 흙더미에 파묻혀버리게 될 수 있다. 집중도 상황을 봐가면서 해야 사석위호를 이룰 수 있다는 점을 항상 기억하자.

현대 축구사에서 가장 걸출한 선수를 꼽으라면 나는 주저 없이 리오넬 메시(Lionel Messi)를 택할 것이다. '축구의 신', '경기장의 메시아', '모든 기록의 종결자'. 메시를 가리키는 수식어들이다. 물론 그가 축구를 잘한다는 건 모두들 아는 사실이지만, 사람들은 그가 이뤄놓은 기록을 볼 때마다 새삼 놀라움을 느낀다.

메시는 2012년에 무려 91골을 넣으며 40년 만에 한 해 최다 골 기록을 경신했다. 과거의 최다 기록인 독일 게르트 뮐러(Gerd Müller)의 85골, 역대 최고 선수로 칭송받는 브라질 펠레(Pele)의 75골을 한참 앞지른 숫자다. 2012년 말 기준으로 보면 숙명의 라이벌이기도 한 크리스티아누 호날두(Cristiano Ronaldo)보다도 20여 골이나 앞선다. 그는 2004년 10월 데뷔전을 치른 이래 총 278골을 기록했다. 바르셀로나 클럽 113년 역사상 최고 기록이다. 지금도 메시가 넣는 한 골 한 골은 축구계에 선명한 족적이 되어 남고 있다.

경기하는 모습만 봐도 그는 모든 면에서 완벽 그 자체다. 수비수들을 허수아비로 만드는 드리블, 상대의 혼을 빼놓는 벼락같은 슈팅, 그리고 미사일 같은 프리킥 등, 메시는 그야말로 모든 움직임이 무기다.

그중에서도 전문가들이 메시의 가장 강력한 무기로 꼽는 것은 '공간 침투 능력'이다. 사실 수비수는 상대 공격수가 슈팅을 마음대로 하도록 허락하지 않는다. 뛰어난 공격수를 상대할수록 더욱 단단한 빗장 수비로 슈팅을 저지한다.

하지만 아무리 철옹성처럼 걸어 잠근 빗장도 메시 앞에서는 바람에 날리는 낙엽처럼 무기력해진다. 그는 빽빽한 숲을 이룬 수비수 사이에서도 종내 절묘한 움직임을 보이다가, 남들이 생각지도 못했던 공간으로 순식간에 치고 들어가 슛을 날리고야 만다. 메시의 외계인급 슈팅 능력 또한 이런 공간 확보 능력에서 비롯되는 것이다.

이는 비단 축구에만 통하는 얘기가 아니다. 모든 경쟁은 '공간 싸움', 즉 자리다툼에서 시작된다. 언제나 좋은 공간, 좋은 자리를 확보하는 자가 유리한 입장에 서게 된다.

예전에 같은 직장에서 일하다가 청와대 대통령실 비서관으로 부름을 받고 간 선배 직원이 있다. 워낙 일 잘하기로 유명했던 터라, 그의 일하는 방식은 직원들 간에 많이 회자되곤 했다. 그런 그의 업무 원칙은 한마디로 '일하기 전에 입지 먼저 구축하라'다. 그는 프로젝트를 맡게 되면 일단 자신이 일하기 좋은 환경부터 만들어놓는다. 먼저 모든 관계자들과 만나 교류하면서 그들을 자신을 흔쾌히 도와줄 우군으로 만들어낸다. 또 향후 생기게 될 문제를 사전에 예상해서, 이를 쉽게 풀 수 있는 장치를 준비한다. 그리하여 수많은 우군에게서 풍부한 아이디어와 전폭적인 지원을 얻어 최고의 결과를 만들어낸다. 만약 돌발 상황이 생겨도 미리 마련해둔 장치를 이용, 문제를 가뿐히 해결하고 일을 차질 없이 마무리한다. 이처럼 일하기 좋은 환경, 즉 '공간'을 만들어놓으면 성과를 내기가 훨씬 수월한 법이다.

기업도 마찬가지다. 사업을 벌일 때는 환경(공간)이 어떤지 먼저 따져볼 일이다. 유리한 공간에 있어야 더 나은 성과를 만들어낼 수 있다. 그리고 그것은 메시가 탁월한 감각으로 만들어내는 공간의 성격과 크게 다르지 않다. 그렇다면 기업이 뛰어난 공간 침투 능력을 발휘하기 위한 원칙은 무엇일까. 지금부터 하나하나 살펴보도록 하자.

1. 상대가 무엇을 상상하든 그 이상을 보여줘라

첫째, 경쟁자는 접근하지 못하는 동시에 자신에게는 유리한 곳을 찾아야 한다. 대부분의 구기 종목은 수비수가 많으면 슈팅을 날릴 틈이 없다. 그래서 수비수들은 미리 좋은 자리를 꿰차려고 무던히 애를 쓴다. 비즈니스 또한 마찬가지다. 기회가 많은 영역일수록 경쟁자도 많다. 그리고 경쟁자가 많은 곳에서는 기회를 확보할 가능성이 낮으며, 높은 수익률도 기대하기 어렵다.

그래서 좋은 기회가 있고 경쟁자는 별로 없는 공간이 필요한 것이다. 하지만 축구나 농구 몇 번 해보면 알 수 있듯이, 말이 쉽지 실제로는 굉장히 어려운 일이다. 그렇다고 걱정부터 할 필요는 없다. 우리는 2,200여 년 전 대제국 로마를 벌벌 떨게 했던 명장 한니발(Hannibal)의 묘수에서 그 요령을 엿볼 수 있다.

기원전 200년 즈음 발발한 2차 포에니 전쟁은, 지금의 북아프리카 튀니지 땅에 자리한 도시국가 카르타고와 로마가 지중해의 패권을 두고 격돌한 싸움이다. 이 전쟁은 '한니발 전쟁'이라고도 불릴 만큼 한니발의 활약이 두드러졌다.

전쟁이 시작되자, 카르타고의 명장 한니발은 10만여 명의 대군과 코끼리 37마리를 이끌고 로마로 출정했다. 당시에 10만 명이라고 하면 어마어마한 대군이라 할 수 있다. 하지만 로마는 괜히 로마가 아니었다. 병력 규모도 무시무시한 데다, 선진화된 방어 시스템을 갖춘 난공불락의 철옹성이었다. 아무리 위대한 장수라도, 아무리 강력한 군대라도 로마의 방어진을 쉽게 뚫을 수는 없었다.

그러나 놀랍게도 결과는 로마의 참패. 천하를 호령하던 대제국의 군대가 풍비박산 난 이유는 단 하나, 상상을 뛰어넘는 한니발의 공간 침투 경로였다. 당시 로마인들은 10만 대군과 코끼리들을 이끌고 알프스의 눈 덮인 험봉(險峰)을 넘는다는 게 말이나 되겠냐며, 다들 카르타고가 지중해를 가로질러 로마를 정면 돌파하리라고밖에 생각지 못했다. 따라서 이탈리아 반도 북쪽을 방비할 생각은 조금도 하지 못했다.

하지만 한니발은 모두가 예상하는 길로 절대 가지 않았다. 그는 대군을 이끌고 과감히 알프스 산맥을 넘어 로마의 옆구리를 타격했다. 그러니 로마 군대도 어쩔 수 없이 속수무책으로 당해야 했던 것이다. 한니발은 이 한 번의 낙승을 계기로 파죽지세의 승리를 거두며 점차 로마를 압박해나갔다.

이쯤 되면 공간 침투의 한 가지 중대한 힌트를 얻었을 것이다. 좋은 기회가 있으면서도 경쟁자가 접근하지 못하는 공간을 확보하는 방법은 '아무도 예상치 못하는 공간'으로 침투하는 것이다.

21세기 초의 애플 또한 그러했다. 그들은 이 시기에 아이팟과 아이튠즈(iTunes)의 결합이라는 신종 비즈니스 모델로 비약적인 성장을 이뤘다. MP3 플레이어 업체들이 음질과 디자인에만 골몰할 때, 아무도 거들떠보지 않는 영역을 개척한 덕분이다. 그것은 바로 하드웨어와 소프트웨어의 융합이었다.

그들이 착안한 것은 MP3 음악의 번거로움이었다. 당시만 해도 MP3 플레이어를 사용하려면 다소 귀찮고 복잡한 과정을 거쳐야 했다. 먼저 온라인 음악 사이트에서 음악을 구매한다. 그리고 이를 PC에 다운로드한다.

다음으로 PC와 MP3 플레이어를 연결해 파일을 옮겨야 한다.

다들 그렇게 하고 있었기에 크게 인식하지는 않았지만, 지금과 비교해 보면 굉장한 번욕으로 느껴질 만한 과정이었다. 그럼에도 이를 원터치로 손쉽게 처리할 수 있는 서비스는 부재했다. 애플은 누구도 인지하지 못하고 있던 그 빈 공간을 공략했다. 그 결과물로 나온 것이 아이튠즈였다.

아이튠즈는 음악을 사는 마켓인 동시에, 음악 파일을 MP3 플레이어에 넣어주는 관리 시스템이기도 했다. 그래서 듣고 싶은 음악을 쉽게 구할 수 있었고, 음악 파일을 아이팟으로 옮기는 것도 식은 죽 먹기였다. 이 같은 아이팟과 아이튠즈의 결합은 엄청난 시너지 효과를 창출했다. 아이튠즈는 아이팟 구매를 촉진했고, 아이팟 이용자는 아이튠즈의 단골이 되는 선순환을 이룬 것이다. 이후 출시된 아이폰과 앱스토어의 결합도 이와 유사한 맥락으로 성공을 거뒀다. 이렇게 빈 공간을 선점한 애플은 MP3 플레이어뿐 아니라 전 세계 스마트기기 시장까지도 장악할 수 있었다.

2. 나한테만 유리하면 된다

둘째, '공격과 방어가 유리한 공간'을 점유하라. 공격이면 공격이고 방어면 방어지, 어떻게 한 자리에서 둘 다 해결할 수 있을까? 해답은 다름 아닌 영화에 있다. 영화 '300'을 보면 스파르타 군대가 달랑 300명만 가지고 페르시아의 100만 대군과 맞서 싸우는 장면이 나온다. 영화를 봤다면 내가 하려는 말이 뭔지 다 알 테니 여기서 설명을 마치겠다. 이 얘기는 건너뛰고 다음 얘기로 넘어가도 좋다.

어쨌든 3만 대 100만도 아니고 300대 100만이라니, 숫자만 놓고 봐도 승산이 있을 리가 없다. 그러나 레오니다스(Leonidas) 왕을 선봉에 둔 스파르타 전사들은 페르시아의 무차별 공격에 굴하지 않았다. 오히려 페르시아 대군을 초조하게 만들었다. 어떻게 이런 일이 가능했을까?

그 비결은 당시 전투가 벌어졌던 '데르모필레 협곡'에 있었다. 이 협곡은 끔찍이도 좁아서 100만 대군이 한꺼번에 들어가기엔 어림도 없었다. 통과 가능한 인원은 고작 300에서 500명. 따라서 스파르타 전사들은 협곡으로 조금씩 새어 들어오는 적군과 300대 500 정도로 싸울 수 있었다. 여기에 월등한 개인 전투력이 더해져 페르시아 군을 야금야금 베면서 엄청난 피해를 줄 수 있었다.

물론 결과적으로 스파르타 군은 전멸했기에, 이것을 승리라고 말할 수는 없다. 그러나 극소수의 인원이 3,000배 이상의 적군과 대등하게 싸웠다는 것만으로도, 당시로서는 일대 혁신이라 할 만한 일이었다. 이처럼 공간이 자신에게 유리하면서 상대에게는 불리하다면, 경쟁에서 승리할 가능성은 높아질 수밖에 없다.

이런 공간을 창조해낸 대표적인 국내 사례로 NHN과 카카오(Kakao)를 들 수 있다. 이 두 회사에는 공통점이 있다. 우선 둘 다 독보적인 회원 수를 보유하고 있다. NHN의 포털 사이트 네이버는 현재 4,000만 명에 육박하는 국내 회원을 보유하고 있고, 2011년 6월 출시한 모바일 메신저 '라인'은 19개월 만에 세계 회원 수 1억 명을 돌파했다. 카카오가 2010년 3월 출시한 SNS '카카오톡' 또한 국내 가입자 수만 3,500만 명에 달하고, 2013년 7월에는 세계 회원 수 1억 명을 돌파했다.

하지만 이보다 훨씬 중요한 공통점이 있으니, 그것은 온라인 유통망을 장악했다는 것이다. 그들은 광고 플랫폼부터 거래 발생에 이르기까지, 유통에 관여하는 주요 비즈니스를 모두 흡수했다. 그들은 회원 수도 압도적인데 유통망까지 손에 쥠으로써, 업계의 경쟁자들이 시장을 공략할 여지를 없앴다. 그들이 자체 유통망을 통해 회원들에게 자사 서비스를 제공하면, 아무리 훌륭한 SNS가 새로 나와도 그 틈바구니에 끼어들 수가 없는 것이다.

스마트폰 클라우드 서비스를 개발한 어느 벤처기업 대표는 "아무리 유망한 프로그램을 만들어도 이제 네이버나 카카오톡을 통하지 않으면 클수가 없고, 이들이 비슷한 서비스를 만들면 사장될 수밖에 없다."며 고충을 토로했다. 네이버는 2012년 SNS '밴드'를 출시해 9개월 만에 1,000만 다운로드를 돌파함으로써 다른 중소업체들을 침울하게 만들었다. 상황이 이렇다 보니 그 어떤 경쟁자도 온라인 시장에 들어올 엄두를 못 내는 것이다. 네이버와 카카오톡은 이미 다른 경쟁 업체와 전혀 다른 공간에 들어서 있는 것이다. 이처럼 막강한 회원 수를 보유하거나, 유통망을 장악하고 따라올 수 없는 제품 차별화로 진입 장벽을 구축하는 것. 그것이 나에겐 유리하고 상대에겐 불리한 공간을 만드는 요령이다.

3. 패스 받기 좋은 곳을 찾아라

셋째, 전후방에 도움을 주고받을 우군이 많은 곳을 찾아라. 이 세상에 혼자 하는 게임은 거의 없다. 메시도 상황이 여의치 않을 때는 훌륭한 동료 선수에게 언제든 공을 패스했다. 그리고 절묘한 시점에 다시 패스를 받아 결정적인 슈팅을 날렸다. 나의 선배와 동료 들 역시 일을 원활히 진행하기 위해 사전에 우군들을 많이 만들어놓았다. 패스를 주고받을 우군이 많아야 사업하기도 좋은 법이다. 만일 우군이 많은 곳을 찾기 어렵다면, 동맹군을 만들어서라도 사방을 우군으로 채워야 한다.

인텔은 한때 '인텔 왕국'이라는 말이 나돌 정도로 반도체 시장에서 엄청난 장악력을 보여줬다. 하지만 이제는 대세가 바뀐 지 오래다. IT 시장이 PC에서 모바일 중심으로 바뀌면서 ARM(영국 반도체 설계 전문 업체)이라는 신흥 주자가 단번에 1위 자리를 꿰찬 것이다. 그들은 단순히 1위만 한 게 아니라, '2010년 휴대폰 칩 시장 점유율 90%'라는 경이적인 기록까지 세웠다.

일반적으로 반도체 회사들은 설계, 개발, 생산 등의 모든 영역을 수직적으로 통합, 독점적 지위를 구축하는 방식을 추구한다. 하지만 ARM은 전혀 다르게 행동했다. 그들은 일단 핵심 기술을 가지고 있었다. 반도체 칩의 두뇌 역할을 하는 프로세서를 설계하는 기술이다. 그리고 이 기술을 모바일 관련 사업을 하는 기업들에게 라이선스 형태로 아주 싸게 제공한다. 수수료가 너무 낮아서 '도대체 뭐로 돈을 벌려고 그러냐?'는 질문을 받을 정도다. 뿐만 아니라 고객사가 ARM의 칩을 변형해서 원래 용도와 다르게 활용하는 것까지 허용한다. 기술 시장에서는 그야말로 '고금에 없던' 일이다. ARM은 대체 무슨 이유로 이렇게까지 호의를 베푸는 것일까?

사실 그들의 목적은 수수료가 아니다. 여러 우군들로 구성된 일종의 거대한 생태계를 조성하는 것이다. 실제로 ARM은 모바일 칩셋 시장의 거의 모든 잠재적 경쟁자들을 진정한 협력자로 만들었다. 고객사들의 입장에서는 사업에 필요한 핵심 기술을 저렴하게 제공해주니 고마운 일이다. 게다가 우리 회사 제품에 꼭 맞게 응용할 수도 있게 해주니 활용 가치도 뛰어나다. 이렇다 보니 지금까지 전 세계 300여 반도체 회사와 1,000여 개 협력사들이 그들과 손을 잡았다.

이처럼 장기적인 포석을 둠으로써 ARM은 매출 증대는 둘째 치고, 업계의 독점적 지위까지 노릴 수 있게 되었다. 많은 기업이 ARM 칩을 차용하면 업계 표준이 되는 건 당연한 수순이기 때문이다. 실제로 2010년에는 휴대폰, 스마트폰, 태블릿 PC, MP3 등의 디지털 기기에 장착된 214억 개의 칩 중 ARM 것이 61억 개를 차지했다. ARM 혼자 28.5%에 육박하는 점유율을 기록한 것이다. 2015년이 되면 전체 칩이 336억 개로 대폭 늘어날 예정이다. 그리고 그 혜택을 가장 많이 받는 기업은 단연 ARM이 될 것이다. 이들처럼 본격적으로 사업을 펼치기 전에 사방(공간)을 동맹군으로 메우는 것, 그것이 타의 추종을 불허하는 공간 장악력을 발휘하기 위한 마지막 원칙이다.

지금까지 살펴봤듯이, 승리는 절호의 공간에서 시작된다. '절호'라는 말은 무엇을 하기에 기회나 시기가 더없이 좋다는 의미다. 경쟁자가 넘보지 못하는 공간, 공격과 수비가 유리한 공간, 그리고 우군이 많은 공간이 바로 그런 '절호의 공간'이다. 그런 공간에 서 있는 것 자체만으로도 사업은 훨씬 수월하게 진행될 것이다. 지금까지 살펴본 경쟁의 다양한 규범들도 불리한 공간에서는 별다른 힘을 발휘하기 어렵다는 점을 기억하자.

구루의 통찰 | 절묘한 공간을 결정짓는 5가지 요소

마이클 포터

하버드대 경영대학원 석좌교수. '현대 전략 분야의 아버지'라 불리는, 명실 공히 경영 전략의 세계 최고 권위자다. 피터 드러커, 톰 피터스(Tom Peters)와 함께 세계 3대 경영 석학으로 평가되고 있다. 경영학과 경제학을 가로지르며 개별 기업, 산업 구조, 국가를 아우르는 연구를 전개해 지금까지 17권의 저서와 125편 이상의 논문을 발표했다. 그중에서도 《경쟁전략Competitive Strategy》, 《경쟁우위Competitive Advantage》, 《국가 경쟁

우위The Competitive Advantage of Nations)로 이어지는 3부작은 '경영 전략의 바이블이자 마스터피스'로 공인받고 있다. 여기서 제시한 경쟁 우위, 산업 구조 분석, 5가지 경쟁 요인, 본원적 전략, 전략적 포지셔닝, 가치 사슬, 국가 경쟁력 등의 화두는 전략 분야를 넘어 경영학 전반에 새로운 지평을 개척한 것으로 평가된다.

마이클 포터 또한 공간에 대해 언급한 바 있다. 그는 산업마다 특성이 모두 다르며, 기업이 진출·성장하기에 더 유리한 산업이 있다고 주장했다. 그리고 이를 '산업 매력도'라는 용어로 설명했다. 경영이 수월해지려면 절묘한 매력을 지닌 영역에서 사업을 펼치는 것이 좋다. 이 같은 산업 매력도를 결정짓는 요인은 모두 5가지다. 이는 오늘날 신규 시장에 진출할 때 산업 구조를 분석하는 기본 개념으로도 활용되고 있다.

1. 신규 또는 잠재적 진입 기업의 위협

업계에 신규 기업이 자체 진출하거나, 업계에서 입지를 굳힌 기업을 인수하여 들어올 때의 위협을 말한다. 이때 진입 장벽이 높거나 신규 업체를 상대로 기존 업체들이 방어벽을 구축하거나, 가격 전쟁과 같은 보복 조치를 취할 가능성이 있다면 위협은 그만큼 낮아진다. 포터 교수는 진입 장벽으로 규모의 경제, 필요 자본 규모, 정부 정책, 전환 비용, 유통 채널의 접근성, 제품 차별화, 제품 관련 독점 기술 등을 꼽았다.

2. 구매자의 교섭력

과일 가게에서 손님이 값을 깎아달라고 하듯이, 구매자는 판매자에게 가격 인하 압력을 넣는 경우가 많다. 또 더 좋은 품질과 서비스를 요구하고, 업체 간의 경쟁을 유도하는 식으로 해당 산업에 위협을 가한다. 이는 모두 업계의 수익성 저하로 이어진다.

3. 공급자의 교섭력

기업이 제품을 제조하려면 원료나 기초 기술을 사용해야 하는데, 이를 공급하는 것이 공급자다. 한 가지 유념할 것은 구매자 교섭력과 공급자 교섭력은 수요와 공급 관계에 있다는 점이다. 공급자는 많은데 구매자가 적다면 구매자가 우위에 서게 된다. 반대로 구매자는 많은데 공급자가 적다면 공급자가 유리한 위치를 점할 수밖에 없다.

4. 대체재의 위협

'대체재'는 고객 욕구를 충족하기 위해 이전의 것 대신에 제공하는 전혀 다른 제품이나 서비스를 말한다. 2004년 우리나라에 KTX가 개통되자 가장 민감하게 반응한 것은 항공 업계였다. 서울에서 부산까지의 소요 시간이 5~6시간에서 3시간으로 대폭 단축됨으로써, 시간 절약을 위해 국내선 비행기를 타지 않아도 되는 상황이 온 것이다. 이 경우 KTX가 항공기의 대체제가 된다. 실제로 대한항공의 경우 김포에서 김해까지 가는 노선의 승객이 KTX 개통 이후 절반으로 줄었다. 식품 업계에서 고농도 옥수수 시럽이나 인공 감미료가 설탕을 대체하는 것도 비슷한 예다.

5. 기존 기업 간의 경쟁

이는 직접적으로 경쟁 관계에 있는 기업들이 얼마나 치열하게 경쟁하느냐를 의미한다. 산업 영역 내 경쟁 기업의 수, 각 기업의 영향력 등이 여기에 큰 영향을 미친다.

이 5가지를 종합해보면 매력도 높은 영역이 어디인지 알 수 있다. 경쟁이 치열하지 않으며, 진입 장벽이 높아서 신규 진입자의 위협이 적고, 구매자나 공급자의 교섭력이 약해 수익성을 저해하는 각종 압력을 받지 않으며, 대체제의 위협이 적을수록 경영하기 수월한 영역인 것이다. 지금 몸담고 있는 산업 영역의 매력도가 낮을수록, 기업은 더욱 치밀한 경쟁 전략을 세워야 한다.

병귀신속, 속도가 경쟁력이다

《삼국지 곽가전》을 보면, 전한 말기에 조조의 세력이 '선우'라는 북쪽 세력과 대치하는 장면이 나온다. 선우의 진영은 당시 가장 큰 지배력을 자랑하던 원소조차 함부로 건드리지 못할 정도로 세력이 컸다. 그들은 조조의 세력을 견제하기 위해 틈만 나면 군대를 일으켜 조조를 괴롭혔다. 견디다 못한 조조는 선우가 더 이상 침략하지 못하도록 그의 세력을 궤멸하기로 결정했다. 문제는 병력의 열세였다. 어떻게 하면 적은 병사들로 저 대군을 제압할 것인가? 그때 조조의 참모였던 곽가가 이런 전술을 내놓았다. "다른 병사들은 그대로 두고 전투병만 보내십시오."

병사, 말, 식량, 물 등을 전부 전쟁터에 끌고 나가면 수송이 더뎌진다. 하지만 전투병만 보내면 움직임이 기민해지고, 단시간에 높은 전투력을 발휘할 수 있다. 이것이 바로 곽가가 제안한 '병귀신속'(兵貴神速)이라는 책략의 핵심이었다. 이를 간파한 조조는 곽가의 제안을 받아들여 전투병 만으로 진격했다. 결과는 대만족, 신속하게 움직이는 조조의 전투병들은 순식간에 선우의 군대를 모조리 쓸어버렸다. 속도가 규모를 이긴다는 것을 보여주는 좋은 예다.

경영 환경이 급변하는 상황에서 속도는 엄청난 경쟁력을 창출한다. 피터 드러커는 "시간이 가장 성스러운 자원이다. 시간을 관리하지 못하면 아무것도 할 수 없다."고 강조했다. 시스코의 존 챔버스 회장 또한 "덩치가 큰 기업이 항상 작은 기업을 이기는 것은 아니지만, 빠른 기업은 언제나 느린 기업을 이긴다."고 했다. 비즈니스의 성패는 기회를 누가 더 빨리 확보하느냐, 즉 '스피드 경영'을 누가 더 잘하느냐에 달려 있다는 얘기다.

그런데 우리는 가끔 '스피드 경영'을 100m 달리기처럼 '일을 빨리 해치우는 것'으로만 생각할 때가 있다. 그러나 시간이라는 변수에는 매우 다양한 의미가 내포되어 있다. 이를 가장 잘 이해하고 실현한 인물이 삼성전자 이건희 회장이다. 그는 삼성전자가 지향해야 할 스피드 경영의 4가지 요소를 다음과 같이 언급했다.

먼저(early), 빨리(fast), 제때(on-time), 자주(real-time)

여기서 '먼저'는 좋은 기회를 남보다 빨리 잡아야 한다는 의미다. 미래의 유망 산업을 일찍 발굴하고 사전 준비를 철저히 함으로써, 다른 기업이 시도하기 전에 먼저 깃발을 낚아채라는 얘기다.

두 번째로 '빨리'는 시간 단축을 의미한다. 상품 개발 시간뿐 아니라, 주문·출하 시간, 각종 프로세스에 걸리는 시간, 의사 결정 기간 등을 줄이는 것이다.

세 번째, '제때'는 적절한 타이밍을 말한다. 고객과 약속한 납기일을 준수하고, 필요한 시점에 필요한 만큼의 물량을 공급하라는 뜻이다.

마지막으로 '자주'는 물류, 재무, 인사 등에 대한 관리를 실시간으로 하고, 다품종 소량 생산과 고회전율을 지향하는 것을 말한다.

이런 스피드 경영을 탁월하게 구현해낸 기업으로, 글로벌 패션 업계에 일대 지각 변동을 일으킨 자라(Zara)를 들 수 있다. 자라는 유행을 예측해 옷을 만들지 않는다. 그들은 트렌드에 맞는 제품을 신속히 공급하는 시스템을 개발함으로써 세계적인 브랜드로 성장했다. 그들의 전략은 다품종 소량 생산으로, 트렌드에 맞는 의류를 제때, 빨리 만들어 판매하는 것이다. 아만시오 오르테가(Amancio Ortega) 회장은 '옷 장사는 생선 장사와 같다'며, 유행 지난 옷은 전날 잡은 생선처럼 신선도가 떨어진다고 여겼다. 그리고 재빠른 신제품 출시를 지향했다. 그래서인지 자라의 상품 회전율은 놀라울 정도다. 2주에 한 번씩 매장에 진열된 제품의 70%가 교체

된다. 1년에 무려 2만여 종의 옷을 선보이는 셈이다. 제품을 이보다 자주 출시하는 회사가 또 있을까? 또 중간 유통 과정을 통합·간소화한 것도 엄청난 회전율에 일조했다. 자라의 신상품이 전 세계 매장에 퍼져나가는 데는 고작 2주밖에 걸리지 않는다. 경쟁 업체인 H&M과 갭(Gap)이 6개월 정도 걸리는 것을 감안하면 그야말로 초고속이라 할 수밖에 없다. 이렇게 트렌드에 가장 빨리 접근하는 속도전을 펼친 결과, 자라는 패션 업계의 아이콘으로 자리 잡을 수 있었다.

인천 국제공항도 스피드 경영을 통해 급부상한 경우다. 인천공항은 '항공 업계의 노벨상'으로 불리는 세계 공항 서비스 평가에서 6년 연속으로 부동의 1위를 차지하고 있다. 이는 업계에 전무후무한 기록이다. 그만큼 최고의 서비스를 제공하고 있다는 얘기다.

그들의 서비스는 출입국 소요 시간 단축 면에서 특히 뛰어나다. 공항 서비스의 기본이라 할 수 있는 이것은 인천공항을 세계 최고의 반열에 올려놓은 일등공신이다. 사실 출입국 시간 단축은 세계 모든 공항의 최우선 과제라고 할 정도로 중요하다. 인천공항이 세계 최고 공항으로 불리는 것도 그 시간이 타 공항과 비교하기 힘들 만큼 짧기 때문이다.

인천공항의 출입국 시간 목표는 '출국 45분, 입국 40분 이내'다. 출국 승객의 95%를 45분 이내로 처리하고, 입국 승객의 95%를 40분 이내로 처리한다는 것이다. 이를 위해 인천공항은 안내 표지판부터 보안 검색까지, 공항의 모든 요소가 유기적이고 효율적으로 움직이도록 했다. 모든 업무가 동시에 개선되어야 시간을 제대로 단축할 수 있기 때문이다.

여기에 '사전 승객 분석 시스템'(APIS)과, 세계 최초로 도입한 출입국 승객 예고 시스템 역시 목표 달성에 일조했다. 전자는 문제가 될 만한 승객을 미리 파악하는 시스템이다. 또 후자는 몇 명의 승객이 공항 내에서 어떻게 움직일 것인지 예측하는 시스템이다. 출국 승객의 경우 특정일 이틀 전에, 입국 승객의 경우 하루 전에 예측이 완료된다. 첨단 기술을 도입, 효율적인 스피드 경영을 구현한 것이다.

또한 그들은 내국인을 대상으로 무인 자동 출입국 심사대 24대를 운영 중이다. IT 기술과 생명 공학 기술을 접목한 이 심사대에서는 단 10초면 출국 심사가 끝난다. 이 같은 노력으로 인천공항은 출입국 소요 시간을 절반 가까이 단축해냈다. 인천공항의 출국과 입국 소요 시간은 2005년 각각 29분 23초, 20분 30초였던 것이, 2010년에는 각각 16분, 12분으로 줄었다. 국제민간항공기구(ICAO)가 기준으로 제시한 60분과 45분의 3분의 1 수준이다. 이로써 인천공항은 출입국이 세계에서 가장 빠른 공항으로 명성을 떨치게 되었다.

물론 병귀신속, 즉 스피드 경영에도 주의할 점이 있다. 빨리 가되 서둘러서는 안 된다는 점이다. 알묘조장(揠苗助長)이라는 말이 있다. 싹이 빨리 자라게 하려고 억지로 위로 잡아당기다가는 뿌리가 뽑혀 식물이 죽고 만다는 뜻이다. 운전을 할 때도 무조건 남보다 먼저 가려다가 '영원히 먼저 가는' 경우가 허다하지 않은가. 무작정 '빨리빨리'만 외치면 일을 망친다. 품질이 떨어지고, 인재들이 지쳐서 능력을 발휘하지 못하게 되는 수가 있다. 따라서 기업은 스스로의 역량을 충분히 고려해서 최적의 결과를 내는 데 우선순위를 둬야 한다. 그러려면 자기 역량 내에서 속도를 늦추는 요인을 제거하는 데 신경 쓰는 것이 중요하다.

또한 싹이 잘 자라게 하려면 무작정 잡아당기면 안 된다. 먼저 잘 자랄 환경을 조성해야 한다. 이는 기업으로 말하면 업무 단순화가 되겠다. 업무의 종류를 불문하고, 복잡성이 커지면 생산 속도가 더뎌진다. 그러므로 복잡한 의사 결정 과정이나 제도, 그리고 속도를 지연하는 관행들을 없애야 한다. 제품 자체에서도 부품과 기능을 최소화하는 게 제조 속도를 높여 무리 없이 출시를 앞당기는 길이다.

알묘조장의 또 다른 교훈은 '내가 원하는 속도가 아닌 자연의 속도에 맞춰야 한다'는 것. 스피드 경영에서 말하는 속도는 경영자의 욕심이 아니라, 시장의 요구에 가합한 것이어야 한다. 시간, 시점, 시기에 대한 기업과 고객의 관점은 서로 다르게 마련이다. 제품을 빨리 내놓은 거라고 내놨는데 소비자가 봤을 때는 늦은 것일 수 있다. 반면 기업은 늦었다고 생각하고 시장에 내놨는데, 소비자가 너무 이른 출시라 여기고 제품을 멀리하는 수도 있다. 시장과 소비자가 원하는 시점을 가능한 한 정확히 파악하여 그 시기에 맞추는 것이 가장 현명한 '타이밍 계산법'이다.

숲 속에 두 갈래 길이 있었지.

나는 사람들이 덜 다닌 길을 택했고

그것이 내 모든 것을 바꾸어 놓았네.

미국 시인 로버트 프로스트는 '가지 않은 길'(The Road Not Taken)에서 이렇게 읊었다. 물 건너 영국에도 프로스트처럼 '가지 않은 길'만 추구했던 인물이 있다. 그는 전설적인 산악인이자 탐험가 크리스 보닝턴(Chris Bonington). 그는 지난 50여 년간 남들이 한 번도 가지 않은 미답봉(未踏峯)만 골라 도전해왔다.

16세부터 암벽등반을 시작한 그는 19차례나 히말라야 원정대에 참여했고, 에베레스트도 4차례나 등반했다. 그리고 마침내, 50세가 되던 1985년 세계 최고봉 정상에 올라섰다. 알프스를 비롯한 세계의 수많은 거봉을 최초로 밟은 주인공 또한 크리스 보닝턴이다. 그는 여기에 안나푸르나 2봉을 비롯, 올드맨오브호이, 파타고니아의 페인 중앙봉, 창가방, 그린랜드의 빙하, 네팔의 드랑낙리를 최초로 등정한 인물이기도 하다. 이렇게 아무도 오르지 않은 험봉에 최초로 도전하거나, 등반 자체에서 기쁨과 즐거움을 찾고 강렬한 정열로 산에 도전하는 태도를 '알피니즘'(Alpinism)이라고 부른다.

이러한 알피니즘의 태동은 18세기로 거슬러 올라간다. 알프스 최고봉인 몽블랑(4,807m)에는 악마가 산다는 미신이 있어 1700년대 중반까지 아무도 정상에 도전하는 이가 없었다. 그러던 1760년, 드디어 미신이 베일을 벗고 몽블랑 꼭대기에 인간의 발자국이 새겨지는 일이 생겼다. 스위스 학자 오라스 베네딕트 소쉬르(Horace-Bénédict de Saussure)가 알프스 최고봉 몽블랑 최초 등정에 상금을 걸고, 16년 후 프랑스 의사 미셸 가브리엘 파카르(Michel Gabriel Paccard)와 수정 채취업자 자크 발마(Jacques Balmat)가 정상 정복에 성공한 것이다.

이후 인간도 몽블랑에 오를 수 있다는 믿음이 생기면서, 많은 등산가들이 알프스의 4,000m급 미답봉을 경쟁하듯 올랐다. 그리고 등산계에 '최초'에 대한 본격적인 도전의 바람이 일기 시작했다. 얼마 후, 알프스 봉우리와 험준한 북벽 등정이 모두 이뤄지자 사람들의 시선은 자연스레 히말라야로 옮겨졌다. 1950~1960년대엔 국가의 지원을 받는 대규모 원정대

들이 히말라야 8,000m급 14봉 최초 등정을 놓고 경쟁을 벌이기도 했다.

시간이 흐르자 이러한 경쟁의 양상은 바뀌어갔다. 원래는 최고점을 가장 먼저 오르는 '등정주의'(登頂主義)가 경쟁의 시초였다. 미답봉을 가장 먼저 밟아서 자기 이름을 새겨놓는 것이다. 하지만 나중엔 오를 만한 봉우리가 다 정복되다 보니 더 이상 미개척 봉우리가 남지 않게 되었다. 그래서 등산 경쟁의 이념은 점차 '등로주의'(登路主義)로 갈아탔다. 등로주의는 좀 더 어려운 조건으로 길을 개척하고자 함이다. 다시 말해 특정 방식이나 과정에서의 최초를 추구하는 것이다. 이를 테면 '무산소 등정', '단독 등정', '히말라야 14봉 완등' 같은 것들이다. 그리하여 등정과 등로 모든 면에서 최초를 추구하는 알피니즘의 기치가 세계 곳곳의 봉우리에 내걸리게 되었다.

비즈니스 세계에도 알피니즘을 추구하는 기업들이 있다. 혁신 제품을 만들어 새 시장을 여는 시장 개척자, 즉 아무도 손대지 않은 영역을 최초로 개척하는 이들이다. 이들을 시장의 '최초 진입자'라고 한다. 등정주의로 따지면 전화기 발명자 그레이엄 벨(Graham Bell), 최초의 자동차 벤츠, 최초의 엘리베이터를 만든 오티스(OTIS) 등이 이에 해당한다. 그리고 등로주의적 개척자로는 독창적 제조 방식을 최초로 추구한 포드, 아이튠즈라는 새로운 비즈니스 모델로 혁신을 일으킨 애플 등이 있다. 그러나 시장에는 최초 진입자 말고도 또 다른 존재가 있다. 이들을 '후발자'라고 부른다. 후발자는 말 그대로 최초 진입자가 만들어놓은 길을 따라오는 이들이다.

후발자가 최초 진입자를 따라갈 수 없는 측면을 꼽자면, 뭐니 뭐니 해도 명성일 것이다. 1977년 9월 고상돈 대원이 한국인 최초로 에베레스트 등정에 성공한 후, 그는 '국민 영웅'으로 떠올랐다. 이후 엄홍길 대장은 2000년 한국인 최초로 히말라야 14좌 완등에 성공하며 지금까지 영웅으로 칭송받고 있다. 이처럼 최초의 의미가 남다르다는 점은 누구도 부인할 수 없다. 그 분야에서 새로운 역사를 만들었기 때문이다. 같은 이치로 시장의 최초 진입자는 소비자의 마음속에 원조로 자리 잡게 된다. 이는 기업의 이미지, 브랜드 로열티 같은 무형 자산을 쌓게 해주는 계기가 된다. 또 확고히 쌓인 명성은 진입 장벽이 되어, 이후 유사 제품을 내놓는 기업이 나타나도 얼마든지 선두를 유지할 수 있다. 마이크로프로세서 분야에서는 인텔이 그러했다. 인텔이 먼저 이 분야를 휘어잡은 뒤에도 AMD, 사이릭스(Cyrix) 등 후발자들이 숱하게 쏟아져 나오긴 했다. 하지만 그들은 한결같이 개척자의 아성을 따라잡지 못하고 2등에 머물러야 했다.

그뿐만이 아니다. 시장에 먼저 진입하면 '전환 비용 혜택'을 볼 수도 있다. 소비자는 한 번 제품을 사면 이후 경쟁사에서 똑같은 제품을 내놓아도 잘 바꾸려 하지 않는다. 이미 있는 물건, 돈 들여 또 살 이유가 없으니 말이다. 또 아무리 비슷한 제품이라도 다른 걸 사면 사용법이 조금씩 다르기 때문에 새로 익혀야 한다. 설령 지금 갖고 있는 물건보다 기능 좋고 편리한 것이라고 해도 마찬가지다. 이미 익숙해진 제품을 소비자들은 쉽게 갈아치우지 않는다. 그래서 먼저 제품을 내놓을수록 소비자들을 오래도록 붙잡아둘 수 있는 것이다.

가장 비근한 예로 세계인들이 두루 사용하는 키보드가 있다. 컴퓨터, 태블릿 PC, 스마트폰 등에서 우리가 흔히 사용하는 '쿼티(QWERTY) 키보드'가 그것이다. 좌상단의 문자가 Q, W, E, R, T, Y 순으로 배열되어 있다고 하여 붙여진 이름이다. 그런데 사실 이 키보드는 사용하기가 대단히 불편한 물건이다. 타이핑할 때 손가락을 불필요하게 많이 움직여야 하기 때문이다.

그래서 20년 전 즈음 이 불편함을 말끔히 해소해줄 '드보락(Dvorak) 키보드'가 나왔다. 5개의 모음과 가장 많이 쓰이는 3개의 자음을 가운데 열에 배치하고, 자주 쓰이는 글자들은 양쪽 손을 번갈아가며 치도록 해서 손가락 피로도를 획기적으로 줄인 키보드다.

하지만 그런 뛰어난 기능에도 불구하고 드보락 키보드를 거들떠보는 사람은 별로 없었다. 처음 타자를 배울 때부터 써와서 자기 수족처럼 되어버린 키보드를 버리고 새 타자 방식을 배워야 한다니, 이 얼마나 귀찮은 일인가. 이처럼 전환 비용이 크면, 즉 소비자가 새로운 제품을 잘 쓰지 않으려 하면 후발자의 진입이 매우 어렵다.

희소 자산을 선점할 수 있다는 것도 최초 진입자의 이점이다. 최초 진입자는 주요 입지, 정부 승인, 유통 채널, 공급 업자와의 네트워크 같은 희소 자원을 우선적으로 확보할 수 있다. 예컨대 무선 통신 서비스 기업은 정부에게서 특정 주파수 대역을 사용할 권한을 받아야 한다. 그러나 주파수 대역의 수는 제한되어 있기 때문에, 처음 진입한 소수의 기업들에게만 반영구적으로 돌아간다. 나중에 진입하는 기업에게는 기회가 주어지지 않는 것이다.

마지막으로 최초 진입자는 '수익 체증'(收益遞增) 효과도 누릴 수 있다. 갈수록 수익이 늘어난다는 얘기다. 앞서 살펴봤듯이 생산 경험이 누적되면 학습 곡선에 따라 생산 비용이 줄고, 따라서 수익은 증가한다. 따라서 최초 진입자는 꾸준한 생산을 통해 후발자에 비해 낮은 원가를 유지하며 수익을 늘려나갈 수 있다.

허브는 허브 마을에서 팔아라

이처럼 최초 진입자에게는 후발자들이 넘겨볼 수 없는 분명한 이점이 있다. 하지만 최초 진입이 언제나 최선인 것은 아니다. 오히려 '최초'가 '좌초'로 이어지기 십상인 게 비즈니스 세계의 섭리다. 그래서 최초의 이점 이면에는 회의론도 존재한다. 산악인들의 영광 뒤에도 그늘이 적지 않았다. 국내 최초로 에베레스트 등정에 성공한 후 또 다른 최초를 위해 끝없이 도전했던 고상돈 대원, 여성 최초 14좌 완등에 도전했던 고미영 대원, 안나푸르나 남벽에 최초의 발자국을 남기려 했던 박영석 대원 등도 모두 생환하지 못하고 고산의 차가운 눈 속에 파묻혔다. 최초는 언제나 생명을 담보하게 마련이다.

제럴드 텔리스(Gerald Tellis) 교수는 시장 최초 진입자의 실패율이 무려 47%에 달하며, 평균 시장 점유율도 10%에 불과함을 밝혀냈다. 이처럼 최초 진입자는 좌초할 위험이 극심하다. 성공한다 해도 막상 시장을 크게 지배하지 못할 수도 있다.

그것은 소비자의 니즈가 상당히 불확실하기 때문이다. 소비자들이 궁극적으로 원하는 제품의 특성도, 그들이 지불할 용의가 있는 가격선도 알기 어렵다. 아직 누구도 발 디딘 적 없는 영역이기에 나와 있는 제품도 없고, 시장조사도 불가능하다. 그럼에도 고객의 기호를 맞추지 못하면 퇴출당할 수밖에 없는 게 시장의 냉혹한 현실이다. 소비자는 '최초'라고 해서 좋아해주지는 않는다. 그 어떤 진기록을 세워도 자기 마음에 안 들면 눈길도 안 주는 것이 소비자들의 심리다.

1980년대 후반의 코닥이 그랬다. 그들은 당시 8mm 비디오카메라를 출시하면서, 소비자들이 콤팩트한 디자인과 뛰어난 녹화 기술에 열광할 거라 기대했다. 그러나 이 제품은 상용화에 실패했다. 값은 너무 비싼 반면 소비자들이 필요성을 느끼지 못한 것이다. 결국 코닥은 비디오카메라 시장에 먼저 발을 담갔지만, 막대한 비용만 고스란히 날린 셈이 되었다.

연구 개발 비용이 크다는 점도 최초 진입자가 지고 가야 할 부담이다. 아직 세상에 존재하지 않는 기술이나 제품을 개발한다는 건 엄청난 비용과 시행착오를 요구하는 일이다. 더욱이 대중이 감탄할 만한 기술을 개발해내도 상업성이 떨어진다면, 상품화에 다시 한 번 비용을 쏟아 부어야 한다.

또한 아직 시장에 도입되지 않은 보완재 개발에 충분히 투자해야 하는 부담도 있다. 신제품이 실용성을 획득하려면 보완재가 있어야 한다. 컴퓨터를 사용하려면 소프트웨어가 충분히 있어야 하고, 스마트폰을 잘 쓰려면 어플리케이션이 많아야 한다. 마찬가지로 자동차에는 정비 서비스, 전기 자동차에는 배터리와 충전 시스템이 필수다.

전기 자동차 업계가 그런 부담 때문에 고전하고 있는 대표적인 예다. 당초 기술이 개발되었을 때는 누구도 자세히 생각해보지 않았던 문제가 일어난 것이다. 앞서 말했듯이 전기 자동차에는 배터리라는 보완재가 항상 따라다녀야 한다. 그런데 이 배터리 기술의 전망이 불투명해지면서 전기 자동차 보급이 계속 지연되고 있다. 이 때문에 여러 전기차 업체들이 고전하고 있고, 전기차 배터리 전문 업체 A123시스템스는 아예 파산하고 말았다. 이처럼 보완재가 충분히 구비되어 있지 않으면 진입 비용은 눈덩이처럼 불어난다. 따라서 신기술을 도입하여 새로운 시장을 개척할 때는 보완재 개발도 같이 해놓아야 한다. 이것이 최초 진입자에게 주어지는 또 하나의 부담인 것이다.

　그런가 하면, 모든 조건을 다 갖췄났지만 적절한 공급자나 유통업체가 없는 경우도 종종 있다. 이때는 공급과 유통 분야를 직접 구축해야 한다. 이 또한 최초 진입자에게 만만치 않은 짐이 되기 마련이다.

　이런 이유 때문에 후발 전략을 권하는 이들도 있다. 《탈무드》의 랍비들은 상인들에게 이렇게 이야기했다.

　당신이 갖고 있는 허브를 허브 마을로 가지고 가서 팔아라.

　개척자가 되기보다는 이미 마련된 시장에 들어가는 게 좋다는 뜻이다. 허브를 팔려면 이미 허브에 대한 수요가 어느 정도 형성된 곳에서 파는 것이 안정적이다. 낯선 시장에서 제품을 처음 내놓는 것은 매우 위험한 일이다. 랍비들은 '가장 먼저 파는 사람이 되느니 가장 마지막에 파는 사람이 되라'고까지 이야기한다. 만일 허브의 품질이 더 좋거나 가격이 더 낮다면 얼마든지 소비자를 빼앗아올 수 있기 때문이다.

　이처럼 후발자의 안전성은 시장 진출 시기가 불확실성이 해소된 시점이라는 데서 기인한다. 가브리엘 파카르와 자크 발마가 최초로 몽블랑 정상에 오르자, 상금을 걸었던 베네딕트 소쉬르도 이듬해 자크 발마를 따라

몽블랑 정상에 오르는 데 성공했다. 이후 알프스는 점차 인간이 오를 수 있는 산으로 인식되었다. 누군가가 개척한 영역은 불확실성이 걷히고 점점 안전해지는 것이다.

제품 개발도 마찬가지다. 후발자는 모험을 할 필요가 없으니 비용이 절감되고, 시행착오도 상대적으로 적다. 후발자에게 필요한 비용은 최초 진입자의 65% 수준에 불과하다는 연구결과도 있다. 공급 업체나 유통망을 선정할 때도 최초 진입자를 따라가기만 하면 되니 그만큼 부담이 적다. 또 최초 진입자의 행보를 관찰, 부족한 부분을 보완한 제품을 만들면 더 큰 환영을 받을 수 있다.

예컨대 CT(단층촬영기) 시장의 최초 진입자는 EMI다. EMI는 의료 수준을 높였다는 공로로 노벨 의학상을 받을 만큼 기술이 탁월했다. 그러나 EMI의 CT는 기술은 우수했으되 사용법이 너무 어려웠다. 이후 GE는 EMI의 단점을 보완해 쓰기 편한 CT를 내놓아 전세를 역전시켰다. GE의 명성이 노벨상에 비할 바는 아니었겠지만, 중요한 점은 소비자들이 최초 진입자인 EMI 대신 후발자 GE를 택했다는 것이다.

이처럼 최초 진입 전략과 후발자 전략은 동전의 양면과도 같다. 각자 장단이 있어 뭐가 더 좋은 것이냐를 이분법적으로 딱 잘라 말할 수는 없다. 그러므로 기업은 상황에 맞게 두 전략 사이의 아슬아슬한 외줄타기를 할 필요가 있다. 그런데 이 두 가지 외에도 양쪽의 장점만 쏙쏙 빼내서 만든 '제3의 전략'도 있다. 그 전략을 잘 활용하면 굳이 앞의 두 가지 사이에서 고민하느라 심대한 에너지를 쏟지 않아도 된다. 그렇다면 지금부터 그 탁월한 전략의 묘리에 대해 차근차근 살펴보기로 하자.

1등보다
우월한 2등,
패스트팔로워

나는 고교 시절 체육 선생님에게서 '1,000m 달리기에서 1등하는 법'에 대해 들었다. 그런데 그게 생각보다 간단해서 놀랐던 기억이 난다. 거기에는 딱 3가지 원칙밖에 없었다.

절대로 처음부터 1등으로 달려서는 안 된다.

단, 1등 뒤에 바짝 붙어서 따라가라.

그리고 마지막 30m를 앞두고 역전해라.

우선 처음부터 1등으로 달려서는 안 되는 이유는, 1등의 체력 소모가 가장 크기 때문이다. 앞에는 아무도 없고, 뒤따라오는 경쟁자는 견제하면서 달려야 하니 에너지를 많이 쓸 수밖에 없다.

다음으로 1등 뒤에 바짝 붙어서 따라가라는 것은 더 빨리 뛸 필요도, 더 천천히 뛸 필요도 없고 딱 1등만큼만 페이스를 조절하라는 얘기다. 만일 1등이 바뀌면 새로운 1등을 바짝 따라가면 된다. 1등 입장에서는 누군가 가 쉴 새 없이 쫓아오니 한순간도 안심할 수 없다. 이렇게 몇 바퀴를 돌다 보면 1등은 2등에 비해 체력적으로 더 지친다.

이 때문에 마지막 30m에서는 2등이 1등을 제치기 매우 좋은 상황이 된다. 그때 막판 스퍼트를 벌여 한숨에 역전을 해버리라는 것이다.

이 전략의 유용성은 체력이 특출하지 않았던 내가 효과를 경험했다는 것으로도 어느 정도 증명이 되었다. 이것이 '재빠른 2등', 즉 '패스트팔로 워'(Fast Follower) 전략이다.

이 전략은 비즈니스 세계에도 통용된다. 런던경영대학원 석좌교수 콘 스탄티노스 마르키데스(Constantinos Markides)는 "새로운 시장의 개척자 가 되기보다 재빠른 2등이 되는 것을 목표로 해야 한다."고 했다. 최초보 다는 최적의 타이밍을 추구하라는 얘기다. 재빠른 2등은 최초 진입 전략 이나 후발자 전략과는 다르다. 최초 진입 전략은 시장에 가장 먼저 진입 해서 독자적인 지배력을 확보하는 것이고, 후발자 전략은 신제품이 시장 에서 어느 정도 수용되기를 기다렸다가 불확실성이 가시면 진입하는 것 이다. 이에 반해 패스트팔로워는 최초의 시장 개척은 지양하되, 신제품이 나오는 즉시 신조류의 물결에 함께 올라타서 선도자 부류에 포함되기 위한 행보를 취하는 '제3의 전략'이다.

이쯤 되면 '이거 남한테 묻어가는 거 아냐?'라고 반문할 수도 있겠다. 하지만 이것을 단순히 '묻어가기'로만 볼 게 아니다. 앞서 얘기하지 않았는가, 저 유명한 피카소도 '위대한 예술가는 훔친다'고 주장했다는 사실을.

그런 의미에서 이 전략은 최초 진입과 후발자 전략의 장점만 '훔쳐온' 퓨전식 전략이라 하겠다. 우선 1등의 불확실성도 피하면서 1등과 비슷하게 선두 대열에 합류할 수 있다. 또한 다른 후발자처럼 뒤처지지 않고 1등보다 약간 뒤에 있기에 역전도 시간 문제다.

그런가 하면, 두 전략의 단점을 보완해주는 측면도 있다. 1등은 앞만 보고 달리다 보니 후발자들이 뭘 하면서 쫓아오는지 확인하기 어렵다. 그저 빨리 달리는 수밖에. 그러나 2등은 1등의 모든 행동을 관찰할 수 있어서 대응 전략을 마련하기가 훨씬 수월하다.

물론 효과가 탁월한 만큼 제대로 활용하기가 쉽지 않다는 난점은 있다. 그러나 다음 3가지에 주의한다면 이 전략을 노련하게 펼치는 것도 그리 어렵지는 않을 것이다.

첫째, 시장 진입 타이밍을 전략적으로 가늠해야 한다. 재빠른 2등 전략에서 가장 중요한 것은 '타이밍'이다. 시장을 지배할 수 있는 제품을 최적의 타이밍에 내놓아야 하는 것이다. 우선 최초 진입자가 시장의 불확실성을 제거할 때까지 기다리자. 그리고 시장이 이를 받아들일 준비가 됐음이 확인되면, 다른 후발자들이 따라오기 전에 진입하는 것이다.

그래도 이게 말이 쉽지, 워낙 절묘한 감각이 요구되어 실제로는 감을 잡기가 쉽지 않을 것이다. 그렇다면 삼성전자와 애플의 경쟁을 통해 그 타이밍에 대한 힌트를 얻어보자.

애플의 아이폰이 출시된 것은 2007년 1월 9일. 이로써 애플은 비디오 카메라, 카메라, 문자, 화상·음성 메일, 휴대용 미디어플레이어, 와이파이(Wi-Fi)와 3G망에 연결된 이메일과 웹 브라우징, 다양한 어플리케이션 활용이 가능한 스마트폰 시대를 열었다.

물론 IBM도 1992년 '사이먼'이라는 PC급 휴대폰을 개발했고, 1996년 노키아(Nokia)도 다기능 휴대폰을 개발했다. 혹자들은 이를 스마트폰의 시초로 보기도 한다. 그러나 현재 상용화된 스마트폰의 형태와 기능을 구현한 것은 아이폰이 최초다. 따라서 애플을 이 분야의 시장 개척자로 봐도 무방하다.

그런 반면 삼성전자는 아이폰에 대한 시장의 반응을 집중 관찰한 뒤, 2008년 11월 그 대항마로 '옴니아'를 내놓았다. 물론 첫 술에 배부를 리는 없었다. 옴니아는 아이폰에 상대가 되지 않았다. 아이폰의 상승세가 워낙 강했기 때문이다.

그러나 2010년 6월, 삼성전자는 안드로이드 OS가 탑재된 '갤럭시S'를 출시해 아이폰을 바짝 따라갔다. 이때까지만 해도 애플의 시장 점유율은 삼성전자의 2배 수준이었다. 그러나 삼성전자는 추격전을 끈질기게 이어갔고, 2011년 4월 드디어 '갤럭시S2'를 출시하며 역전에 성공했다. 애플을 밀어내고 업계 선두 자리를 차지한 것이다. 그리고 2012년에는 더욱 발전된 스마트폰 '갤럭시S3'를 내놓아 시장 점유율 35%를 기록하며 17%를 기록한 애플과의 격차를 2배 이상 벌였다.

여기서 중요한 역할을 한 것은 역시 '타이밍'이었다. 삼성전자는 애플이 너무 앞서가기 전에 대항마를 내놓을 기술 개발에 박차를 가했고, 후발 기업들이 몰려들기 전에 차기작을 내놓아 여세를 몰아갔다.

반면 휴대폰 시장의 최강자였던 노키아는 별다른 대응을 하지 않아 시기를 놓쳐 실패했다. 아이폰 판매량이 급증하자 뒤늦게 개발을 시작한 것이다. 그리고 스마트폰이 본격적으로 시장에 나온 것은 그로부터 수개월 뒤였다. 그전까지 세계 휴대폰 시장에서 가장 높은 점유율을 자랑했던 노키아였지만, 이미 대세가 되어버린 스마트폰 시장에 진입할 시기를 놓친 탓에 후미로 밀려나고 말았다. 2010년 30%를 상회하던 노키아의 휴대폰 시장 점유율은 2년 만에 4%대까지 추락했다.

둘째, 전략적인 차별화를 꾀해야 한다. 시장 개척자는 업계 내에 참고할 대상이 없다. 아무도 없던 영역에 들어가는 것이기 때문이다. 그러나 재빠른 2등은 앞서가는 1등의 행동을 면밀히 관찰할 수 있다. 따라서 1등의 약점, 혹은 1등에게 없는 점을 공략해 역전 가능성을 높일 수 있다.

아이폰이 감각적인 디자인, 터치감, 어플리케이션과의 연동 등 소프트웨어를 내세우며 1등을 달릴 때, 삼성전자는 하드웨어를 부각했다. 효율성에서 독보적인 모바일 반도체, 뛰어난 디스플레이 화질, 용량에 비해 빠른 시스템 등이 그것이다. 그간 개발해온 하드웨어 기술을 갤럭시S에 녹여낸 것이다. 그 결과, 소비자들은 아이폰에서 느끼지 못했던 하드웨어라는 가치를 갤럭시S에서 발견하게 되었다.

분명 IT 산업의 구조는 소프트웨어 중심으로 변모하고 있다. 하지만 '영혼'에 해당하는 소프트웨어가 섬세해질수록 이를 구현하는 '신체'인 하드웨어의 중요성은 더 커지게 마련이다. 갤럭시S가 아이폰의 시장 점유율을 앞지르게 된 것도 그런 이유에서다.

두 회사의 하드웨어 파워는 부품 조달 능력에서부터 드러났다. 애플은 아이폰을 내놓을 때 생산이 수요를 따라가지 못해 제품 조달이 잘 안 되는 경우가 많았다. 하드웨어 부품의 대부분을 외부 업체에 의존했기 때문이다. 비용은 절감되었을지 모르나, 단기간에 1억 대 이상을 생산하기에는 무리가 따랐다.

반면 삼성전자는 부품의 태반을 내부에서 자체 수급했다. 때문에 부품 조달, 생산 일정에 차질이 별로 없었다. 게다가 시장의 니즈도 제품에 즉각 반영할 수 있었다. 최고 사양의 신제품을 단기간 내에 안정적으로 개발할 수 있었던 이유다.

더욱 흥미로운 현상은 스마트폰의 CPU에 해당하는 AP에서 일어났다. 삼성과의 치열한 특허 분쟁 후 부품 공급에서 탈(脫)삼성 전략을 추진해

온 애플이, 2015년에 출시될 아이폰7에 다시 삼성 AP를 탑재하겠다고 발표한 것이다.

2012년 말 삼성전자는 14나노 테스트 칩 개발 성공을 업계 최초로 발표했다. 업계의 선진 기업이라는 인텔도 아직 개발을 마치지 못한 기술이었다. 이 기술은 쓸데없이 새나가는 전류를 줄여 소비 전력을 크게 감축하는 등, 이전 제품에 비해 성능이 40% 이상 좋았다. 삼성전자는 이 기술을 2014년 초부터 갤럭시 시리즈에 넣을 예정이었다. 상황이 이렇다 보니 애플도 삼성 AP를 배제하면 갤럭시와의 경쟁에서 이기기 힘들다고 판단한 것이다. 삼성전자와의 경쟁에서 뒤쳐지지 않기 위해 삼성전자 부품을 쓸 수밖에 없는 아이러니한 상황. 이는 하드웨어에 강한 기업만이 누릴 수 있는 특권이다.

셋째, 정공법으로 맹렬하게 추격해야 한다. 레이스가 시작되면 일단 부단히 달려서 1등과의 격차를 줄여야 한다. 아무리 타이밍이 기막히고 차별화를 잘해도, 기본 실력이 안 되면 정작 필요할 때 힘을 낼 수 없다. 기본기를 잘 닦아야 1등과 동일한 영역에서 정면 대결을 벌일 때도 대등한 경쟁이 가능하다. 최초 진입자는 먼저 시장을 개척했기 때문에 후발 기업에 비해 개발 능력을 많이 축적하고 있다. 따라서 후발 기업은 노하우를 빠르게 습득해서 1등 기업의 능력을 맹추격해야 한다.

지금은 갤럭시가 아이폰의 2배를 상회하는 시장 점유율을 자랑하지만,

처음엔 그렇지 못했다. 아이폰에만 있는 '터치감'이라는 명확한 특징 때문이었다. 아이폰의 터치감은 그야말로 잘 만들어진 아이스링크 위에서 스케이팅하는 느낌이었다. 페이지를 넘기고 아이콘을 클릭할 때 손끝에서 느껴지는 감촉이 매우 부드럽고 자연스러웠다.

반면 갤럭시S1의 터치감은 평범했다. 이러한 차이는 '어떤 제품을 더 만지고 싶은가'의 차이로 이어졌고, 판매량에도 지대한 영향을 미쳤다. 하드웨어에서는 삼성전자가 뛰어났지만, 이 같은 소프트웨어 면에서는 애플이 단연 우위였다. 그렇기에 삼성전자도 결국 최고의 터치감을 구현해내는 데 심혈을 기울여야 했다. 그런 노력의 결과, 2011년 삼성전자는 드디어 터치감 측면에서도 애플을 앞질렀다.

2011년에 출시된 갤럭시S3의 터치감은 가히 괄목할 만한 것이었다. 화면 전환도 아이폰보다 자연스러웠고, 소비자들의 호평도 잇달았다. '갤럭시의 터치감이 아이폰을 뛰어넘었다'는 평이 늘면서 갤럭시S3 판매량도 급속도로 늘었다.

스마트폰의 보완재 역할을 하는 애플리케이션(이하 어플)도 마찬가지다. 아이폰은 풍부한 어플을 제공하는 '앱스토어'(App Store)와 연계되어 있어 온갖 혁신적인 기능을 경험해볼 수 있었다. 반면 삼성전자가 초창기에 내놓은 갤럭시S1으로는 다양한 어플을 써보는 즐거움을 누릴 수 없었다. 갤럭시의 운영체제는 안드로이드 OS였는데, 이 OS로 접속할 수 있는 어플 상점인 '안드로이드 마켓'은 애플의 앱스토어에 비해 어플이 별로 없었기 때문이다. 그러나 안드로이드 마켓은 개방형 정책을 추구함으로써 어플 부문에서의 열세를 극복했다. 자유롭게 어플을 개발해 올릴 수 있는 개방형 시스템 덕에, 세계의 수많은 개발자들이 안드로이드 OS용 어플 개발에 참여하게 된 것이다. 그에 따라 안드로이드 마켓의 어플도 시간이 지날수록 풍성해졌다. 이제는 콘텐츠나 어플 수에서 앱스토어와 큰 차이가 없을 정도다.

호메로스의 유명한 서사시 '오디세이아'(Oddy-
seia)는 그리스 신화에 등장하는 오디세우스(Odysseus)의 모험을 그린 작
품이다. 오디세우스는 트로이 목마를 고안해 그리스 군이 트로이 전쟁에
서 승리하도록 이끈 인물이다. 전쟁에서 혁혁한 공을 세운 그는 고향 이
타카를 향해 기나긴 귀향길을 떠난다. 하지만 그 여정에서 그는 온갖 풍
파와 고난을 겪어 완전히 거지꼴이 되고 말았다.

그래도 힘을 내서 천신만고 끝에 집에 당도했더니, 집안마저 영 이상하
게 돌아가고 있었다. 웬 낯선 남자들이 자기 집에 머물고 있었던 것. 오디
세우스가 죽은 줄 알고 그의 재산을 노린 남자들이 그의 아내에게 구혼하
고 있었던 것이다. 이들은 어떻게든 집안에 들어서기 위해 혈안이 되어
있었다. 참으로 낯짝도 두꺼운 뻔뻔한 작자들이었다.

하지만 오디세우스는 함부로 자기 정체를 드러내지 않았다. 자칫 실수 했다가는 자기는 물론 가족까지 다칠 수 있으니까. 그 대신 그는 거지 행 색을 유지하면서 그들의 행태를 관망했다. 그 남자들은 아름다운 아내를 차지하고 아들마저 죽이려 들었다. 게다가 오디세우스에게도 온갖 조롱 과 모욕을 안겨줬다. 참을 수 없는 분노가 끓어올랐지만, 아직 정체를 드 러내기엔 일렀다.

그러던 어느 날, 드디어 오디세우스에게 절호의 기회가 찾아왔다. 아내 가 활쏘기 시합으로 남자를 선택하겠다고 제안한 것. 이때다 생각한 오디 세우스는 활쏘기 시합에 참가해서 우승을 거머쥐고, 2명의 충실한 옛 심 복들에게서 도움을 받아 파렴치한 남자들을 처단했다. 그리고 그제야 자 신을 드러내 아내와 상봉의 기쁨을 나눴다.

오디세우스는 '때를 기다릴 줄 아는 남자'다. 그가 온갖 위험에서 살아 남을 수 있었던 비결이다.

삼국지에도 비슷한 이야기가 있다. 유비는 한때 조조의 식객 노릇을 했 었다. 조조가 자신을 경계하고 있다는 것을 눈치 챈 그는 유 씨 집안의 한 나라를 재건하겠다는 결의를 감추고, 일부러 멍청하게 행동해서 조조가 자신을 우습게보도록 했다. 어리석게 보임으로써 조조의 경계를 풀고 미 래를 도모하기 위해서였다.

사실 이 같은 태도는 향후 유비가 펼치게 될 대외 정책의 한 단면이기도 했다. 제갈량이 유비에게 천하삼분지계(天下三分之計)를 제안할 때가 그랬다. 유비가 천하를 장악하려면 지금의 사천성 지역인 촉(蜀)을 확보해야 했다. 또 그러기 위해서는 경쟁국인 위나라(조조)와 오나라(손권)를 능가하는 실력을 가질 때까지 빛을 드러내지 않고 오로지 힘을 길러야 했다. 이후 힘을 키운 유비는 제갈량의 지략과 손권과의 연합으로 적벽대전에서 조조의 위나라 군사를 크게 무너뜨렸다. 이를 통해 유비는 형주를 손에 넣고, 위-촉-오의 천하삼분지계를 실현했다. 한마디로 실력을 드러낼 타이밍을 참을성 있게 기다릴 줄 알았던 것이다.

춘추전국시대를 풍미한 절세의 전략가 손무(孫武) 또한 《손자병법》에서 이렇게 말했다.

상대방의 의도와 모습은 밖으로 드러나게 하고, 나의 의도나 모습은 밖으로 드러나지 않게 한다(形人而我無形).

나는 드러내지 않으면서 적은 드러나게 하면 아군은 집결되고 적군은 분산된다는 뜻이다.

이 3가지 이야기의 메시지를 한마디로 압축하면 '도광양회'(韜光養晦)다. 빛을 감추고 실력을 기르며 때를 기다린다는 의미다. 장래 나에게 유리한 기회를 확보하려면, 나의 의도나 실력을 섣불리 드러내지 말고 묵묵히 실력을 기르라는 말이다. 갈수록 경쟁이 치열해지는 시장에서 적극적으로 자기 홍보를 하는 것은 매우 중요하다. 그러나 일정 선을 넘어서면 경쟁자들의 집중 표적이 되어 실력을 발휘하기도 전에 몰살당하기 쉽다. 경쟁자들과 대적할 힘을 기를 때까지는 자신을 숨기는 지혜도 필요하다. 얌전한 고양이가 부뚜막에 먼저 올라가는 데는 다 이유가 있는 것이다.

150년간 5세대를 거치며 절대적 지지를 받아온 스웨덴의 국민 기업이자 세계적 기업 발렌베리(Wallenberg) 그룹. 그들 또한 '존재하지만 드러내지 않는다'는 신념을 가문 대대로 지켜오고 있다.

발렌베리는 내실을 쌓기 위해 부단히 노력하지만 이를 함부로 내보이지 않는다. 1856년 앙드레 오스카 발렌베리(André Oscar Wallenberg)는 스톡홀름엔스킬다(Stockholm Enskilda) 은행을 설립했다. 그는 정치인 출신이었기 때문에 정치 인맥의 힘으로 은행을 번창시킬 수 있었다. 그러나 그는 스스로 실력을 키우는 데 집중했다. 그리고 예금 위주로 운영되던 근대 은행의 틀에서 벗어나, 자본 시장의 주요 업무인 채권 발행과 해외 차입 등 현대적 시스템을 도입했다. 이 같은 개혁은 당시의 산업화 바람과 맞물려 시너지 효과를 발휘했다. 그의 시스템 덕에 산업과 금융이 동시에 발전하게 된 것이다.

이후 스웨덴에서 경쟁력이 떨어지는 기업들이 속출하자, 그는 소리 소문 없이 부실기업들을 사들였다. 그렇게 발렌베리에 편입된 기업들은 현재 볼보(Volvo)의 모태가 된 SKF의 전신 호프스, ABB의 전신 아세아, 지금의 스카니아가 된 스카니아바비스 등이다. 발렌베리는 이들의 내실을 견고하게 탈바꿈시켜 최고 기업으로 거듭나게 만들었다.

이처럼 때를 기다리고 내실을 키우는 데 집중하는 것은, 가문의 신념뿐 아니라 경영 마인드에도 잘 드러나 있다. '장기적인 관점에서 사고하는 것이 최선의 수단이다'. 한 치 앞이 아니라 멀리 앞을 내다보면서 사고하라는 말이다. 발렌베리가 1924년 인수한 제약사 아스트라(Astra)가 대표적인 예다. 아스트라는 1980년대 중반까지 오로지 연구개발에만 몰두하며 시장에 모습을 드러내지 않았다. 1년이 멀다하고 신약을 내놓는 의약품 업계에서 이 같은 행보는 매우 이례적이었다. 그러던 1988년 발렌베리는 그간 쌓아온 내공을 펼칠 때가 왔다고 판단, 위장약 '로섹'(Losec)을 대대적으로 출시했다. 로섹은 이후 10년 넘게 세계 판매 1위를 지키며 글로벌 제약계의 거목으로 자리 잡았다. 장기적으로 생각하고 때를 기다릴 줄 알았기 때문에 가능한 일이었다.

발렌베리 그룹은 현재 세계 최대 통신 업체 에릭슨(Ericsson), 자동차 브랜드 사브(Saab), 가전 업체 일렉트로룩스, 트럭 업체 스카니아 등 굵직한 대기업들을 소유하고 있다. 그리고 스웨덴 증권거래소 시가 총액의 40%, 스웨덴 전체 GDP의 30%를 차지하는 '산업 제국'으로 명성을 떨치고 있다.

20년 전만 해도 중국의 무명 기업이었지만, 이제는 세계 최대 PC 브랜드가 된 레노버(Lenovo) 또한 도광양회의 지혜로 정상에 오른 기업이다. 1984년 레노버의 전신인 컴퓨터기술연구소 신기술발전공사를 창업한 류 촨즈(柳傳志)는 처음부터 줄곧 "기술력은 막대기를 세우는 것처럼 빨리 올리기보다 성(城)처럼 한 층 한 층 쌓는 것이 중요하다."고 강조했다.

그의 말대로 레노버는 1990년 286 컴퓨터를 자체 생산하기 시작한 후, 기술력과 제품의 내실을 키우는 데만 집중했다. 물론 세계 최고 PC 기업 으로 도약하겠다는 목표는 있었지만, 일찍부터 해외 진출을 시도하지 않 았다. 대신 중국 내에서 기초를 닦는 데 매진했다. 류촨즈 회장은 "눈앞의 이익을 쫓으면 사업 전개가 산만해질 수 있다."고 그 이유를 설명했다.

당장 해외 시장에 제품을 내놓아도 글로벌 무대로 갈 수는 있었다. 그 러나 레노버에게는 글로벌 수준의 제품을 제조하는 능력이 우선이었다. 그래야 세계로 나아가서도 정면 승부가 가능하기 때문이다. 이렇게 기초 를 충실히 닦은 레노버는 2005년 IBM의 PC 사업부를 인수하면서 세계 시장 도약의 계기를 마련했다. 이 사건은 워낙 큰 이슈여서, 세계인들의 뇌리에 레노버의 존재를 강하게 각인시키는 계기가 되었다. 그들은 이때 부터 그간 숨겨온 날카로운 발톱을 드러내기 시작했다. 그리고 '어딜 가 도 빠지지 않는 품질, 낮은 가격'을 무기로 본격적인 해외 시장 공략을 단 행하며 PC 시장을 잠식해나갔다.

세상이 생각지도 못하고 있는 타이밍에 뛰어난 실력을 발휘하자 시장 판도도 급속도로 뒤집어졌다. 2008년에는 HP가 세계 PC 시장의 18%를 차지하며 7%밖에 되지 않던 레노버의 2배를 상회했다. 하지만 레노버는 매년 10% 이상 성장하면서 HP의 뒤를 추격했다. 그리고 2012년 결국 HP를 따라잡아 세계 1위로 도약하게 되었다.

스스로를 숨기며 때를 기다리고 실력을 쌓는 기업에는 이만큼 무서운 힘이 잠재되어 있다. 도중에 섣불리 실력을 드러내면 예상 가능한 기업이 되어 경쟁에서 도태되기 쉽다. 절호의 찬스가 오기 전까지는 남들이 예측할 수 없는 기업이 되는 것, 경쟁자들에게 쉽사리 공략당하기 싫다면 꼭 알아둬야 할 도광양회의 지혜다.

영원한 적도,
아군도 없다

　　　　　　그동안 우리는 생존하기 위해 경쟁자를 제거해야 하는 냉혹한 현실 속에서 살아왔다. 과연 그 끝에는 언제나 우승컵이 놓여 있을까? 상대를 제거하는 것만이 우리가 지향해야 할 유일한 방향일까? 그러나 매일같이 이어지는 끝없는 질주와 팽팽한 긴장감은 때때로 우리의 체력을 고갈시킨다. 보스턴컨설팅그룹(BCG)이 '속도와 경쟁, 변화의 시대의 중요성'을 나타내는 보고서에서 인용한 아프리카 민담은 경쟁의 현실을 잘 반영하는 듯하다.

매일 아침 아프리카에선 가젤이 눈을 뜬다.
그는 사자보다 더 빨리 달리지 않으면 죽으리라는 것을 안다.
매일 아침 사자 또한 눈을 뜬다.

그 사자는 가장 느리게 달리는 가젤보다

빨리 달리지 않으면 굶어 죽으리라는 것을 안다.

당신이 사자이건 가젤이건 중요하지 않다.

아침에 눈을 뜨면 당신은 질주해야 한다.

우리 모두는 남들보다 나은 실력과 탁월한 방법을 동원해 경쟁에서 이기기 위해 온 힘을 다해야 한다. 하지만 수단 방법을 가리지 않고 경쟁자를 몰살하는 게 유일한 생존 수단일까? 경쟁자가 전부 사라진다고 무조건 좋은 것일까?

문제는 경영 환경이라는 것이 그렇게 단편적이지가 않다는 점이다. 경쟁의 세계는 '경쟁자와 나'만으로 이루어진 것이 아니다. 그 외에도 고려해야 할 변수가 한둘이 아니다. 좀 더 물러서서 큰 그림을 바라보면 경쟁자는 여태껏 생각했던 것과 전혀 다른 존재로 보일 수 있다.

중국 춘추시대 말, 괵나라와 우나라, 진나라가 서로 대치하고 있었다. 괵나라는 상대하기 벅찬 강대국을 양쪽에 둘이나 두고 있었다. 괵나라로서는 굉장한 딜레마가 아닐 수 없었다. 둘 중 하나만 사라져도 나머지 한 나라가 괵나라를 멸망시킬 것이었다. 허나 괵나라가 자신의 입지를 키우려면 둘 중 하나는 반드시 정복해야 했다.

그런데 진나라가 우나라를 공격할 때, 괵나라는 이를 동조해 길까지 내주었다. 그러나 진나라는 우나라를 무너뜨리고 돌아오는 길에 괵나라까지 궤멸해버렸다. 괵나라는 생각이 짧았다고 한탄했지만 이미 때는 늦었다. 우나라는 괵나라의 경쟁상대였지만, 한편으로 진나라의 공격을 견제해주는 우군이었던 것이다. 진나라가 우나라를 정복하자 힘의 균형은 와르르 무너졌고, 그 상태에서 진나라가 괵나라를 집어삼키는 것은 일도 아니었다.

이처럼 경쟁자의 몰락은 힘의 균형을 무너뜨릴 수 있다. 제3의 경쟁자는 이를 놓치지 않는다. 경쟁자의 몰락과 동시에 그들이 가지고 있던 특허와 인력을 냉큼 낚아채가려 할 것이다. 그렇게 해서 그들 중심으로 질서가 재편되면 나의 위치까지 위협할 수도 있다. 경쟁자는 또 다른 경쟁자를 견제하는 방패가 되어줄 수도 있는 것이다.

한때 휴대폰 업계를 풍미했던 모토롤라(Motorola) 또한 괵나라와 비슷한 길을 걸어야 했다. 그들은 당시 업계 1위였던 노키아와 티격태격하고 있었다. 그런데 어느 날 갑자기 노키아가 몰락하고 휴대폰 시장에 힘의 공백이 발생했다. 2008년부터 노키아의 시장 점유율이 급락하면서 삼성전자, 애플 등 경쟁 기업들이 그 공백을 차지해갔다. 시장에 새로운 판이 형성되자 노키아와 경쟁을 벌이던 모토롤라 또한 고전을 면치 못했다.

사실 노키아는 그간 중저가 모바일 시장에서 강력한 경쟁력을 확보, 신규 업체들의 진입을 억제해왔다. 모토롤라도 경쟁자 노키아의 후광을 받아서 먹고살 수 있었던 것이다. 그런데 이 방패막이 사라지는 순간, 기다렸다는 듯이 경쟁자들이 몰려들었다. 이때는 괵나라처럼 진나라 하나만 쳐들어온 것이 아니었다. 먹잇감을 노리고 달려드는 맹수들이 한둘이 아니었다. 결국 모토롤라는 점유하고 있던 시장을 거의 다 빼앗기고 말았다.

　물론 이 정도까지는 들으면 쉽게 이해할 수 있는 이야기다. 하지만 경쟁자가 이처럼 소극적인 방패 역할만 해주는 것은 아니다. 삼국시대 당시, 조조는 원소와 여포라는 두 강적과 중원을 놓고 다투고 있었다. 문제는 운신의 폭이 너무 좁았다는 점. 원소를 치기에는 역부족이고, 게다가 유비와 원술이라는 우환거리도 혹처럼 붙어 있었다. 그렇다고 유비나 원술에게 신경 쓰다가는 자칫 원소나 여포의 여세에 빈틈을 보일 수 있었다. 특히 유비는 부드러운 충신인 것처럼 행동하지만, 깊은 곳에는 다른 난세의 영웅과 비교할 수 없는 야심을 품은 인물이었다.

　조조로서는 굉장한 딜레마가 아닐 수 없었다. 그러던 어느 날, 깊은 고민에 빠진 그를 보고 그의 책사(策士) 순욱이 기책을 제안했다. ‘유비가 외로운 범이라면, 원술은 떼거리를 거느린 승냥이’라고 유비를 자극하여 원술을 치게 하는 것이었다. 직접 우환을 제거할 게 아니라 적의 칼로 또 다른 적을 치게 하자는 술책이다. 결과적으로 유비는 원술과 전쟁을 치르게 되었고, 이 과정에서 여포는 비어 있는 서주를 차지했다. 그러자 유비 또한 오갈 곳이 없어지고 말았다. 원술과 유비를 한꺼번에 잡은 일거양득의 묘략이었다. 그들은 다른 경쟁국의 힘을 간교히 활용해 걱정거리를 손쉽게 덜어낸 것이다.

삼성전자와 애플 간에 벌어진 최근의 특허 소송에서도 이런 점을 엿볼 수 있다. LG전자, 소니, HTC 등 안드로이드 진영에 있는 업체들에게 삼성전자는 명백한 경쟁자다. 하지만 한편으로는 애플과의 특허 전쟁에서 대신 싸워주는 '적의 칼'이기도 하다. 일단 삼성전자는 이미 애플의 독보적인 성장을 억제해 시장이 분산되도록 했다. 삼성전자가 그러지 않았다면 애플의 소송이 다른 안드로이드 진영에 타격을 줄 공산이 컸을 것이다. 삼성전자가 애플과 싸우는 동안 HTC, LG전자는 저가 스마트폰 시장을 공략해 나름의 돌파구를 마련할 수 있었다.

그런가 하면, 경쟁자는 성장을 위한 교두보가 되어줄 수도 있다. 우리는 시야를 현재에 가두지 말고 먼 미래로 넓혀야 한다. 지금은 경쟁자일지라도 향후 나의 성장에 도움이 되는 우군이 되어줄 수도 있는 것이다. 레노버 역시 판을 크게 볼 줄 아는 기업이었다. 2000년대 초 중국 PC 시장에서는 세계적인 두 기업 IBM, HP가 양강구도를 이루고 있었다. 그리고 중소업체였던 레노버는 이들의 자리를 노리는 신흥 업체였다. 말하자면 소련과 미국 사이에 낀 개발도상국쯤 된다고 할까.

그래서 레노버는 IBM을 무너뜨려야 할 적으로 간주하지 않았다. 그리고 그들과의 관계를 향후 시장을 함께 주도할 전략적 우호 관계로 만들어갔다. 레노버는 IBM PC로 중국어를 입력할 수 있는 회로를 개발해주고, 보조 부품도 공급하면서 IBM이 중국 내에서 입지를 다지는 데 도움을 줬다. 그 결실은 아주 실하고 굵은 것이었다. 2005년 IBM이 PC 사업 부문을 매각할 때, 인수 우선권은 가장 먼저 레노버에게 주어졌다. 인수 후 IBM의 세력이 고스란히 레노버에게 옮겨온 것은 당연한 수순이었다.

국내에서도 비슷한 사례를 찾아볼 수 있다. 얼마 전 카카오톡에 '피시 아일랜드'라는 낚시 게임이 새로 등장했다. 게임을 만든 기업은 NHN. 그런데 흥미롭게도, 그들은 자체 모바일 메신저 서비스 '라인'을 이용하지 않았다. 오히려 숙명의 라이벌이라 할 수 있는 카카오의 SNS 카카오톡을 통해 게임을 출시했다.

이 역시 미래 지향적인 관점에서 기인한 판단이다. 카카오는 분명 SNS 시장의 초강력 경쟁자다. 카카오톡은 국내 최다 가입자를 보유한 데다, 현재 100여 개의 게임을 서비스하며 플랫폼으로서도 성공적으로 정착했다. 이쯤 되면 경계해야 할 대상이 맞지만, 반대로 그들과 손을 잡으면 훗날 더 큰 이득을 보게 될 수 있다. 향후 국내 모바일 게임 시장에서 주도권을 잡는 데 유리해질 것이기 때문이다. 물론 이는 카카오톡 입장에서도 반가운 선택이었다. 정체기에 접어든 신규 가입자 수를 인기 콘텐츠 확보를 통해 늘리려 하고 있었기 때문이다. 그런 취지에 따라 NHN은 최근 피시 아일랜드뿐 아니라, 사회 관계망 게임(SNG) '우파루 마운틴'을 카카오톡을 통해 선보였다.

지금까지 살펴봤다시피, 경쟁자는 언제나 치고받고 싸우며 날선 대립 각을 유지해야 하는 관계만은 아니다. 보다 넓고 장기적인 시각으로 보면, 그들은 나의 방패막이가 되어주기도 한다. 물론 자발적으로 그러는 것은 아니겠지만. 어쨌든 때로는 나를 대신하여 또 다른 잠재적 경쟁자를 공격해주기도 하고, 때로는 나와 손잡고 장래의 성장을 서로 도울 든든한 우군이 되기도 한다. 관계는 만들기 나름이다. 싸움에만 골몰하느라 쓸데없이 힘만 뺄 게 아니다. 경쟁자와 화합하며 적절히 서로의 능력을 활용하는 것, 그것이 더욱 전략적이고 현명한 경쟁 방법임을 잊지 말자.

끝날 때까지
끝난 게
아니다

2010년 말, 나에게 큰 웃음을 준 사건이 하나 있었다. 10월 23일 펼쳐진 세계 인라인스케이팅 선수권 대회 2만m 결승전에서 일어난 일이었다. 당시 1등을 달리던 콜롬비아 선수 알레스 쿠야반떼(Alex Cujavante)는 결승선 앞에서 승리를 확신하며 우승 세리머니를 펼쳤다. 그런데 그 사이에 뒤를 쫓던 한국의 이상철 선수가 결승선을 불과 몇 cm 앞두고 치고 들어와 버린 것이다.

너무 성급하게 들었던 축배가 독배로 뒤바뀌는 순간이었다. 그 즉시 쿠야반떼 선수는 네티즌들로부터 '멍청한 스케이터'라는 오명을 얻었다. 참으로 어처구니없는 일이 아닐 수가 없었다.

하지만 이 얘기는 그냥 웃긴 게 아니라 '웃지 못할' 일이기도 하다. 이렇게 운명이 뒤바뀌는 기막힌 역전극이 우리 인생과 비즈니스 세계에도 비일비재하기 때문이다. 1950~2006년 히말라야 등정에 성공한 사람은 총 2,854명이었다. 하지만 추락사한 이들도 9%에 가까운 255명이나 된다. 그중에서도 추락사가 가장 많은 시점은 정상을 밟은 직후(48%)였다. 최고가 되기 무섭게 곧바로 나락으로 떨어지고 만 것이다. 그래서인지 히말라야의 산악인들 사이에서는 이런 경구가 회자되고 있다. '히말라야는 자만을 받아들이지 않는다'.

엄청난 고봉의 정상에 올라서면 승리감이 절정을 이룸과 동시에 자만심 또한 극도로 농밀해진다. 그러면 최고조에 달했던 긴장감이 한꺼번에 풀리고 산을 오를 때의 야성과 예리함이 돌차간에 마비돼버린다. 결과는 한 순간의 삐끗함과 함께 낭떠러지 속으로 떨어지는 사고다. 승리에 대한 지나친 도취는 지금까지 쌓아온 모든 결실을 일거에 날려버리는 수가 있다.

야구에서도 비슷한 일이 자주 일어난다. 2009년 한국 프로야구 정규리그는 총 532경기였고, 역전은 모두 325회 일어났다. 그런데 특히 두 구간에서 역전이 두드러진다. 선수들의 컨디션이 가장 좋은 3~5회, 그리고 지는 팀이 막판 궁지에 몰리는 9회다.

9회는 1~8회와 대결 구도가 사뭇 다르다. 경기 초반에는 비교적 대등한 상황에서 대결하지만, 9회가 되면 상황은 극으로 치닫게 마련이다. 앞선 팀은 현상유지만 하면 된다. 그러나 뒤진 팀은 무조건 큰 점수를 따내

야만 하는 절체절명의 상황이다. 그러니 집중되는 에너지가 다를 수밖에 없다. 1부에서 이야기한 앙스트블뤼테가 발휘되어 자신도 생각지 못한 괴력이 솟아나는 것이다. 반대로 앞선 팀은 무의식적으로라도 안도감을 느끼며 긴장이 조금은 풀리게 되어 있다. 그것이 지나치면 독배가 되어 역전의 빌미를 주게 되는 것이다.

이 모든 이야기가 전하는 교훈은 똑같다. 교병필패(驕兵必敗), 즉 힘 세다고 자랑하는 군대나 싸움 좀 이겨봤다고 거들먹대는 군사는 반드시 패한다는 것이다. 그렇기에 위대한 영웅들은 언제나 축배를 아꼈다. 뉴욕 양키즈를 미국 메이저리그 월드시리즈 10회 우승으로 이끈 주역이자, 메이저리그 사상 최고의 포수로 손꼽히는 요기 베라(Yogi Berra)도 이렇게 말한 바 있다. "항상 긴장하라! 끝날 때까지 끝난 게 아니다." 경영의 신 이나모리 가즈오 또한 자신의 성공 비결이 '지난 성공을 빨리 잊는 것'이었다고 술회했다. CNN 최장수 토크쇼 진행자 래리 킹(Larry King)도 오랜 사랑을 받은 이유로 '잘나갈 때도 아는 척하지 않은 것'을 꼽았다.

이는 이 책에 나오는 그 무엇보다도 중요한 교훈이다. 지금까지 살펴본 경영 전략들을 제치고서라도 가장 중요시해야 할 것은 '잘나갈 때 조심하는 마음가짐'이다.

짐 콜린스 또한 "성공에 대한 도취가 날카로운 이성을 압도할 때 몰락이 찾아오기 시작한다."고 말했다. 이를 증명하는 사례는 수없이 많다. 예컨 대 뱅크오브아메리카(Bank of America)는 1980년 6억 달러 이상의 순수 익을 내며 정점을 찍었다. 이에 자만한 그들은 찰스슈왑(Charles Schwab), 시퍼스트 은행(Seafirst Bank)을 사들이는 등 무분별한 확장을 일삼았다. 그와 동시에 사세 또한 변곡점을 그렸다. 추락이 시작된 것이었다. 결국 1985~1987년 뱅크오브아메리카는 은행 역사상 가장 큰 손실을 기록해야 했다.

1990년대 10년 만에 연간 매출액 50억 달러에서 270억 달러로 급성장한 모토롤라도 비슷하다. 1995년 모토롤라는 초소형 단말기 '스타텍'을 출시했다. 문제는 스타텍이 아날로그 방식인데 반해 무선 통신의 추세는 디지털 기술로 이동하고 있었다는 점. 하지만 모토롤라 임원들은 이를 무시하고 '4,300만 명의 아날로그 고객이 있는데 뭐가 문제냐'며 복지부동할 뿐이었다. 결국 50%에 육박하던 모토롤라의 휴대폰 시장 점유율은 1999년 17%로 한껏 쪼그라들었다.

이처럼 교병필패는 경쟁에서 앞서고 있는 기업이 최우선적으로 명심해야 할 메시지다. 축배의 잔은 결국 높은 곳에서 더 엎드리고, 앞설 때 더 분발하고, 잘나갈 때 더 겸손한 자의 것이다. 독자 여러분 모두 진짜 축배의 잔을 부딪치는 겸허한 승리자가 되기를 바란다.

CEO들은 과거에 이룬 성공이 기업의 경쟁력을 오히려 악화하는 요인이 될 수 있다는 데 공감하는 것으로 나타났다. '과거의 성공 방식이 기업의 성장을 방해할 수도 있느냐'는 질문에 응답자의 90%가 '그렇다'고 답했으며, 실제로 과거의 성공 방식으로 인해 사업의 실패 또는 퇴보를 경험한 적이 있는 CEO도 54%나 됐다.

과거의 성공 방식이 이처럼 새로운 사업에 어깃장을 놓는 것은 왜일까? CEO들은 '시장의 요구가 끊임없이 변하기 때문'(59%), 그리고 '나와 조직을 안주하게 만들기 때문'(35%)이라는 이유를 가장 많이 꼽았다.

한편 '과거에 얽매이지 않고 새로운 성공 방식을 찾기 위해 어떤 노력을 하고 있느냐'는 질문에는 60%의 응답자가 '지속적인 변화와 혁신 추구'라 답했다. 그 뒤를 '고객과 소비 트렌드에 대한 연구'(19%), '새로운 기술과 지식에 대한 탐구'(16%)가 각각 이었고, '낯선 분야로의 모험과 충돌'이라는 답변도 4.3%가 있었다.

SERICEO 경영자 회원 대상 설문조사 305명 참여, 2007년 7월 16~20일 실시

1. 과거의 성공 방식이 기업의 성장을 방해할 수도 있다고 생각하는가?

• 그렇다	89.5%
• 아니다	10.5%

2. 실제로 과거의 성공 방식으로 인해 사업의 실패 또는 퇴보를 경험한 적이 있는가?

• 있다	54.4%
• 없다	45.6%

3. 과거의 성공 방식이 새로운 사업에 방해가 된다면 그 이유는?

- 나와 조직을 안주하게 만들기 때문   35.4%
- 더욱 강력한 경쟁자가 출현하기 때문   4.3%
- 시장의 요구가 끊임없이 변하기 때문   58.7%
- 기타   1.6%

4. 과거에 얽매이지 않고 새로운 성공 방식을 찾기 위해 가장 노력하는 것은?

- 새로운 기술과 지식에 대한 탐구   16.1%
- 고객과 소비 트렌드에 대한 연구   19.0%
- 지속적인 변화와 혁신 추구   60.3%
- 낯선 분야로의 모험과 충돌   4.3%
- 기타   0.3%

경영은
'혼'의 예술이다

음악에서 가장 중요한 것은 악보에 없다.

오스트리아의 작곡가이자 지휘자 구스타프 말러(Gustav Mahler)가 남긴 말이다. 음악에서 가장 중요한 것은 혼(魂)이다. 명연주의 핵심은 박자도, 테크닉도 아니다. 초보자는 복잡하게 얽혀 있는 음표와 기호만 따라가기에도 벅차지만, 명연주자는 거기에 혼까지 불어넣어 멜로디가 약동하는 생명력을 가지게 한다.

혼으로 연주한다는 것은 '가슴속 깊은 곳에 새겨진 감정의 굴곡을 탐미하는 것'이다. 모든 오감을, 때로는 육감의 촉수까지 총동원해야 하는 내면 탐색의 과정이기도 하다. 그 과정에서 연주자는 휘몰아치는 애절함에 빠지기도 하고, 넋이 나갈 정도의 황홀감에 휩싸이기도 한다. 그런가 하면, 경우에 따라서는 감정을 절제하며 담담하게 표현해야 할 때도 있다.

　대우주의 광활함과 형용할 수 없는 환희를 가슴으로 느끼는 것, 그것이 바로 '혼의 연주'다. 그저 악보 위에 그려진 기호들을 기계적으로 따르는 것과는 차원이 다르다. 그 지향점은 다름 아닌 감동이다. 연주자 스스로가 느낀 감동을 수많은 청중에게 고스란히 전달하는 것.

　방식과 스타일은 천차만별이지만, 대중의 심금을 울리는 연주자들은 모두 이 같은 공통점을 갖고 있다. 연주자가 청중들과 하나의 감동을 공유할 때, 청중들은 카타르시스를 느끼며 예술의 진가를 깨닫게 된다. 말러의 말따마나, 음악에서 가장 중요한 것은 악보에 없다.

　비즈니스도 마찬가지다. 전략에서 가장 중요한 것은 전략 서적에 없다. 인류 문명에 거대한 족적을 남긴 혁신가들의 주 무기는 통찰력이었다. 그들은 하나같이 악보와 같은 전략 매뉴얼이 아닌 깊은 통찰로 대중을 사로잡고 시장을 휘어잡았다. 그것이 바로 혼의 연주에 비견되는 '혼의 경영'의 요체다.

　그러나 알다시피 통찰은 하루아침에 생기는 것이 아니다. '뭘 좀 볼 줄 아는 눈'이 트이려면 숱한 경험과 지식이 축적되어야 한다. 그러다 보면 어느 순간 자기도 모르게 활짝 피어나는 것이 통찰이라는 능력의 특징이다.

　그래서 말콤 글래드웰(Malcolm Gladwell) 같은 학자는 '1만 시간 법칙'을 주창했고, 또 누군가는 그것도 모자라 10만 시간은 투자해야 경지에 이른다고 얘기한다. 참으로 까마득하기 짝이 없는 시간이다. 하지만 한 가지 다행스러운 소식이 있다. 이러한 통찰을 비교적 단기간에 집중적으로 기를 수 있는 영역이 존재한다는 것.

대한민국에 인문학 열풍이 들불처럼 번져나간 이유일 것이다. 나 또한 그간 다채로운 경영자들과 인문학을 공부하면서 그 유익함을 일찍이 깨달을 수 있었다. 혼자만 알고 있기에는 너무나 아까워서 입이 근질근질해질 정도였다. 나는 그 달콤한 열매를 모두와 함께 나눠 먹고 싶은 마음으로 이 책을 쓰게 되었다.

물론 인문학의 무궁무진한 세계에 비하면, 여기서 다룬 내용은 '살짝 맛만 보는' 정도에 지나지 않을 것이다. 넓디넓은 인문학 세계에서 통찰의 우물을 길러내는 작업은 앞으로도 우리 모두가 꾸준히 해나가야 할 과제다. 경영 또한 음악과 같은 '혼의 예술'임을 기억하면서 말이다.

예전에 서울대학교 기술경영경제정책 대학원 학과장에게 들은 말이 있다. 매우 짧지만 많은 것을 함축하고 있기에, 지금도 곧잘 떠올리곤 하는 말이다.

이 세상에 평균보다 강한 것은 없다.

사람은 누구나 비범해지기를 바란다(안 그런 사람도 아예 없는 건 아니지만). 그리고 모든 영역에는 비범한 성과를 내는 아웃라이어(outlier)들이 존재한다. 사람들은 그들에게 찬사를 보내고, 그들을 특별히 대우한다. 그러나 아무리 비범한 명인도 세월이 흐르면 평균적인 존재가 된다.

20여 년 전 육상 선수 칼 루이스(Carl Lewis)가 100m 달리기에서 마의 10초 벽을 깼을 때, 우리는 인체 능력의 무한한 가능성을 발견해낸 듯한 신비로움에 빠져들며 감탄을 금치 못했다. 하지만 이제 세계 대회에서 9초대 기록은 그냥 다들 내는, 아주 흔한 기록이 되어버렸다.

비즈니스도 이와 다를 게 없다. 아이폰, 아이패드도 처음에는 세상을 바꿔버린 인류 문명의 진일보로 평가받았지만, 이제는 딱히 특장점을 꼽기가 어려운 평범한 제품이 되었다.

특출한 위업을 달성하는 것은 매우 대단한 일이지만, 안타깝게도 영원히 대단할 수는 없다. 평균이라는 존재가 마치 블랙홀처럼 특출한 것들을 모두 집어삼키기 때문이다. 그렇다고 회의론자가 돼서 모든 걸 포기하라는 얘기는 아니다. '어차피 평균에 수렴할 텐데, 도전해 봤자…'라며 기죽을 필요는 없다. 평범함에 대항하는 것, 신기록을 세우는 것 자체에 이미 커다란 의미가 있기 때문이다. 이들의 노력이 있기에 인류는 명백히 이전보다 더 발전할 수 있었다. 명운을 다해 끊임없이 특출함을 이뤄내는 이들을 역사는 결코 잊지 않는다.

그리고 그러한 도전과 저항은 끝없이 반복되어야 한다. 모든 신기록은 머지않아 평균으로 수렴한다는 사실을 기억하자. 신기록에 도취되기보다, 겸손한 자세로 또 다른 신기록을 위해 내달리는 것이 우리가 해야 할 일이다. 그것이 평균이 우리에게 주는 메시지다.

비록 이 책에 담긴 지식은 한 줌 흙에 지나지 않지만, 당나라 시인 이세민의 '태산불양토양'(泰山不讓土壤, 태산은 작은 흙덩어리라도 싫어하지 않고 포용하기 때문에 큰 산이 되었다는 뜻)이라는 말처럼 독자 여러분이 훌륭한 리더로 성장하는 데 조금이나마 보탬이 되길 기원한다.

끝으로 이 책을 쓰는 데 도움을 주신 분들께 감사의 뜻을 표하고 싶다. 책 좀 쓴답시고 집안일에 무신경했음에도 모든 것을 이해해주고 지원을 아끼지 않은 아내, 언제나 내 뜻을 전적으로 지지해주신 아버지와 어머니, 책을 쓰는 동안 끊임없이 응원을 아끼지 않으셨던 장인, 장모께 깊은 감사를 드린다. 또한 '프로페셔널하다는 게 어떤 것인지'를 아주 가까이에서 가르쳐주신 이범일 삼성경제연구소 고문, 오랜 시간 삼성경제연구소와 SERICEO에서 함께 지내며 부족한 원석을 다듬어주신 노재범 상무, 새로운 도전을 시도할 때마다 넓은 도량으로 지지를 보내주신 이용규 그룹장, 승부사적 기질을 발휘해 여러 업적을 이루어내며 좋은 귀감이 되어준 이준환 삼성경제연구소 수석연구원, 젊은 시절 내가 신앙과 실력, 열정으로 중무장해 세상을 변화시킬 비전을 갖도록 이끌어주신 한동대학교 강성준 교수, 그리고 내가 지적으로 성장할 수 있도록 여러 지원을 아끼지 않으셨던 서울대학교 강진아 교수께 감사한다.

동이 트기 전 새벽녘의 고요한 시간, 그 여명의 순간 또한 이 책을 탄생하게 해준 위대한 존재였다.

Part 1.

· Gerald Zaltman, 《How Customers Think : Essential Insights into the Mind of the Market》, Harvard Business School Press, 2003.

· Tim Brown, 《Change by Design : How Design Thinking Transforms Organizations and Inspires Innovation》, 2009.

· Clayton Christensen & Joseph L. Bower, "Disruptive Technologies : Catching the Wave", 〈Harvard Business Review〉, 2012.

· Hart E. Posen & Jeho Lee, "The Power of Imperfect Imitation", 〈Strategic Management Journal〉, 2011.09.28.

· "Top luxury brands", 〈Forbes〉, 2002.7.22.

· WIKIPAINTING, VISUAL ART ENCYCLOPEDIA(http://www.wikipaintings.org)

· 김남국, 《창조가 쉬워지는 모방의 힘》, 위즈덤하우스, 2012.

· 마이클 겔브(Michael Gelb), 《레오나르도 다빈치처럼 생각하기》, 대산, 1998.

· 시마 노부히코(島信彦), 《기업을 살리고 지역을 살리는 돈버는 감성》, 젠북, 2008.

· 질 네레(Gilles Neret), 《살바도르 달리》, 마로니에북스, 2005.

· 클레이튼 크리스텐슨(Clayton Christensen), 《혁신기업의 딜레마》, 세종서적, 2009.

· 문휘창 "K·Strategy : 모방에서 한 걸음 더 나아가기", 〈동아비즈니스리뷰〉, 2012.11.08.

· 이민훈, "역발상의 커피, 네스프레소", 마케팅전략, SERICEO, 2008.

· 이주헌, "상상의 데페이즈망, 르네 마그리트展", 미술가산책, SERICEO,

2007. 03.22.

· 정태수, "숨겨진 95%의 니즈를 보는 법", 마케팅전략, SERICEO, 2010.05.28.

· 주영민, "서비스, 과학과 손잡다 : 서비스 사이언스의 부상", SERI 경제포커스, 2013.01.29.

· "美 인디밴드 'OK Go', 삼성NX100으로 뮤비 제작", EBN, 2010.11.11.

· "사진 왕국서 추억의 사진으로… 코닥은 왜?", 〈동아일보〉, 2012.02.16.

· "오페라는 지금 변신 중", 〈MOVIEWEEK〉, 2012.09.10.

· "이성의 한계를 넘어라! 모순과 부정의 창조자", 〈프레시안〉, 2012.05.10.

· "자연은 위대한 스승이다", 〈부산일보〉, 2012.06.02.

· "테루모의 세상에서 가장 가는 인슐린용 주사침", 〈마이니치 신문〉, 2005.10.26.

· "홈 카페 문화의 중심에 서다, 네스프레소", 〈한국경제〉, 2012.01.31.

· 역대 올림픽 높이뛰기 기록, 올림픽공식홈페이지(http://www.olympic.org)

Part 2.

· Oxyer D., et al., 《Covert Pricing》, AT Kearney, 2011.

· P. Viguerie, et al., "The Granularity of Growth", Mckinsey & Company, 2007.

· Robert S., et al., "Amazon Web Services", 〈Harvard Business Review〉, 2008.10.20.

· 게리 하멜(Gary Hamel), 《전략적 제휴 : 경쟁우위를 확보하는 원칙과 방법》, 21세기북스, 2009.

· 김경준, 《위대한 기업, 로마에서 배운다》, 원앤원북스, 2006.

· 김종래, 《CEO 칭기스칸》, 삼성경제연구소, 2002.

· 랄프 쇼이스(Ralph Scheuss), 《전략사전》, 옥당, 2010.

· 서기만, 《전략경영》, 더난, 2002.

· 송병선 외, 《경영혁신기법을 중심으로 한 전략경영》, 청람, 2011.

· 스캇 펙(Scott Peck), 《아직도 가야할 길》, 율리시스, 2011.

· 시오노 나나미(塩野七生), 《로마인 이야기》, 한길사, 2007.

· 에드워드 기번(Edward Gibbon), 《로마제국 쇠망사》, 민음사, 2010.

· 윤석철, 《경영학의 진리체계》, 경문사, 2001.

· 이나모리 가즈오(稲盛和夫), 《이익이 없으면 회사가 아니다》, 서돌, 2009.

· 자그모한 라주(Jagmohan Raju) 외, 《스마트 프라이싱》, 럭스미디어, 2011.

· 장세진, 《경영전략》, 박영사, 2012.

· 잭 웨더포드(Jack Weatherford), 《칭기스칸, 잠든 유럽을 깨우다》, 사계절출판
  사, 2005.

· 토마스 네이글(Thomas Nagel), 《프라이싱 전략》, 거름, 2006.

· 피터 드러커(Peter Drucker), 《경영의 최전선》, 1986.

· 김성표 등, "글로벌 기업 M&A에서 배우는 교훈", SERICEO 인포메이션, 2010.05.06.

· 김성표 등, "글로벌 우량기업 M&A의 특징과 유형별 성공전략", SERI 연구보고서,
  2010.07.

· 김지환, "아마존의 신사업 성공 비결 : 레버리지 전략", SERI 경영노트, 2012.
  09.06.

· 문휘창, "글로벌 통합, 현지화 중 하나만 고집하지 마라", 〈동아비즈니스리뷰〉,

2011.01.15.

· 신형원 등, "한국기업의 新성장전략", SERI 연구보고서, 2010.02.01.

· 이동현, "초국적 기업, 글로벌화의 종착역", 〈동아비즈니스리뷰〉, 2010.11.15.

· 이유미, "세계 최고의 기록을 가진 나무들②", 나무이야기, SERICEO, 2012. 10.12.

· 장영 등, "다각화기업의 시너지경영—GE의 사례", SERICEO 인포메이션, 1999.
  06.02.

· 홍선영, "서비스 상품의 스마트 가격전략", SERI 경영노트, 2012.07.26.

· "1898년 펩시콜라 탄생", 〈동아일보〉, 2008.08.28.

· "OCI, 친환경 에너지로 사업 다각화", 〈동아일보〉, 2012.03.30.

· "공공의 적으로 몰린 월가 대통령 다이먼 JP모건 CEO", 〈연합인포맥스〉,
  2012.05.15.

· "독불장군으론 안된다/애플과 구글의 8할은 외부서 왔다", 〈ETNEWS〉, 2011.
  08.24.

· "레드불의 입소문 마케팅", 〈헤럴드경제〉, 2012.10.24.

· "변하지 않으면 시스코도 망한다, 존 챔버스 시스코 회장", 〈매일경제〉, 2012.
  07.09.

· "비지오 CEO, 유통 채널 통한 가격 경쟁력이 승부수였다", 〈전자신문〉, 2007.
  08.27.

· "여행의 기술… 가방 하나 잘 골랐다 여행이 예술이 됐다", 〈한국경제〉, 2012.
  06.08.

· "엑슨모빌, 렉스 틸러슨 CEO의 과감한 리더십", 〈이투데이〉, 2012.10.04.

· "윤석금 웅진그룹 회장, 외판원 신화 막 내리나", 〈조선비즈〉, 2012.09.26.

· "타업종간 M&A 70%가 잘못된 만남", 〈아시아경제〉, 2013.01.02.

Part 3.

· Constantinos C. Markides, 《FAST SECOND》, Leardersbook, 2005.
· Elizabeth Hawley, 《The Himalaya by the Numbers : a statistical analysis of mountaineering in the Nepal Himalaya》, 2007.
· Melissa A. Schilling, 《Strategic Management of Technological Innovation》, McGraw Hill, 2011.
· 강대진, 《그리스로마 서사시》, 북길드, 2012.
· 글로벌태스크포스, 《마이클포터 교수의 경쟁전략 입문》, 나무한그루, 2008.
· 래리 카해너(Larry Kahaner), 《비즈니스 탈무드》, 예문, 2004.
· 박재희, "고수는 빛 감춘다! 도광양회", 신손자법, SERICEO, 2007.12.26.
· 이동현, 《경쟁은 전략이다》, 21세기북스, 2012.
· 장승규, 《존경받는 기업 발렌베리가의 신화》, 새로운제안, 2006.
· 조철선, 《게임의 룰을 깨는 역전의 법칙》, 한스미디어, 2010.
· 짐 콜린스(Jim Collins), 《위대한 기업은 다 어디로 갔을까?》, 김영사, 2010.
· Siyang Liu, "갈란츠의 원가우위 경쟁전략", 〈SERIchina Review〉, 2008.
· 김재윤, "판의 경영학", 경영의 맥, SERICEO, 2013.02.
· 박재희, "스피드로 장악하라, 병귀신속(兵貴神速)", 신손자법, SERICEO, 2004.12.15.
· 조영빈, "숨겨진 경쟁력, 스피드 경영", SERICEO인포메이션, 1997.03.12.

· "[비지오를 배워래 아웃소싱 품질유지가 핵심…", 〈한국경제〉, 2010.04.05.

· "[장정일의 삼국지] 황제를 업은 조조", 〈문화일보〉, 2003.08.20.

· "150년의 존경과 신화… 스웨덴 발렌베리家의 영광", 〈이투데이〉, 2010.11.17.

· "5골 메시, 동료들도 인정한 최고 선수", 〈연합뉴스〉, 2012.03.08.

· "경박→섹시의 대명사, 빅토리아시크릿으로 본 경영전략", 〈헤럴드경제〉, 2009.
10.03.

· "당신이 인천공항서 기다리는 5분 사이에…", 〈연합뉴스〉, 2009.10.15.

· "登山과 入山", 〈국민일보〉, 2011.11.15.

· "마흔에 창업한 '레노버' 대박… 전통 강자였던 IBM마저 삼켜", 〈한국경제〉,
2012.12.13.

· "무알코올 맥주로 재미 본 기린, 미국 시장도 눈독", 〈한국경제〉, 2011.03.09.

· "백화점답지 않은 백화점 日다이신, 지역 매출 1위 비결", 〈조선일보 위클리비
즈〉, 2011.08.13.

· "뱅앤올룹슨, 디자인은 돈이다", 〈한국경제〉, 2007.09.16.

· "세계적인 가전社 뱅앤올룹슨 성공비결", 〈한국일보〉, 2007.01.05.

· "수십만 원짜리 TV도 뱅앤올룹슨 손 거치면 2억 넘는 명품으로", 〈한국경제〉,
2011.11.24.

· "스카니아코리아, 새로워진 R−시리즈 출시", 〈뉴스한국〉, 2010.03.17.

· "여성 속옷 브랜드 빅토리아시크릿의 성공을 일궈낸 레슬리 웩스너", 〈뉴스위
크〉, 2010.

· "에베레스트 주요 루트 개척 알피니즘의 전설 크리스 보닝턴 경", 〈서울경제〉,
2007.12.12.

· "오디션 프로그램들의 서바이벌", 〈경향신문〉, 2012.02.22.

· "요시다 타다히로 YKK 회장", 〈매일경제〉, 2000.09.28.

· "유니클로식 불황 속 성공 경제학", 〈이데일리〉, 2012.11.30.

· "이상철, 멍청한 스케이터 설레발 잠재우고 우승", 〈동아일보〉, 2010.11.03.

· "자전거의 인텔, 日 시마노 부품시장 80% 장악", 〈한국경제〉, 2010.05.12.

· "지퍼로 세계 제패한 YKK", 〈매경이코노미〉, 2007.01.26.

· "창업주 아만시오 오르테가", 〈동아일보〉, 2012.10.17.

· "카카오톡 속에 한게임이… '적과의 동침'", 〈한국일보〉, 2013.03.07.

· "특송 세계 1위 페덱스 더커 대표", 〈조선일보 위클리비즈〉, 2011.04.09.

· "패션업계 억만장자, 아만시오 오르테가", 〈아시아경제〉, 2012.03.23.

· "한국 혼 담은 서비스… 글로벌 명품공항 飛上", 〈이투데이〉, 2011.03.28.

정두희

대한민국 경영자를 위한 지식플랫폼 SERICEO의 콘텐츠 기획자. 삼성경제연구소(SERI)에 컨설턴트로 입사한 이래 8년 넘게 SERICEO 콘텐츠 기획업무를 맡고 있다.

그는 뭇 경영자들에게 통찰력을 주는 아이디어의 씨앗을 찾기 위해 지금까지 4,000건 이상의 비즈니스 케이스 및 콘텐츠 아이템을 발굴하고 분석해왔다. 또한 CEO들을 대상으로 100여 차례에 걸쳐 실시한 설문조사와 밀착 인터뷰를 통해 경영자들의 경영철학과 비전, 그리고 '속마음'을 속속들이 읽어왔다. 남다른 시각과 독창적 해석으로 만들어진 그의 콘텐츠들은 경영자들에게 지적 감흥과 발상 전환의 계기를 제공했다.

한편, 2000년대 말부터 한국 사회 전반에 불어 닥친 인문학 열풍에 발맞춰 그간 SERICEO가 주관해온 '인문학 세미나'(현 인문의 샘)를 직접 운영하는 과정에서 하버드대 마이클 샌델 교수, 〈뉴욕타임스〉찰스 두히그 기자, 예일대 셸리 케이건 교수, 이어령 전 문화부장관, 서울대 정옥자 교수, 미술평론가 이주헌 등 국내외 최고의 인문학자들과 정제된 지식을 나누며 인문학에 대한 깊은 통찰과 색다른 영감을 얻게 되었다.

경계를 넘나들며 수많은 콘텐츠를 섭렵함으로써 그가 다다른 결론은 '딱딱한 비즈니스 전략이론도 지혜가 무궁무진한 인문학의 바다와 만나면 역사에 획을 긋는 혁신 아이디어로 재탄생 한다'는 것. 그는 이 책에서 둘 사이의 미묘한 연결 고리를 최대한 이해하기 쉽게 풀어내고자 했다.